KB111440

당신의 경쟁전략은 무엇인가?

진성북스
JINSUNGBOOKS

UNDERSTANDING MICHAEL PORTER: The Essential Guide to Competition and Strategy by Joan Magretta

Original work copyright © 2012 Joan Magretta
All rights reserved.
This Korean edition was published by Jinsung Books in 2016 by arrangement with Harvard Business Review Press through KCC(Korea Copyright Center Inc.), Seoul.

이 책은 (주)한국저작권센터(KCC)를 통한 저작권자와의 독점계약으로 진성북스에서 출간되었습니다. 저작권법에 의해 한국 내에서 보호를 받는 저작물이므로 무단전재와 복제를 금합니다.

하버드 경영대학원 마이클 포터의 성공전략 지침서

당신의 경쟁전략은 무엇인가?

조안 마그레타 지음 | **김언수, 김주권, 박상진** 옮김

나의 삼촌인 아서 로신은 경영이론을 이해하고
설명하는 즐거움을 몸소 가르쳐주셨다.
이 책을 삼촌과 숙모 그리고 부모님께 바친다.

마이클 포터의 이론은 오랫동안 전략의 바이블로 자리매김해왔다. 그가 남긴 발자국을 거치지 않고 전략을 말하기는 힘들다. 그러나 항상 바쁜 경영자나 실무 책임자 중 그의 원전을 통독할 인내심을 발휘할 수 있는 경우는 많지 않을 것이다. 가장 짧은 시간에 재미있는 방법으로 경쟁과 전략의 본질을 파악하고 현장에서 활용해보려는 사람들에게 주저 없이 이 책을 추천한다.

– 송재용(서울대 경영대학 (주)아모레퍼시픽 석학교수)

세계경제의 침체 속에서 기업경쟁력 강화를 위해 밤잠 설치고 있을 수많은 비즈니스 지도자들뿐만 아니라, 청운의 꿈을 안고 비즈니스 세계에 발을 딛는 스타트업 창업가들에게도 꼭 권하고 싶은 책이다. 제대로 된 전략도 없이 용기만으로 부딪쳐보는 무모함은 결실에 비해 손실이 너무 크다. 비즈니스도 과학이다. 이 책을 숙독하고 활용한다면 성공확률을 획기적으로 높일 수 있다.

– 박영렬(연세대 경영대 교수, (전) 연세대 경영대학 학장)

마이클 포터의 경쟁전략은 경영의 정석이다. 요즘 여러 새로운 관점이 대두되고 있지만, 정석을 완벽히 익힌 자만이 정석을 버리고 창의적인 수를 둘 수 있는 법이다. 전략도 마찬가지다. 마이클 포터를 모르고서는 진정한 전략가가 될 수 없다. 하버드 비즈니스 리뷰의 전략담당 편집자였던 저자가 정수만 뽑아놓은 이 책은 전략에 대한 이해가 반드시 필요한 사람들에게 필독서다.

– 조철선((주) 전략시티 대표이사, 〈기획 실무노트〉 저자)

경쟁우위, 가치사슬, 5가지 세력, 산업 구조, 차별화, 상대적 비용 등을 포함해 경쟁에서 승리하고 지속하는 방법을 이해하려면 마이클 포터의 프레임워크가 초석이 된다. 누구나 포터의 이름은 알고 있지만 많은 관리자들이 그의 컨셉을 이해하지 못하거나 잘못 적용한다. 이 책은 그런 오해를 바로잡아준다. 포터의 혁신적인 사상을 가장 간결하고 쉬운 방법으로 요약해준다. 저자는 자신의 다양한 경험을 살려 포터의 강력한 통찰을 경영 일선에 적용할 수 있도록 하고 우리가 잘못 알고 있는 포터의 이론 중 가장 일반적인 오류들을 설명한다. 예를 들어 '경쟁은 최고가 되려는 것이 아니라 독특해지는 것이다'라거나 '경쟁은 수익 창출을 위한 것이지 적과의 싸움이 아니다' 또는 '전략이란 일부 고객에게는 행복하지 않은 방법을 선택하는 것이지 모든 고객에게 모든 것을 제공하는 것은 아니다' 등이다. 나아가 포터와의 직접 인터뷰를 통해 관리자들이 가장 자주 하는 질문에 답하는 것도 특징이다. 이 책은 탁월한 내용으로 조직의 모든 관리자들이 포터의 아이디어를 자기 것으로 확실히 만들 기회를 주고 기업 성공을 신속히 견인하는 데 적용하도록 해준다.

– 구글 서평

"전략과 씨름하는 의료업계 리더들도 반드시 읽어야 할 책이다."

– 미국병원협회

"지속가능한 성공, 전략이 견인한다."

:: 전략이란 무엇인가? 무엇이 잘못된 전략인가? 기업과 개인은 경쟁에서 승리할 수 있는 전략을 제대로 세우고 있는가? 단 한 번의 승리가 아니라, 지속적으로 남들보다 탁월한 성과를 낼 수 있는 전략을 구축할 수 있는가? 그리고 지금까지 자신이 시행했던 전략이 사실 틀렸다는 생각을 해본 적 있는가?

이 책을 번역하게 된 동기는 이런 질문들에 대한 가장 명쾌한 답을 본문에서 얻을 수 있기 때문이다. 누구나 경쟁과 전략에 대해 부분적인 의견을 피력할 수 있지만, 그 본질과 개념을 전체적으로 핵심을 알기 쉬운 프레임워크로 설명하는 경우는 찾아보기 어렵다.

역자들은 실제 기업 경영을 하거나 기업 경영과 전략 경영, 나아가 국제 경영을 가르치면서 경영현장에서 전략으로 고민하는 경영자나 고위 임원을 만날 기회가 많았다. 그럴 때마다 사회과학으로서의 전략과 경영 현실 사이에는 큰 간극이 있다는 점을 깨달았다. 따라서 우리는 이 책이 업종이나 현재 처한 상황 즉,

현재 잘나가는 기업이나 어려움에 직면한 기업을 불문하고 경영현장의 모든 리더에게 반드시 필요하다는 데 공감하고 있다.

아마도 하버드대 마이클 포터(Michael Porter) 교수는 경영전략 분야에서 전 세계적으로 가장 중요한 인물이라고 해도 과언이 아니다. 전략연구로 명성을 떨치려는 사람이라면 포터의 이론을 인용하거나 그를 공격하면서 자신의 주장을 시작한다. 그만큼 포터의 영향력이 지대하다는 사실을 반증한다. 하지만 전략 분야에서 포터의 이름은 모두 알고 있음에도 불구하고 그가 실제로 뭐라고 말했는지는 몇 다리 건너 듣다보니 정확히 이해하는 경우가 드문 것도 사실이다. 오히려 잘못 알고 있는 사람도 생각보다 많다. 포터가 내놓은 아이디어의 핵심을 일반인들이 제대로 이해하도록 쓴 책들 중 단연 이 책을 으뜸으로 꼽고자 한다.

오늘날 한국 기업, 나아가 한국 경제가 처한 현실은 전략에 대한 장기적 안목의 중요성과 필요성을 웅변해준다. 기업이나 국가나 제대로 된 전략 없이는 지속적인 성장과 이윤 창출, 그리고 선진국 도약은 요원하다고 감히 말하고 싶다. 지금 주위를 둘러보면 위기의 정점에서 한창 시끄러운 일부 산업이 있고, 불안감은 다른 곳도 마찬가지다. 더 이상 어떡해볼 상황이 아니라고 말한다.

모든 경쟁업체가 아이디어를 쥐어짜보았지만 돌파구가 보이지 않는다는 똑같은 하소연만 하고 있다. 그래서 자신들도 뽑족한 전략을 생각해낼 수 없다고 말한다. 하지만 과연 그럴까? 모든 기업들이 같은 문제에 직면하고 더이상 해볼 방안이 없다는 고백이야말로 "우리 업종과 회사에는 전략이 없다"라는 고백과 같다. 포터에 의하면 전략은 '남들과 다르게 하는 것'이다. 그렇지 않으면 모두 똑같은 제품과 서비스로 똑같은 고객의 뒤만 쫓는 이전투구의 피곤한 경쟁 상황이 벌어진다.

세계 경제가 성장하는 호황기에는 경쟁업체들과 비슷한 일을 열심히 해 운영효과성을 추구하면 성장할 수 있었다. 그때도 성장하지 못하는 기업은 애당초 문제가 있다고 보아야 한다. 그런데 이제 대한민국 대부분의 산업은 모방과 효율만으로 지탱하기 힘겨운 상황에 직면하고 있다. 그렇다면 호황기는 말할 것도 없고 세계 경제가 침체된 열악한 상황에서도 남들보다 월등한 성과와 이윤으로 건실히 미래를 준비하는 기업의 비결은 무엇인가?

그 답은 이 책 안에 있다. 독자가 천천히 내용을 음미하면서 숙독하면 "전략이란 무엇인지", "무엇이 전략이 아닌지" 구분할 수 있을 것이라고 믿는다. 기본적으로 전략은 "어디서 어떻게 싸울 것인지"를 남들과 명확히 다르게 정하는 것이다. 단순해 보이는 이런 전략이 성과를 내려면 더 밑으로 내려가 가치사슬과 활동시스템의 무엇을 어떻게 관리해야 할지에 대한 통찰을 얻어야 한다.

"어려울 때일수록 기본으로 돌아가라"라는 말은 잘못 들어선 길에서 목적지를 찾다보면 더 많은 시간과 에너지가 낭비되므로 처음부터 다시 제대로 방향을 설정하면 조금 늦어보여도 목적지에 더 쉽게 도착할 수 있다는 의미일 것이다.

저자 조안 마그레타(Joan Magretta) 박사는 하버드 비즈니스 리뷰(HBR)의 전략담당 편집자로 있으면서 거의 20년 동안 마이클 포터와 함께 협업했다. 일반인에게 어려울 수 있는 포터의 방대한 이론에 대한 핵심을 알기 쉽게 설명할 수 있는 것은 그녀의 풍부한 경험과 세련된 글솜씨도 한몫했다고 본다. 이 책이 학술적일 것이라고 추측할 필요는 없다. 어떻게 읽고 이해하고 활용하는가에 따라 그 어느 전략서보다 완전히 실무적일 수 있다. '전략' 입문자에게는 경쟁과 전략에 대한 보석과 같은 지식을 자기 것으로 만들 기회가 되고, 실제 기업이나 조직에서 전략을 수립하고 실행하는 팀장, 관리자, 경영자에게는 자사의 전략이 있는지 없는지, 있다면 우수한 전략인지 아닌지 체크할 계기가 되리라 확신한다.

글로벌 경쟁 환경에서 전략은 개인과 조직의 운명을 좌우한다. 긴 안목으로 탁월한 전략의 본질과 그 뿌리를 찾는 작업은 미래를 준비하는 사람이라면 맨 먼저 갖추어야 할 소양이다.

여러분이 탁월한 전략가의 길을 찾아낸다면, 우리는 더없이 행복할 것이다.

2016년 10월
역자 일동

목차

1부: 경쟁이란 무엇인가?

2부: 전략이란 무엇인가?

:: 마이클 포터는 결코 작은 업적으로 경쟁과 전략 분야의 대가가 되지 않았다. 그의 경력을 살펴보면 초창기부터 경영 분야에서 가장 크고 중요한 질문에 대한 답을 하려고 했다. 어떤 기업은 다른 기업보다 왜 더 많은 이윤을 얻는가? 하나의 큰 질문은 또 다른 의문을 가져온다. 어떤 산업은 다른 산업보다 왜 지속적으로 더 많은 이윤을 얻는가? 그리고 전략을 개발하는 경영자들에게 어떤 의미가 있는가? 어떤 국가나 지역은 다른 곳보다 왜 더 성공적인가? 그리고 글로벌시대의 기업들에게 어떤 의미가 있는가? 글자 그대로 신기원을 이룬 역작, 〈경쟁전략〉(1980)과 〈경쟁우위〉(1985)의 출간 이후 마이클 포터 교수는 '경쟁'과 '경쟁에서의 승리'에 대한 이런 근본적인 질문에 대한 답을 지속적으로 제시해왔다. 경영자에게 그것보다 더 중요한 것이 무엇이 있겠는가?

언젠가 마크 트웨인이 주지했듯이 고전이 되어버린 책은 "모두 읽길 원하지만 아무도 읽지 않는다." 포터의 이론을 제대로 파악하는 것은 어떤 면에서 어려운 운동요법 다이어트와 비슷하다. 그의 이론은 유익하고 당신을 분명히 변화시키기도 한다. 그러나 결코 쉽지 않다는 것이 문제다. 특히 이미 너무 많은 복잡한 생각과 바쁜 일상에 묻혀 있는 경영자들에게는 어려운 일이다. 어디서부터 시작할 것인가? 수천 페이지에 이르는 내용 중 일부는 경영자뿐만 아니라 학자에게나 적합한 내용인데 어느 부분을 먼저 읽어야 하는가? 난해하기조차 한 가장 초기의 책부터 먼저 읽을 것인가? 아니면 우선 기본을 독파하지 않고 최신작으로 뛰어넘을 것인가? 희소식은 포터의 저서들이 야심적이고 깊이가 있다는 것이지만 동시에 나쁜 소식이기도 하다. 오늘날 그의 저서는 많은 독자들이 스스로 할애할 수 있다고 생각하는 것보다 더 많은 시간과 노력이 필요하다.

만약 당신이 전략에 대한 이해가 반드시 필요한 위치에 있다면 포터의 책은 필독서다. 경영자에게 필요한 내용의 핵심을 설명하기 때문이다. **포터 교수의 이론에 대한 한 권의 요점정리본이 있다면 바로 이 책이다.** 나의 집필 의도와 전제는 매우 간단하다. 명확한 전략적 사고는 어떤 조건에 있는 경영자에게도 필수불가결하다는 점과 포터 교수의 저서는 경영자들이 마스터해야 하는 기본 원리와 프레임워크를 제시해준다는 점이다. 이 책의 목표는 쉽지 않은 내용을 원전보다 더 쉽게 소화할 수 있는 형태로 만들어 경영일선 현장에 곧바로 적용할 수 있도록 하는 것이다. 그러나 비유적으로 표현해 당신이 진정으로 매우 중요한 이 아이디어를 제대로 흡수하려면 그냥 삼키기 전에 잘 씹으려는 의지가 있어야 한다. 전략이 패스트푸드가 아니듯이 포터의 이론도 간단히 이해하기 어렵다는 사실을 인지할 필요가 있다.

포터 교수는 "전략의 핵심은 하지 말아야 할 일을 선택하는 것이다"라고 강조한다. 이 문장을 나중에 한 번 더 읽고 싶을 것이다. 아마도 무엇보다 전략 실패의 원인이 되기 때문이다. 이 책의 집필에서 전략의 출발점은 포터 교수가 언급한 내용을 먼저 실천하는 데 있다. 따라서 본문에서 다루지 않는 내용은 다음과 같다.

- 전략 분야의 교수나 학자용 연구교재가 아니다. 경영자와 기업에 조언하거나 협업하는 사람들이 대상이다.
- 포터의 모든 이론을 요약정리하지 않는다. 경쟁과 전략에 초점을 맞추고 경제개발, 의료, 환경과 같은 사회적 문제에 대한 경쟁원리의 적용에 대한 수많은 저서는 다루지 않는다.
- 포터의 기존 저서에 대해 내용을 추가한 확장판이 아니다. 그러나 포터 교수의 경력상 각 단계에서 발전된 아이디어를 통합하는 시도로 초기 저서를 후기 저서에 맞추어 업데이트했다. 포터 교수로부터 전폭적인 협조를 받아 미발표된 연설

원고와 강의 내용을 얻을 수 있었기 때문에 가능한 일이다.

- 현장 실무방법론을 설명한 책이 아니다. 공기역학과 항공원리에 대한 책을 읽는다고 조종사 면허를 딸 수 없는 것과 같다. 그러나 이 책은 '전략적 사고 방법'에 대해 많이 다루고 있다. 현실적인 사업 상황에 직면했을 때 좋은 전략과 나쁜 전략을 인식할 수 있도록 도와줄 것이다. 견고한 전략과 최근의 전략적 유행 사이의 차이점을 구별하는 법을 알려준다.

✤ 왜 지금인가?

유행을 타지 않고 어느 시점에서나 유용한 포터의 연구 결과는 영리조직이나 비영리조직에서 일하는 사람들에게 지금만큼 시기적절한 때는 없었다. 현재 세계적으로 수많은 산업과 국가에서 거대한 경제적 격변에 직면해있다. 그 격변기의 한가운데서 '경쟁'은 갈림길에 서 있다. 어떤 부류는 경쟁이 성장과 번영으로 갈 수 있는 유일한 길이라고 찬사를 보낸다. 반면, 다른 부류에게는 경쟁이야말로 바닥을 향한 파괴적 경주로 근심과 미움의 대상이 되기도 한다. 전략 자체도 많은 비난을 받아왔다. 일부는 전략이 아니라 실행이 경쟁에서 승리로 가는 유일한 길이라고 강조한다.

그들은 조직이 경쟁우위를 창출하더라도 오늘날과 같은 초

경쟁시대에서는 오래가지 않는다면서 왜 귀찮게 하느냐고 반문한다. 이런 생각과 개념은 모두 위험해 보인다. 포터의 핵심 이론을 마스터하라. 그러면 수십 년 동안 기업이 경경우위를 지속하는 방법뿐만 아니라 불확실한 격동기에 전략이 더 중요해지는 이유를 잘 이해하게 될 것이다. 안타깝게도 너무 많은 경영자들이 포터의 이론을 다른 사람을 통해 듣고, 그러다 보니 부적절하거나 부정확한 정보를 얻게 된다. 가능하면 포터의 아이디어를 지나치게 단순화시키지 않으면서도 간결하게 보여주려고 한다. 그 과정에서 전략과 포터의 이론에 대한 가장 공통적인 오해를 해소해나갈 것이다.

✤ 왜 나인가?

나는 1980년대 초 하버드 경영대학원 MBA 학생으로 포터 교수의 강의에 참석해 그의 아이디어를 처음 접했다. '산업과 경쟁 분석' 과목은 MBA 이수 과목 중 가장 따끈따끈한 신상품이었다. 수천 명이 이수한 전략 컨설턴트 육성 과정에서 나도 그 중 한 명이었다. 내가 실제 파트너로 일한 베인&컴퍼니에서 포터의 책은 책꽂이에서 잠만 자고 있진 않았다. 우리는 열심히 읽고 인용하고 또 읽고, 실무에 적용했다.

내 전체 경력을 되돌아보면 바이오텍과 대형 제약업체부터 패션의류, 중공업까지 다양한 산업 분야뿐만 아니라 비영리조직 고객을 위해서도 일했다. 그리고 산업이나 기업, 영리조직이나 비영리조직과 상관없이 언제나 마이클 포터의 이론은 무엇이 어떻게 돌아가는지 이해하는 데 필수불가결하다는 사실을 알게 되었다. 기업이 시장에서 번창하거나 흔들리는 이유는 무엇인가? 조직은 왜 저성과에 만족하는가? 더 잘할 수 있고 더 잘해야만 하는데 무엇이 잘못되었는가? 지난 30년 이상 보아온 수많은 훌륭한 전략들이 의식적, 무의식적으로 포터가 만든 이론의 기초 위에서 입안되었다.

1990년대 초 나는 포터 교수가 주요 필자인 하버드 비즈니스 리뷰(HBR)의 전략담당 편집자가 되었다. 당시까지 포터는 주로 학술적 배경이나 출판 경험이 있는 편집자와 일했다. 내가 실무에 종사했던 경험은 새로운 차원을 추가했다. 나는 HBR 편집자로 이론을 알았고 이 분야의 최고 인재들과 함께 일했다. 그러는 동안 실제 비즈니스 세계에서 경영자가 직면하는 도전 과제도 이해하고 그런 안목과 경험을 많은 프로젝트에 접목시켰다.

이런 프로젝트 중에는 포터의 가장 영향력 있는 HBR 논문도 포함되어 있다. 특히 2가지 논문이 이 책과 관련 있다. 〈전략이란 무엇인가〉(1996)는 지금까지 가장 많이 인용되고 판매된 HBR 논문 중 하나다. 그리고 〈전략을 형성하는 5가지 경쟁세력〉(2008)은 포터를 유명하게 만들어준 오래된 고전의 중요한 업데이트 논문이다. 포터 교수는 다양한 분야의 최근 주제들과 씨름해왔기 때문에 나는 그의 많은 논문들과 책, 기사, 발표자료를 만드는 것을 지원해왔다. 즉, 의료 분야의 경쟁, 환경의 지속가능성, 도심지역의 비즈니스 잠재력, 경쟁에서 역내와 글로벌 지역 동태성, 일본 기업의 성공과 실패, 전략에서 리더십의 역할 등 다양한 주제를 다루었다.

포터 교수와의 협업은 내가 관리자들의 중요한 역할에 대해 다룬 책, 〈경영이란 무엇인가: 어떻게 작동하고 왜 모든 사람의 일인가〉를 쓰기 위해 HBR을 그만둔 후에도 계속되었다. 그 후 포터는 하버드 경영대학원 부설기관인 '전략과 경쟁력 연구소(ISC)'에 나를 수석연구원으로 초청하였다. 공동연구와 제휴관계는 거의 20년 전 시작되어 지금까지 지속되고 있다. 그러나 다음 내용을 분명히 밝히고자 한다. 나는 포터 교수의 고용인이 아니며 부수적인 재정지원도 받지 않는 독립된 관계다. 그의 학문적 작업에 대한 나의 큰 존경심은 온전히 그 자체의 훌륭함 때문이다.

✢ 거대한 도약

경제경영 도서를 즐겨 읽는 사람들은 잘 알겠지만 경각심을 일으킬 정도로 수많은 경영전문가(Guru)들이 너무 자주 나타났다 금방 자취를 감춘다. 그런데 어째서 마이클 포터의 사상은 변함없이 남아 있을까? 그의 이론은 어떻게 차별화되며 왜 중요한 것일까? 포터의 이론은 경제학 이론과 실제 경영의 차이점을 연결해주는 다리 역할을 하는 보기 드문 케이스다. 한 경제학자가 다른 경제학자에게 "실제로 적용가능하지만 이론에도 적용될까?"라고 농담할 정도로 이론과 현실은 동떨어진 경우가 많다.

포터 교수의 이론이 변함없이 위력을 발휘하고 널리 인용되고 활용되는 것은 이론과 실제에 모두 적용할 수 있기 때문이다.

'둘 사이를 연결해주는 다리 역할'은 포터가 걸어온 길을 상징하는 적절한 표현이기도 하다. 이 풍경을 한 번 상상해보라. 하버드 경영대학원(Harvard Business School; HBS)은 찰스강변을 따라 보스턴 쪽에 있는 반면, 하버드대 경제학과는 강 건너 즉, 좀 더 전통적 지성을 자랑하는 캠브리지 쪽에 있다. 보행자 전용다리로 강을 건너는 데 불과 몇 분밖에 걸리지 않지만 1970년대 한쪽에서 경영학석사(MBA)와 다른 한쪽에서 경제학박사 학위를 받은 마이클 포터는 도저히 연결되지 않을 것 같은 지성의 차이에 직면했다. 직설적으로 말하면 양쪽은 서로에게 별로 쓸모없어 보였다.

포터는 당시를 회상하며 이렇게 말한다. "기업을 대단히 복잡한 개체로 보는 것이 하버드 경영대학원의 연구 전통이었다. 고려해야 할 중요한 요소가 매우 많았다. 모든 기업의 상황은 각자 고유하다. 서로 다른 개인, 다른 시장, 다른 상품들로 이루어지기 때문이다. 그러므로 경영에 대해 연구하려면 깊이있는 사례와 현장 연구를 모두 활용해야 한다. 반면, 경제학의 연구 전통은 완전히 다르다. 경제학에서는 현상을 모델로 구축한다. 그 모델은 현상을 복제하거나 완전히 담아내려고 하지 않는다. 경제모델은 현상에서 본질을 뽑아내 수학적으로 나타낸다."

두 '학과'를 모두 거친 포터는 어느 한쪽도 경쟁을 제대로 설명하지 못한다고 판단했다. 사례 연구는 개별 상황의 복잡성을 잡아내지만 '나무만 보고 숲은 못 보는 격'이었다. 일반화할 방법이 없었다. 산업 부문을 바라보는 프레임워크가 존재하지 않았다. 비용에 대해 포괄적으로 생각할 방법도 없었다. 반면, 경제 모델을 만드는 방법은 반대 방향으로 멀리 나아갔다. 형식적 모델은 수학적으로 해결될 수 있는 경쟁 측면만 잡아내므로 경쟁의 다차원성을 현실과 너무 동떨어져 쓸모없는 추상적인 것으로 전락시키고 말았다. 예를 들어 경제학자들의 모델은 모든 기업이 거의 같다는 가정 하에 경쟁을 '단순화'했다. 경영자에게는 별 도움이 안 되는 가정이었다.

포터는 다른 길을 택했고 스스로 '프레임워크'를 만들었다. 그의 말에 의하면 이렇다. "내 프레임워크는 정말 원칙적이고 논리적인 관계를 규정한다. 물리학 원리와 비슷하다. 이윤을 높이려면 가격이 오르거나 비용이 낮아져야 한다. 5가지 세력 요인(Five Forces)이 산업 경쟁을 결정한다. 기업은 활동의 집합체다. 이런 프레임워크는 '경쟁' 문제에 대한 기본적이고 변치 않는 관계를 규정한다."

포터는 강건너 양쪽 동네의 장점을 두루 활용했다. 데이터 중심의 분석 작업으로 경제학의 한 분야인 산업조직론(IO)의 개념을 시험하고 확장했다. 또한 모든 산업 부문에 적용할 수 있는 확실한 경쟁요소를 알아보기 위해 수백 가지 사례를 파헤쳤다. 포터의 설명에 의하면 경영자들이 쉽게 이해할 수 있는 요소여야만 했다. 즉, 하나의 프레임워크를 경영자에게 제시했을 때 그가 몸담은 산업의 맥락에서 '의미'가 있어야만 했다.

포터의 프레임워크는 처음에는 양쪽 모두로부터 비판받았다. 특히 경영대학원 동료들은 '지나치게 추상적'이라고 지적했다. 지금은 상상할 수 없는 일이지만 당시는 그의 앞날조차 불투명했다. 포터의 프레임워크 중 첫 번째이자 현재 전 세계 경영학 수업에서 가르치고 있는 '5가지 세력'은 한마디로 거대한 도약이었다. 포터는 "그것은 매우 어려운 도약이었다."라고 말한다. 하지만 중대한 도약이었다.

수많은 경영전문가들과 그들의 이론이 반짝 인기를 끌다가 자취를 감추어버리지만 포터의 이론은 세월이라는 시험 과정을 통과했다. 경영자들은 모든 것을 설명해준다고 주장하는 '혁신적 이론'을 수없이 접하지만 실제로 일시적이고 제한적인 현상에만 적용될 뿐이다. 잘해보았자 유용하기는 하지만 얼마 못가는 도구인 경우가 많다. 최악의 경우, 경영자들은 일시적 유행에 불과한 것을 쫓느라 좋지 않은 결과를 자초할 수도 있다.

반면, 포터의 이론은 시간상의 제약을 받지 않는 원칙에 초점을 맞추었다. 그의 사상은 모든 사례에 적용되는 일반 이론이다. 포터의 세계에는 블루오션이나 춤추는 코끼리, 옮겨진 치즈처럼 눈길을 끄는 은유적 표현이 없다. 조직의 전략과 재무 성과의 관계를 엄격하고 분명히 보여주는 지도만 있을 뿐이다. 비영리조직이라면 전략과 사회적 목표의 효율적인 달성 여부라고 할 수 있다.

포터의 위상은 독보적이다. 그는 경제경영 분야에서 가장 빈번히 인용되는 학자이면서도 그의 이론은 전 세계 기업과 정부 지도자들에게 가장 널리 활용되고 있다. 포터의 프레임워크는 전략 분야의 토대로 자리 잡았다.

⚜ 각 장별 로드맵

각 장에서 다룰 내용을 사전 요약해 설명하고자 한다. 이 책은 크게 두 부분으로 나뉜다. 첫 번째는 경쟁이고 두 번째는 전략이다.

1부: 경쟁이란 무엇인가?

경쟁을 먼저 다루는 이유는 간단하다. 경쟁이 없다면 전략도 필요없기 때문이다. 경쟁은 경쟁우위를 찾고 유지하기 위한 기업의 능력에 반하는 경쟁기업들 간의 끈질긴 투쟁 과정이다. 1부에서 경쟁의 작동원리를 간략히 설명하면서 전략에 필요한 중요한 사전 작업을 할 예정이다. 그리고 경쟁과 경쟁우위에 대해 가장 많이 알려졌지만 잘못된 개념을 찾아내서 그에 대한 오해를 풀 것이다.

- **1장. 경쟁: 경쟁에 대한 올바른 이해와 사고방식**

경쟁이 무엇이고 어떻게 작동하는가에 대한 잘못된 개념은 전략상 실수를 증가시킨다. 대부분의 일반적인 잘못은 경쟁에서의 승리가 "최고가 됨으로써" 얻어진다고 믿는 것이다. 이런 사고방식은 지극히 직관적이다. 그렇지만 이는 자멸행위로 기업은 '제로 섬(Zero Sum)' 게임에 의해 밑바닥으로 떨어진다. '독특한 존재'가 되기 위한 경쟁만이 조직이 지속 가능하고 탁월한 성과를 낼 수 있는 방법이다.

- **2장. 5가지 세력: 이윤을 위한 경쟁**

경쟁이란 매출을 두고 다투는 라이벌 간의 직접적인 경쟁 그 이상이라는 사실을 이해하게 된다. 경쟁이란 이윤 획득을 위한 광범위한 다툼이다. 해당 산업이 창출해내는 가치를 더 많이 가져가려는 기업 간 줄다리기다. 포터의 유명한 프레임인 5가지 세력은 모든 산업에서 이윤 획득을 위한 기업 간의 경쟁을 보여주는 데 도움을 준다. 경쟁 영역에 대한 모든 이해의 출발점은 바로 5가지 세력에 있다. 이 프레임으로 산업의 매력도와 비매력도를 설명하는 것은 핵심이 아니다. 가장 흔한 오해일 뿐이다. 반면, 5가지 세력 분석은 기업이 속한 산업 전체의 성과나 개별기업의 성과에 대한 통찰을 얻는 데 활용해야 한다.

• 3장. 경쟁우위: 가치사슬, 이윤과 손실의 요인

경영자는 경쟁우위라는 용어를 너무 느슨하게 사용하는 경향이 있다. 그러다보니 조직이 잘한다고 생각하는 모든 것을 의미하기도 한다. 그러나 포터의 정의는 경제학적 기초에 근거하여 더 엄격한 뜻으로 사용되었다. 경쟁우위는 기업이 창출한 가치 즉, 그 가치를 어떻게 창출했는지(가치사슬), 그리고 그것이 성과로 어떻게 연결되는지(손실과 이익)를 정확히 이해할 수 있게 해주어야 한다. 일반적으로 사람들은 경쟁우위를 라이벌을 완전히 파괴하는 무기로 생각하곤 한다. 포터에게 경쟁우위란 근본적으로 가치창출을 위한 것이고 경쟁자와 매우 다른 방법을 취하는 것이다. 따라서 경쟁우위가 있다는 것은 한 기업의 가치사슬이 경쟁자와 다르며 손익이 업계 평균보다 더 좋다는 것을 의미한다.

2부: 전략이란 무엇인가?

2부는 "전략이란 무엇인가?"라는 질문에 대한 대답이다. 아무 계획이나 프로그램을 전략이라고 말할 수 있는데 이것이 전략이라는 용어를 일반적으로 두루뭉실하게 사용하는 방식이다. 그러나 탁월한 경제적 성과를 가져오는 훌륭한 전략이란 또 다른 어떤 것을 의미한다. 폭넓게 얘기하면 전략은 경쟁에 대한 해법이다. 특히 강력한 전략은 '5가지 기본적인 검증 항목을 통과하는 능력'이 있어야 하는 것으로 정의할 수 있다.

- **4장. 가치창조: 전략의 시발점**

    독특한 경쟁적 위치를 점한다는 말은 무슨 의미인가? 그에 대한 분명한 답은 기업이 고객에게 제공하는 독특한 가치 제안에 달려 있다. 사실 이것은 전략의 첫 번째 검증 항목이다. 그러나 포터의 두 번째 검증 항목은 분명하지도 않고 직관적이지도 않다. 독특한 가치 제안은 그것을 실현하는 수준 높은 일련의 활동들이 경쟁자의 그것과 다를 때만 의미 있는 전략으로 변환된다. 경쟁우위는 경쟁자와 똑같은 활동을 다르게 실행하든지 아니면 아예 경쟁자와 다른 활동을 실행하는지 여부에 달려 있다. 가치 제안에 잘 맞추어진 가치사슬은 전략의 두 번째 검증 항목이다.

• 5장. 트레이드오프: 전략의 핵심축

전략의 세 번째 검증 항목으로 가장 어려울 수도 있다. 한 가지를 선택하면 다른 한 가지는 경쟁우위의 연결고리를 포기해야 되는 것이 트레이드오프다. 이는 어떤 선택이든 한계가 있다는 것을 의미한다. 예를 들어 특정 고객에게 적합한 서비스를 제공하기 위해 다른 어떤 고객은 포기해야 한다. 트레이드오프는 선택 대안이 양립할 수 없을 때 발생한다. 성공적인 전략은 모방자에게 매력적이므로 따라하기 어려운 내용을 선택하는 것이 핵심이다. 사실 어떤 사람들은 요즘 세상에서는 경쟁우위를 더 이상 지속할 수 없다고 불만을 터뜨린다. 그러나 그것이 사실이 아닌 이유가 트레이드오프로 설명된다. 트레이드오프는 두 가지 이유에서 전략의 경제적 연결고리다. 첫째, 경쟁자 사이에서 가격과 비용 면에서 차이를 만들어 주는 중요한 원천이다. 둘째, 경쟁자들이 현재 자신의 전략의 근간을 흔들지 않고는 당신의 전략을 따라 하기 어렵게 만들어준다.

• 6장. 적합성: 경쟁우위의 증폭기

전략의 네 번째 검증 항목은 적합성이다. 가치사슬상의 활동들이 서로 얼마나 잘 연결되어 있는가를 의미한다. 단순한 차원에서 '적합성'이라는 아이디어는 완전히 직관적이다. 모든 경영자들은 경쟁에 필요한 여러 가지 기능적 부분을 일관성있게 조정하는 일의 중요성과 어려움을 잘 알고 있다. 그러나 적합성은 단순한 조정을 넘어 경쟁우위를 더욱 증폭시키고 더 지속가능하게 만든다. 전략에서 적합성의 역할로 인해 잘 알려진 잘못된 개념들을 크게 부각시킬 수도 있다. 예를 들어 경쟁에서의 승리 요인을 하나의 핵심역량으로 설명하는 경우다. 진정으로 잘할 수 있는 한 가지 말이다. 그게 아니라 훌륭한 전략은 여러 가지 활동들이 상호의존적으로 얼마나 잘 연결되는가에 달려 있다. **경영자를 위한 일반적인 조언으로 기업이 핵심활동에 집중하고 나머지는 아웃소싱하라는 말이 있다. 적합성의 개념은 그 부분이 잘못되었음을 밝혀줄 것이다.**

- **7장. 연속성: 전략의 조력자**

경쟁은 역동적이다. 누구나 한때 잘나가다가 변화의 시대적 흐름에 발맞추지 못해 침체의 늪에 빠진 기업의 이름을 기억할 수 있을 것이다. 별로 그럴듯하지 않게 들릴지 모르지만 변화만큼 연속성도 전략의 필수불가결한 요소다. 보통 변화를 거의 하지 않아 문제가 될 기업에 관심이 쏠린다. 그러나 포터의 이 다섯 번째 검증 항목은 그 수가 많진 않지만 너무 급속히 바뀌는 실수를 저지르는 상황을 지적하는 것이다.

즉, 기업이 잘못된 방향으로 너무 많이 변하는 것도 문제다. 진정한 경쟁우위를 개발하기 위해서는 시간이 필요하다. 기업이 창출해내는 가치를 이해하고 그에 맞는 가치 활동들, 그 사이의 트레이드오프, 그리고 적합성까지 갖추는 데는 시간이 걸린다. 전략에서 연속성의 역할을 제대로 파악한다면 변화 자체에 대한 당신의 생각도 바뀌게 되리라 본다. **역설적으로 전략의 연속성은 적응하고 혁신하는 조직의 능력을 증진시키기 때문이다.**

▪ 에필로그: 경쟁과 전략의 10가지 시사점

책 내용에 대한 요약과 경영현장에 적용할 수 있는 포터의 핵심 아이디어를 가져갈 수 있도록 잘 정제된 10가지 목록을 제공한다.

본문 다음에 나오는 내용으로는 일반적으로 볼 수 없는 주제를 다루었다.

▪ 자주 하는 질문들: 마이클 포터 인터뷰

꼭 읽기 바란다. 경쟁에 대한 공통적인 질문과 전략실무자가 가장 많이 물어보는 질문에 대한 포터 교수의 답변은 다음과 같다. 전략의 최대 장애물과 기업이 저지르는 가장 큰 실수는 무엇인가? 자신의 전략을 약화시키지 않고도 성장하는 방법은 무엇인가? 기존 모델의 파괴와 새로운 비즈니스 모델에 대해 어떻게 생각해야 하는가?

- **마이클 포터의 전략 용어 해설**
핵심개념에 대해 알기 쉽게 설명하고 좀 더 알고 싶어 하는 독자들을 위해 부가적으로 권하는 저작물을 제안한다.

✤ 사례에 대한 주석

나는 포터의 프레임워크에 대해 설명하면서 다양한 비즈니스 사례를 인용했다. '양날의 칼'이 될 수도 있다. 일반 기업이 경영현장에서 포터의 생각과 이론을 행동으로 보여주는 사례들을 제시했다. 그러나 사람처럼 살아 있는 기업들도 금방 변하고 늙어버릴 수 있다. 이 책이 출간되자마자 해당 기업의 상황이 달라지기 시작할 수도 있다. 한 가지 예를 들겠다. 내가 기업의 경쟁 딜레마에 대한 글을 쓰는 동안 그 기업은 부도가 났다. 중요한 내용이므로 그 이야기도 이 책에 넣었다. 그러나 그런 사례에도 불구하고 나의 목적은 시간을 초월해 변치 않는 원리와 아이디어를 독자들에게 전달하는 것이다. 경쟁은 힘들다. 초일류 기업도 실수한다. 훌륭한 전략은 오래 지속되지만 영원한 것은 아무 것도 없다.

따라서 어떤 사례를 밝히는 것이 옳은지 잘 모르겠다. 포터는 이 책 여러 단계의 원고를 검토하면서 '더 많은 수치'를 집어넣도록 나를 독려했다. 그러나 이 책은 교과서가 아니다. 더 많은 분석 자료가 필요한 독자들이 있다면 훌륭한 참고 자료를 추천할 수도 있다. 그럼에도 불구하고 포터의 지적처럼 전략은 분명하고 분석적인 사고가 필요하다는 점을 이해해야만 한다. 로켓 개발에 필요할 정도의 과학은 아니더라도 너무 흐릿해서는 안 된다. 정량화는 내용을 정확히 하는 데 좋은 영향을 미친다. '우연의 일치'에 대한 논쟁은 그것이 기업과 시장에 대한 데이터로 나타날 때 벌어진다. 포터의 요점을 전달하기 위해 너무 숫자에 파묻히지 않는 범위 내에서 충분한 수치를 사용해 이 책이 마무리되었길 바란다. 따라서 전략이 사실에 근거하거나 근거해야 한다는 점을 설명하기 위해 굳이 변할 가능성이 있는 현재의 수치들을 너무 많이 사용할 이유는 없다. 이 점을 다시 강조하고 싶다.

1부

경쟁이란 무엇인가?

전략은 경쟁에 직면한 상황에서 조직이 탁월한 성과를 내는 방법을 찾는 것이다. 그렇다면 경쟁의 정확한 의미는 무엇인가? 경쟁은 어떻게 작동하는가? 경영자는 경쟁과 경쟁에서의 승리에 대해 어떤 내용을 이해해야 하는가? 탁월한 성과란 정확히 무엇인가? 이 장에서는 이런 기본적인 개념에 대해 다루겠다.

첫째, 올바른 전략적 사고방식. 경영자는 경쟁을 종종 전쟁으로 생각하는 경향이 있다. 즉, 최고만이 승리해 우월한 위치를 독점하는 제로 섬 게임으로 받아들인다. 이것은 큰 결함이 있는 잘못된 사고방식이다. 경쟁에서 승리하는 핵심방법은 영리기관, 비영리조직 가릴 것 없이 독특한 가치를 만들어내는 조직의 능력에 달려 있다. 포터의 처방은 다음과 같다. 최고가 되려고 하지 말고 독특한(유일한) 존재가 되어라. 경쟁자를 쳐부수는 것이 아니라 가치 창출이 경쟁의 핵심이 되어야 한다.

둘째, 올바른 분석. 탁월한 성과는 어디서 오는가? 포터의 대답은 두 가지로 나뉜다. 먼저 경쟁이 벌어지는 산업 구조에 있다. 이것이 2장의 주제다. 포터가 산업에서 답을 찾기 시작하는 것은 독특한 존재가 되기 위한 구체적이고 관련성 있는 경쟁자들을 상대로 그들과 다른 선택을 한다는 의미이기 때문이다. 또한 산업 구조는 산업 내에서 만들어진 가치를 경쟁자들이 얻고 나눠가지는 방법을 결정한다. 포터의 5가지 세력(Five-Forces) 프레임워크는 산업 구조와 어떤 회사가 경쟁자와 다를 것 없는 평균적인 전략을 사용할 때 기대할 수 있는 수익성의 정도를 설명해준다.

탁월한 성과를 결정짓는 두 번째 요소는 산업 내에서 해당 기업의 상대적 위치에 있다. 전략적 포지셔닝(위치화)은 기업이 어떤 가치를 어떻게 만들어낼 것인지 선택하는 것이다. 여기서는 경쟁우위와 가치사슬이 관련 있는 프레임워크다. 3장에서는 기업의 경쟁 위치와 관련된 가치사슬과 손익의 연관성을 밝힐 것이다. 이런 핵심 프레임워크들은 전략의 각 단계를 구성하는 핵심요소들이다. 즉, 각 산업 사이의 수익성에서 크고 지속적인 차이가 생기는 이유를 설명해준다. 또한 같은 산업 내에서 특정 기업이 타 기업보다 더 좋은 성과를 내는 요인도 설명한다. 경쟁의 경제적 토대에서 이런 기초 개념은 전략의 초석이 된다.

1장

경쟁
경쟁에 대한 올바른
이해와 사고방식

:: 비즈니스에서 전략은 가장 위험한 개념 중
하나다. 왜 위험한가? 경영자들은 전략이 매우 중요하다는 데
동의한다. 그러나 전략이라는 용어가 어떻게 사용되고 있는지
에 대해 주의를 기울여보면 전략이 무엇이든 의미할 수도 있다
는 사실에 놀라게 된다. GE의 전설적 최고경영자인 잭 웰치를
좋아하는 사람들은 자신의 전략은 각 사업에서 1~2등이 되는
것이라고 말한다. 포춘지 100대 기업의 신규 최고경영자에게
전략이란 곧 성장이다. 에너지기업의 최고경영자에게 전략이란
중요한 인수합병을 하는 것이다. 소프트웨어 개발자는 "우리의
전략은 바로 사람이다"라고 말한다. 잘나가는 비영리조직의 전
략은 '봉사할 대상을 2배로 늘리는 것'이다. 그리고 '악마가 되
지 말자'라는 구글의 유명한 슬로건도 있다. 이런 것들이 진짜
전략인가?

이 책을 끝까지 읽을 때면 앞에 언급한 어느 것도 '전략'에 해당되지 않는 이유를 알게 될 것이다. 즉, 포터가 "전략은 한마디로 지속적으로 탁월한 성과를 낼 수 있는 훌륭한 경쟁전략을 의미한다."라고 말한 의미를 이해하게 된다. 위의 문구 중 문제의 조직이 경쟁에서 더 나은 성과를 내는 방법에 대한 언급은 하나도 없다. 어떤 기업은 목적이나 열망을 말하고 또 다른 기업은 핵심활동을 강조하거나 기업이 지향하는 가치를 전략으로 표현한다. 그러나 전략의 핵심질문인 '경쟁에 직면한 상황에서 내는 성과'를 다루진 않는다. 당신의 조직은 어떤 가치를 만들어낼 것인가? 그리고 그중 얼마만큼 자신의 것으로 가져올 수 있을 것인가? 그것이 바로 마이클 포터가 우리에게 말하려는 전략의 임무다.

전략이란 경쟁에 직면한 조직이 탁월한 성과를 내는 방법을 설명하는 것이다. 그런 정의가 어떤 면에서 상당히 단순해 보이는 것은 너무 당연해 그 의미를 파악하기 위해 다른 일을 멈추고 생각할 필요까진 거의 없기 때문이다. 그러나 가만히 생각해보면 다음 질문에 답하는 것이 어렵다는 것을 알게 될 것이다. 경쟁이란 무엇인가? 경쟁은 어떻게 작동하는가? 조직은 어떻게 승리하는가? 탁월한 성과란 정확히 무엇인가?

대부분의 경영자들은 경쟁을 두려워한다. 그들은 경쟁이 모든 분야의 구석구석에 스며들어 숨통을 조인다는 것을 알고 불편해한다. 그리고 살아남으려면 경쟁에 제대로 대처하지 않으

면 안 된다는 사실을 잘 안다. 기업을 성공적으로 운영하려면
'경쟁우위'를 찾아야만 한다. 경쟁우위라는 용어는 포터가 유
명하게 만들기 전까지 경영 분야에서 거의 쓰이지 않았다.

전략이란 경쟁에 직면한 조직이 탁월한 성과를 내는 방법이다. 전략의 정의는 매우 단순하다

포터는 많은 기업들이 훌륭한 전략 개발에 실패하는 이유를
"전략을 세우는 사람들이 경쟁이 무엇이고 어떻게 작동하는지
에 대해 잘못 생각하기 때문이다."라고 말한다. 매우 중요한 지
적이다. 만약 경쟁이 없다면 전략도 필요없고 라이벌을 이길
방법도 필요없다. 경쟁사보다 더 나은 성과를 낼 필요도 없기
때문이다. 그러나 당연하게도 경쟁은 어디서나 벌어진다. 주요
비영리조직들이 활동하는 공간에서도 벌어진다.

경쟁을 어떻게 생각하는지에 따라 경쟁 방법이 결정된다. 경
쟁은 이 선택 능력에 중요한 영향을 미친다. 그것이 바로 전략
을 논하기 전 경쟁과 경쟁우위에 대해 알아봐야 하는 이유다.

✦ 왜 최고가 아닌가?

2010년 '새로운' GM이 출범하던 날 최고경영자 댄 애커슨은 "이제 GM은 과거의 엄청난 손실에서 벗어나 경쟁할 준비가 되었다. 최고의 자동차가 승리할 것이다."라고 기자들에게 말했다. 조직의 리더들이 직원들에게 '최고'가 되라고 강조하는 것을 얼마나 자주 들어봤는가? 당신의 회사를 업계 최고로 만들려는 외침을 얼마나 자주 들어봤는가? 기업들은 최고의 제품을 생산하고 최고의 서비스를 제공하며 최고의 인재들을 끌어들인다고 자랑스럽게 선포한다. 그런 문구들은 평가나 의심을 전혀 받지 않고 대부분 직관적으로 옳다고 느껴지는 경쟁의 본질이 내재된 인식을 반영한다. 승리하고 싶다면 최고가 되어야 하는 것은 분명하다. 정말 그런가?

마이클 포터는 이런 현상을 최고가 되기 위한 경쟁이라고 명명했다. 그가 나중에 말하겠지만 이것은 경쟁을 너무나 잘못 이해하는 데서 오는 오류다. 경쟁의 작동 메커니즘에 대한 잘못된 인식은 필연적으로 잘못된 전략으로 이어지고 안 좋은 결과로 나타난다.

대부분의 경영자들에게는 최고가 되기 위한 다툼이 경쟁의 모든 것이다. 그런 믿음은 전투와 스포츠에서 얻은 대중적이고 은유적인 비유에 의해 더 굳어진다. 그런 은유적 비유는 생생하고 매력적이므로 경영관리자나 직원들을 격려하려는 리더들은 그런 비유에 끌려다닌다. 그것은 기업경쟁에 감정, 이야기, 결과를 부여한다. 그러나 그런 비유는 오해 소지가 있다. 비록 그런 비유들이 한 가지 사물에는 다른 사물과 비슷한 요소가 있다는 것을 강조하더라도 그런 사물들이 서로 똑같다는 의미는 절대 아니다.

전쟁에서는 오직 하나의 승자만 있을 수 있다. 승리는 적을 무력하게 만들거나 말살시킬 것을 요구한다. 그러나 경영에서는 경쟁자들을 전멸시키지 않고도 승리할 수 있다. 예를 들어 수십 년 동안 월마트는 할인소매업계의 승자이고 타깃(Target)도 승자다. 각 기업들은 다른 소비자의 니즈 충족을 목표로 정하고 독특하고 색다른 상품 구성을 제공한다. 월마트는 할인점의 '일하는 말(work horse)'처럼 '365일 저가판매'를 소비자에게 제공한다. 타깃은 일종의 전시용 말처럼 낮은 가격과 세련된 멋을 동시에 원하는 소비자에게 매력적이다. 기업경영에서는 다수 승자들이 번성하고 공존할 수 있다. 경쟁은 경쟁자들을 무너뜨리기보다 소비자 니즈를 충족시키는 데 집중되어 있다. 주위를 둘러보라. 충족될 수많은 니즈들이 있으므로 승리할 방법도 그만큼 많다.

스포츠와의 비유도 오해 소지가 있다. 스포츠선수들은 '최고의 선수'로 뽑혀 승리의 월계관을 쓰기 위해 경쟁한다. 그들은 경쟁자를 이기는 데 집중한다. 그들은 승리하기 위해 경쟁한다. 그러나 스포츠에서는 하나의 규정에 한 경기만 존재한다. 그래서 한 명의 승자만 있다. 기업경영의 경쟁은 더 복잡하고 개방적이고 다면적이다. 한 산업 내에서도 충족되어야 할 소비자니즈에 따라 여러 경기가 있을 수 있다. 맥도날드는 패스트푸드 업계에서 특히 즉석 버거 부문의 승자다. 그러나 '인 앤 아웃' 버거는 수제 버거 부문에서 성장하고 있다. 인 앤 아웃 버거의 고객들은 수제 빵 위에 주문에 따라 요리된 가공하지 않은 신선한 햄버거를 맛보기 위해 맥도날드의 시간 개념으로는 영원에 해당하는 10분 이상을 기꺼이 기다린다. 포터는 기업이 특정 경쟁자들과 특정 경쟁에 돌입하기보다 기업 자신만의 경쟁 부문을 만들어내는 선택을 할 수 있다고 주장한다.

정신적인 습관의 변명은 항상 어렵다. 원래 가진 습관을 인식하지 못하면 더 어려워진다. 이것이 '최고가 되기 위한 경쟁' 사고방식의 문제점이다. 이것은 전형적으로 사고의 명시적 방식이 아닌 암묵적 방식이다. 경쟁의 본질은 당연시된다. 그러나 포터는 그렇게 여기면 안 된다고 말한다. 거의 대부분 사업에서 '최고'와 같은 존재는 절대 없다. 잠시 생각해보라. 최고의 자동차가 존재하는가? 최고의 햄버거는? 최고의 스마트폰은?

거의 대부분 사업에서 '최고'와 같은 존재는 절대 없다

공항대기실 의자처럼 단순한 제품을 만드는 사업을 생각해 보자. 표준화된 의자 중 가장 기능적이고 내구성 있는 '최고'의 의자가 있을 것이라고 생각할 것이다. 하지만 잘못된 생각이다. 공항들마다 니즈가 다르다. 대기승객들이 쇼핑하길 원하는 공항들은 너무 편안하고 안락한 의자를 원하지 않는다. 대기실 구조를 자주 바꾸는 유연성을 원하는 공항들은 길고 고정된 의자를 원하지 않는다. 많은 공항들은 지출을 줄이길 원한다. 하지만 어떤 공항들은 돈이 문제가 아니다. 예를 들어 중동지역 공항들은 최고급으로 디자인된 의자를 구매하는 큰손이다. 또한 해외추방 난민의 끊임없는 이동을 감당해야 하는 공항들은 아무리 험하게 써도 괜찮은 의자를 원한다. 런던 기반의 OMK는 해당 업계의 최고 표준이 된 '감옥에서도 쓸 수 있는' 의자를 만들었다. 칼로 찔러도 자국이 남지 않는 자체 밀봉기능의 폴리우레탄을 사용했다. 이쯤 '최고'의 공항 의자가 있다는 논의는 그만하겠다.

이제 우리 경제를 구성하고 있는 모든 산업에 대해 생각해보자. '최고가 된다'는 생각이 현실성 있는 산업이 몇 개나 될까? 대부분 업계에는 다른 요구를 하는 다양한 고객들이 존재한다. 한 소비자에게 최고인 호텔이 다른 고객에게는 아닐 수 있다. 한 고객에게 최고인 판매 경험이 다른 고객에게는 아닐 수 있다. 최고의 미술박물관은 존재하지 않으며 환경적 연속성을 개선시키는 데 단 하나의 최선책은 존재하지 않는다.

생산, 물류, 마케팅 기능을 수행할 때도 절대적인 최선책은 존재하지 않는다. 비영리조직에서 모금할 때나 자원봉사자를 모집하는 데도 최선의 방법은 존재하지 않는다. 무엇이 최고인가는 성취하려는 것에 따라 달라진다. 그러므로 최고가 되기 위한 경쟁의 첫 번째 결함은 조직이 최고가 되려고 시도하는 것 자체가 스스로 불가능한 목표를 설정하는 것이나 다름없다는 데 있다.

하지만 그것이 전부는 아니다. 모든 경쟁자들이 경쟁하기 위해 '하나의 최선책'을 추구한다면 모두 한 곳에서 충돌하게 된다. 해당 업계 전체가 같은 조언을 받고 같은 방안을 전개할 것이다. 기업들은 서로 관행과 제품을 벤치마크한다("남보다 한 수 위가 전략이 아니다" 참조). 최고가 되기 위한 경쟁은 필연적으로 아무도 못 이길 파괴적인 제로 섬 게임으로 이어진다. 모든 제품이나 서비스가 하나로 수렴되면서 한쪽의 이득은 다른 쪽의 손실로 나타난다. 이것이 바로 "네가 져야 내가 승리한다."라는 제로 섬 게임의 진정한 본질이다.

수십 년 동안 항공업계는 이런 종류의 경쟁으로부터 고통받고 있다. 아메리칸항공이 뉴욕과 마이애미 노선에서 무료기내식 제공으로 신규고객 유치를 위해 노력할 때 델타항공도 똑같은 방법을 사용하려고 했다. 즉, 두 기업 모두 경영실적이 악화된다. 두 기업 모두 추가비용이 발생하지만 요금을 올리진 못할 뿐만 아니라 결국 승객이 증가한다는 보장도 없다. 한 기업이 특정한 행동을 할 때마다 경쟁업체들은 그것을 모방하려고 한다. 모든 기업이 똑같은 소비자를 따라다니며 하나를 팔 때마다 경쟁하게 될 것이다.

모든 경쟁자들이 경쟁하기 위해 하나의 최선책만
추구한다면 모두 한 곳에서 충돌할 것이다

이것이 포터가 말하는 '경쟁적 수렴(Competitive Convergence)'이다. 시간이 지날수록 하나씩 차이점이 없어지면서 경쟁업체들은 비슷해진다. 고객의 선택 기준이 가격 외에는 신경쓸데가 없는 상황이 된다. 이런 상황은 항공산업, 가전산업, 개인용 컴퓨터 분야에서 나타났다. 하지만 개인용 컴퓨터 분야에서 자신의 독특한 위치를 지속적으로 지켜나가는 애플은 예외다.

한 수 위가 전략은 아니다

'호텔 침대 전쟁'으로 알려진 객실 쟁탈전은 1999년 처음 발생했다. '웨스틴호텔 & 리조트'는 1년 동안 침대 매트, 베개, 시트, 베갯잇을 실험하고 그 과정에서 수천만 달러를 투자해 업계 최초로 주문제작된 '헤븐리 베드(Heavenly Bed)' 브랜드를 출시했다. 웨스틴의 한 임원은 "우리는 경쟁에서 우리 자신을 차별화하고 싶었다."라고 설명했다.

예상했듯이 경쟁업체들의 대응은 오래 걸리지 않았다. 그들은 새로운 베개를 재빨리 내놓고 그동안 없던 고급천으로 고객을 사로잡았다. 힐튼은 '조용한 침대', 메리어트는 '원기회복 특별침대', 하얏트는 '하얏트가 인정한 침대', 레디슨은 '수면에 탁월한 침대', 크라운 플라자는 '수면 향상 프로그램'을 만들었다.

2006년이 되어서야 언론은 침대 전쟁이 끝났다고 선언했지만 모든 주요 경쟁업체들이 자신의 고유상품을 개발, 설치, 홍보하는 데 엄청난 투자를 한 후였다. 이제 호텔 투숙객에게 '침대 품질'은 모든 호텔이 비슷하다는 것을 확신시켜주는 결과가 되었다. 그것은 흔한 일로 기업의 '최고'가 되기 위한 시도는 업계 전체 평균을 향상시키는 결과를 낳는다. 그런 경쟁이 호텔업계의 장기수익성을 만성적으로 낮춘다는 것은 놀라운 사실이 아니다. 이 주제는 2장에서 심층 분석한다.

호텔업이 침구 품질향상을 위한 투자수익을 얻기 위해 요금을 높일 수 있었는가에 대한 의견은 분분하다. 요금을 올리지 않은 덕분에 고객들은 그 투자 혜택을 보았다. 그러나 그런 행동이 업계 전체에 이득이더라도 모든 경쟁업체들이 똑같은 방식으로 경쟁한다면 아무도 경쟁우위를 얻을 수 없다.

1위나 2위가 되어라

업계에서 1~2위가 아니라면 퇴출하라. 이 최후통첩은 GE의 전 최고경영자 잭 웰치의 명언이다. 그러나 이것은 '최고를 위한 경쟁'의 여러 표현 중 가장 영향력 있는 견해일 뿐이다. 같은 견해의 다른 말은 '승자독식'이다. 이 개념은 기업들이 규모를 키워 궁극적으로 업계를 압도적으로 지배해 승리한다는 의미다. 만약 규모가 경쟁에서의 승리를 견인한다면 시장점유율과 판매량을 달성하기 위해서는 성장이 핵심이다. 기업들은 경쟁우위와 수익성에 결정적인 역할을 한다고 믿으며 규모의 경제와 범위의 경제를 추구한다.

하지만 물론 그런 생각에도 조금의 진실은 있다. 바로 그런 이유에서 최고를 위한 경쟁은 대단히 위험한 생각이다. 대부분의 사업에서 규모가 더 크다는 말은 규모의 경제와 이점이 있다는 것이다. 그런 현상은 잭 웰치 시대의 GE가 추진한 일부 규모집약적 사업에서 나타났다. 그러나 규모가 큰 것이 항상 유리하다고 가정하기 전 당신이 몸담은 사업에서도 과연 그런지 수치를 살펴보아야만 한다. 사업 자본환경이 규모의 논리를 지지하든 않든 단지 좋아 보여 그런 목표를 선택하는 경우가 너무 흔하다. 수많은 산업에서 규모의 경제는 매출의 적은 변동에도 쉽게 무력화 된다고 포터는 말한다. 규모가 가장 큰 업계 선두주자가 수익성이 가장 높고 성공했다는 것을 보여주는 체계적

증거는 아무 데도 없다. 유명한 사례 하나를 들어보겠다. 수십 년 동안 GM은 세계 최대 자동차제조업체였지만 파산을 막지 못했다. 규모는 전혀 문제가 아니었다. 더 자세히 말하면 GM은 성공하기에는 규모가 너무 컸다. 업계 표준보다 규모가 작은 BMW는 역대 우수한 수익을 기록했다. 지난 2000~2009년 사이 BMW의 투입자본수익률은 업계 평균보다 50%나 높았다.

기업들은 "충분히 크게"만 하면 된다. 하지만 그것이 압도적인 크기여야 한다는 뜻은 아니다. 때때로 충분한 규모는 시장의 10%뿐이다. 그럼에도 불구하고 승자독식 개념의 영향을 받는 기업들은 실체가 없는 규모의 이점을 추구한다. 그 과정에서 기업들은 판매량 증가를 위한 가격인하, 모든 세부시장을 공략하기 위한 과도한 확장, 정상가격보다 높은 인수합병 추진 등으로 자신의 성과를 갉아먹는 경향이 있다. 지난 수십 년 동안 자동차산업이 그 모든 경향을 보여주며 비참한 결과를 낳았다.

승자독식 모델은 "한 산업에는 하나의 규모곡선이 존재하고 모든 기업은 그 곡선을 따라 이동해야 한다."라는 부정확한 전제를 하고 있다.* 일반적으로 모든 경쟁자들이 최고의 제품이나 서비스를 제공하기 위해 경쟁하고 있다는 것을 가정한다. 현실적으로 대부분의 산업에서는 여러 다른 소비자들의 니즈를 충족시키기 위해 다수의 규모곡선이 나타난다.

---

* 규모곡선은 생산비용을 전체생산량에 대한 함수로 표시한다. 내리막 경사 규모곡선은 "생산량이 가장 많은 기업의 생산단가가 가장 낮을 것이다."라는 의미다.

이렇게 필연적인 가격경쟁으로 추락하는 것은 모두 서로를 파괴하는 '상호확증파괴' 현상과 같다. 그리고 그 피해는 생산자에게만 국한되지 않는다. 고객, 공급자, 고용노동자들은 경쟁자들이 자원절약과 가격인하 압박을 받으면서 2차 피해자가 된다. 다른 모든 방법이 실패하고 가격 압박이 수익성을 저해할 때 자주 사용하는 구제책은 합병을 통해 경쟁을 줄이는 것이다. 기업들은 서로 치고받고 흡수함으로써 경쟁자 수를 줄이고 시장을 장악해 한두 개 소수 기업을 남긴다.

하지만 최고라는 것이 고객들에게는 좋은 것 아닌가?

'완전경쟁'이란 고전경제학 이론에서 똑같은 제품을 판매하는 대등한 경쟁자들이 정면 승부하면서 가격과 이윤이 줄어드는 상태를 말한다. 이것이 포터가 말하는, 최고가 되기 위한 경쟁의 본질이다. 고전적 이론에 의하면 완전경쟁이 사회복지를 증진시키는 가장 효율적인 방법이다. 경제학의 가장 기초적인 교훈은 고객에게 이로운 낮은 가격은 기업들에게는 손해이며 반대의 경우도 마찬가지라는 것이다.

하지만 포터는 기업들이 최고가 되기 위해 경쟁할 때 실제로 발생하는 양상에 대한 더 미묘하고 복잡한 관점을 제시한다. 고객들은 경쟁자들이 제공하는 제품과 서비스를 서로 모방하고 경쟁함에 따라 낮은 가격이라는 혜택을 즐길 수 있지만 어쩔수 없이 다양한 선택은 희생하도록 강요받게 된다. 업계가 표준제품과 서비스로 몰릴 때 '평균적인' 고객들에게는 좋을지도 모른다. 하지만 평균이란 더 많이 원하는 소비자와 더 적게 원하는 소비자로 구성된다는 점을 기억해야 한다. 이 두 그룹에 속한 고객들 중 평균에 만족하지 못하는 사람들도 존재한다.

일부 고객의 니즈는 해당 업계의 제공품으로 과다충족될 수도 있다. 쉽게 말해 필요 이상 많은 돈을 지불한다. 지금 이 글을 쓰면서 사용하는 워드프로세스 소프트웨어가 그렇다. 대부분의 주방기기들도 마찬가지다. 그 제품들은 내게 필요 이상으로 복잡한 많은 기능이 있다. 나는 전문작가인데다 제법 기량이 뛰어난 요리사인데도 말이다. 그 제품들이 복잡해질수록 고장 났을 때 수리비가 엄청나게 나올 가능성도 높아진다.

반대로 어떤 고객의 니즈는 충분히 충족되지 않을 수도 있다. 마지막 항공여행을 기억해보라. 아마도 그 비행기는 목적지로 데려다주는 기본적인 니즈를 만족시켰을 수도 있다. 그런데 그 여행은 즐거운 경험이었나? 또다시 그 비행기를 타고 싶은가?

선택이 제한되면 가치는 파괴된다. 고객으로서 원하지 않는 추가적인 기능이나 서비스에 너무 많은 돈을 내거나 심지어 필요하지도 않은데 회사들이 내놓은 것이 그것이 전부이기 때문에 그걸로 만족해야 하는 경우도 있다.

기업들도 상황이 더 낫진 않다. 모든 기업이 똑같은 목표를 향해 돌진하면서 장기간 선두를 지키기는 어렵다. 경쟁우위는 일시적이다. 기업들이 아무리 노력해서 품질을 올리고 비용을 낮추더라도 매력적인 수익성으로 보상받지 못한다. 결과적으로 만성적으로 형편없는 수익성은 미래 투자를 약화시키며 소비자를 위한 가치를 향상시키거나 경쟁자들을 막기 힘들게 만든다.

그렇다면 실제로 정면 경쟁은 고객이나 그들에게 제품과 서비스를 제공하는 기업 모두에게 '완전'한 경우가 드물다. 하지만 포터는 여전히 이런 제로 섬 경쟁이 경영진의 사고를 더 지배하고 있다고 우려하며 경고하고 있다.

✦ 고유한 독특성을 위한 경쟁

포터에게 전략적 경쟁의 의미는 타인과 다른 방식을 선택하는 데 있다. 최고가 되기 위해 경쟁하기보다 기업들은 '독특함'을 위해 경쟁할 수 있고 그렇게 해야만 한다. 그 개념의 본질은 가치다. 또한 기업이 창출하는 가치와 창출하는 방법의 독특함 말이다. 예를 들어 2008년 이전에는 마드리드에서 바르셀로나로 이동하려면 비행기로 짧은 시간 동안 가거나 자동차나 느린 기차에서 하루 정도를 보내야 했다. 해당 노선 여행객 600만 명의 90%가 비행기를 선택했다. 하지만 2008년 고속열차 서비스가 여행객들에게 새로운 선택을 제공했다. 고속열차가 저가 항공보다 비싼 데도 불구하고 많은 여행객들이 비행기 대신 기차로 이동을 했다.

전략적 경쟁이란 타인과 다른 방식을 선택하는 것이다

비행기든 기차든 마드리드에서 바르셀로나로 데려다주지만 기차는 다른 가치를 제공한다. AVE(Alta Velocidad Española)는 뒤로 젖혀지는 지정석과 컴퓨터 소켓, 음식, 오락거리를 제공하며 도심에서 도심으로 이동한다. 보안점검, 수하물 제한, 불가피한 연착과 같은 현대 항공여행의 귀찮은 일들과 작별할 수 있다. 그리고 AVE는 환경을 중시하는 사람들에게 비행기나 자동차 주행보다 현저히 낮은 이산화탄소 배출이라는 혜택도 제공한다. 이런 차이점들 즉, 고유함과 독특함이 다음 장에서 철저히 연구될 주제인 경쟁우위의 진정한 핵심이다.

스페인의 항공사 경영자들은 그들의 경쟁을 타 항공사들로 정의했을지도 모른다. 하지만 고속열차로 선택을 바꾼 고객들의 생각은 명백히 다르다. 결국 가치는 고객이 정의한다.

고유하고 독특해지려는 경쟁은 최고가 되기 위한 경쟁과 다른 사고방식과 경쟁의 본질에 대한 다른 견해를 반영한다. 우리 주변에는 다른 니즈와 다른 고객들을 충족시키기 위한 목적으로 독특한 경쟁방식을 추구하는 기업들이 있다. 핵심은 선택한 고객을 위해 월등한 가치를 창출하는 데 있지 경쟁자들을 모방하거나 그들과 대등해지는 것이 아니다. 이 경우, 고객들은 진정한 의미의 선택을 할 수 있기 때문에 가격은 경쟁변수 중 하나에 불과하다. 뱅가드(Vanguard)와 이케아와 같은 경쟁자들은 낮은 가격을 강조하는 전략을 수립한다. BMW, 애플, 포시즌스(Four Seasons) 호텔은 차별화된 특성과 서비스를 제공해 프리미엄 가격을 매긴다. 고객들은 기업이 제공하는 가치를 어떻게 인식하는가에 따라 더 높거나 낮은 가격을 지불하는 것이다.

고유하고 독특해지려는 경쟁은 전쟁과 달리 한 기업의 성공이 경쟁자의 실패를 요구하진 않는다. 모든 회사는 자신의 경쟁영역과 경쟁 방식을 선택하며 자신만의 게임을 만들어낼 수 있으므로 스포츠 경쟁과도 다르다. 전쟁이나 스포츠보다 나은 비교는 공연예술이다. 예술공연에는 각자의 분야에서 뛰어나고 성공한 훌륭한 가수와 배우들이 있다. 각자 자신만의 관객들을 찾아내고 만들어간다. 훌륭한 예술가들이 많아질수록 관객들이 더 많아지고 예술활동은 더 번성한다. 그런 가치창출이 포지티브 섬 게임의 본질이다.

제로 섬 게임은 하향식 경쟁과 같은 출혈경쟁으로 적절히 묘사되는 반면, 포지티브 섬 게임은 더 좋은 결과를 만들어낸다.

경쟁에 대한 올바른 사고방식

최고가 되기 (Be the Best)	고유하고 독특해지기 (Be Unique)
1위 되기	높은 수익 얻기
시장점유율 초점	이익 초점
최고의 제품으로 최고의 고객 만족시키기	타깃고객들의 다양한 요구 충족시키기
모방에 의한 경쟁	혁신에 의한 경쟁
제로 섬 아무도 이길 수 없는 경주	포지티브 섬 다중 승자, 다양한 사건들

그림 1-1

모든 기업이 성공할 수 없는 것은 분명하다. 경쟁은 기대 이하의 실적을 내는 기업들을 사라지게 만든다. 하지만 성과를 내는 기업들은 더 많은 가치를 창출하므로 지속적인 수익을 낼 수 있다. 비영리조직들은 니즈를 더 효과적이고 효율적으로 충족시키므로 좋은 일을 더 많이 할 수 있다. 그리고 고객들은 그들의 니즈를 충족시키는 방법에서 실질적인 선택권이 있다. 최고가 되기 위한 경쟁은 모방을 낳고 고유하고 독특해지려는 경쟁은 혁신을 낳는다.

경쟁은 단수명사다. 하지만 포터는 경쟁은 실제로 업계 수만큼 많은 형태가 있다고 상기시킨다. 경쟁의 한쪽 끝에는 최고가 되기 위한 경쟁이 있고 정반대 편에는 고유하고 독특해지려는 경쟁이 있다. 대중적인 경영서 중 하나인 〈블루오션 전략〉은 레드오션 대 블루오션 비유를 이용했다. 이는 치열한 전면 경쟁을 이 책 저자가 말하는, 경쟁과 무관한 맑고 푸른 바다와 구별하기 위해서다. 이것은 확실히 짚고 넘어가야 할 이중적인 오해다. 첫째, 포터를 치열한 '레드오션 전략'의 옹호자로 잘못 묘사했다. 사실 포터의 연구는 정반대를 강조한다. 둘째, 제대로 경쟁을 이해한다면 경쟁이 상관없는 경우는 결코 없다. 대부분의 산업들은 포터가 설명한 양극단 사이에 존재한다. 즉, 양쪽의 요소들을 조금씩 다른 비중으로 포함하고 있다. 실전은 중요한 패턴의 파악을 도와주는 프레임워크보다 항상 더 복잡하게 얽혀 있다.

하지만 경쟁에 대해 그렇게 본질적으로 다른 두 접근법에 대한 포터의 구분은(그림 1-1) 경영자들에게 매우 중요한 논점을 제기한다. 산업들이 제로 섬 또는 포지티브 섬 경쟁으로 가는 과정에 대해 미리 정해지거나 결정된 것은 없다. 산업 기술 수준이 높든 낮든 서비스업이든 제조업이든 해당 산업의 운명을 결정할 고유하거나 타고난 특성은 아무데도 없다. 어떤 산업들은 타 산업들보다 더 힘든 경제적 도전에 직면한다. 그러나 산업들이 선택하는 길은 경영자들이 경쟁 방식에 대해 결정한 전략적 선택의 결과다. 잘못된 선택들은 나락으로 떨어지는 경쟁을 낳는다. 훌륭한 선택들은 건전한 경쟁, 혁신, 그리고 성장을 촉진한다.

　포터의 연구가 가르치는 고유하고 독특해지려는 경쟁은 인간활동 대부분의 분야에서 더 나은 세상을 만들 수 있다. 단, 그렇게 되려면 경영자들이 자신들의 선택으로 인해 어떤 종류의 경쟁이 해당 업계를 지배할 것인지가 결정된다는 사실을 이해해야 한다. 이것은 엄청 높은 판돈이 걸린 중요한 선택들이다.

　경영자 업무의 복잡성을 고려하면 단 하나의 성공비법과 같은 단순화에 대한 큰 열망이 있다는 사실이 놀랄 일은 아니다. 비유하자면 경영논리의 패스트푸드 같은 것이다. 하지만 승리하는 데 단 한 가지 방법만 주장하는 사람을 조심하라. 포터의 논리에 따르면 경쟁하기 위해 단 하나의 최선책이 있다면 모두는 아니지만 대부분의 기업이 그 최선책을 선택할 수밖에 없다. 그런 경쟁은 잘해야 승자 없이 끝나거나 최악의 경우, 서로 파멸할 것이다. 그게 아니라 경쟁은 다차원적이고 전략은 하나가 아닌 다수 차원에서 선택해야 한다. 모든 산업의 모든 기업을 위해 어떤 선택이 유효한지에 대한 단 하나의 처방은 없다.

　하지만 다행히 전략이 답 없는 지적인 난상토론이라는 의미는 아니다. 반대로 특정한 경쟁적 상황을 분석하고 타당한 선택을 결정하기 위해 사용되는 기본 원리들은 있다. 우리가 월등한 성과의 본질을 더 자세히 파헤치는 데 필요한 보편적인 경제원칙들이 다음 두 장의 주제다.

　한 기업이 타 기업보다 수익성이 높은 이유는 무엇인가? 바로 우리가 풀어야 할 중요한 질문이다. 답은 두 부분으로 나뉜다. 첫째, 기업들은 그들이 속한 산업 구조에 따라 수익을 얻거나 손해를 본다. 둘째, 산업 내에서 한 기업의 상대적 위치는 성과 차이를 더 많이 설명할 수 있다. 2~3장은 이 두 논리에 의해 전개된다. 경쟁에서 산업 구조의 역할을 이해하는 것이 다음 장의 주제다.

2장

5가지 세력

이윤을 위한 경쟁

:: 앞장에서 우리는 경쟁에 대해 가장 만연한 오해 중 하나인 성공은 "최고가 되는" 데서 온다는 생각을 다루었다. 본 장에서는 또 하나의 큰 오해를 다룰 예정이다. 대부분 사람들은 경쟁을 경쟁자 간의 직접적인 다툼으로 생각한다. 일반인들이 찾을 수 있는 표준적인 정의다. 애플은 아이폰을 당신에게 판매하고 싶어 한다. 삼성은 그들의 제품인 갤럭시를 홍보한다. 이 두 업체는 스마트폰 비즈니스에서 승리하기 위한 시합에 참여한다. 비슷한 예로 야마하(YAMAHA)는 피아노 판매를 위해 스타인웨이와 경쟁한다. BMW와 아우디는 차량 판매, 하얏트와 웨스틴은 호텔방 대여를 위해 경쟁한다.

하지만 이와 같은 경쟁에 대한 견해는 너무 편협하다. 경쟁의 진정한 핵심은 경쟁자 능가나 많은 판매가 아니다. 핵심은 이윤 창출이다. 이윤 창출 경쟁은 이보다 더 복잡하다. 이 경쟁은 단순히 직접적인 경쟁자뿐만 아니라 해당 산업에서 창출되는 가치를 가져갈 기업과 관련된 다양한 참가자들이 얽힌 싸움이다. 물론 기업들이 이윤 획득을 위해 직접 경쟁자들과 경쟁하는 것은 사실이다. 하지만 기업은 더 적게 내고 더 많이 받으면 항상 즐거워하는 고객과도 이윤을 놓고 싸운다. 또한 항상 더 많이 받고 더 적게 주길 좋아하는 공급자들과도 경쟁한다. 기업은 여차하면 대체품을 만들 수 있는 생산자들과 경쟁한다. 그리고 현재의 경쟁자뿐만 아니라 잠재적 경쟁자와도 경쟁한다. 신규 진입자들의 위협도 고객에게 청구할 수 있는 액수에 한계를 정하기 때문이다.

경쟁의 진정한 핵심은 경쟁자 능가가 아닌 이윤 창출이다

5가지 세력 즉, 기존 경쟁자들의 경쟁 강도, 구매자들(산업 고객들)의 협상력, 공급자들의 협상력, 대체재의 위협, 신규 진입자의 위협은 산업 구조를 결정한다. 산업 구조 개념은 학문적으로 들리지만 그렇지 않다(그림 2-1). 집, 교회, 창고… 어떤 건물을 보았을 때 해당 건축물 구조는 건축물의 용도, 작동 방법, 설계 방법의 중요 정보를 즉시 전달해준다. 건물 구조는 모든 건축물에 보편적으로 사용되는 기초, 벽, 지붕 등의 요소로 결정된다. 마찬가지로 산업 구조를 살펴보고 중요한 산업정보를 구한다. 포터의 5가지 세력의 특정한 구성은 산업 작동 방법, 가치창출과 분배 방법에 대해 즉시 알려준다. 따라서 산업 수익성을 예상할 수 있다.

산업 구조와 수익성 관계에 대한 포터의 연구 결과는 몇 가지 보편적인 오해에 이의를 제기한다. 사실 포터는 다음 사항들을 알아냈다.

- 첫째, 표면적으로 산업은 달리 보이지만 내적으로 같은 세력이 존재한다. 광고업부터 지퍼제조업까지 모든 산업에서 상대적 강도와 중요성은 달라도 같은 5가지 세력이 적용된다.
- 둘째, 많은 사람들의 생각처럼 산업수익성은 해당 산업의 성장 속도, 기술 수준, 규제산업 여부, 제조업 또는 서비스업 등이 아닌 산업 구조가 결정한다. 구조가 그들보다 직관적인 범주를 능가한다.
- 셋째, 산업 구조는 놀랄 만큼 잘 변하지 않는다. 비즈니스는 급속도로 변한다는 보편적인 생각에도 불구하고 포터는 일단 구조가 갖춰지지 않은 진입 단계를 지나면 산업 구조는 오랫동안 변하지 않고 지속된다는 것을 알게 되었다. 신제품은 출시되고 퇴출된다. 신기술은 등장했다가 사라진다. 항상 모든 것은 변하지만 산업 구조와 산업 평균수익성은 변하는 데 오래 걸린다.

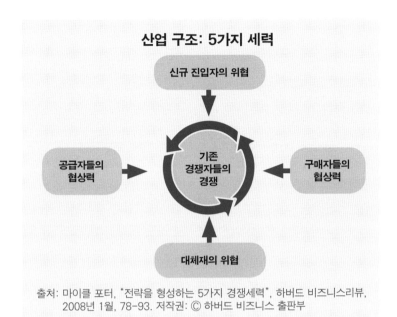

산업 구조: 5가지 세력

신규 진입자의 위협

공급자들의 협상력

기존 경쟁자들의 경쟁

구매자들의 협상력

대체재의 위협

출처: 마이클 포터, "전략을 형성하는 5가지 경쟁세력", 하버드 비즈니스리뷰, 2008년 1월, 78-93. 저작권: ⓒ 하버드 비즈니스 출판부

그림 2-1

✤ 산업 구조: 더 강력한 분석 도구

전략을 분석, 수립하려는 모든 조직에게 5가지 세력 프레임워크가 출발점이다. 전략은 경쟁에 직면한 조직이 탁월한 성과를 이루는 방법을 설명한다는 것을 기억하라. 5가지 세력 프레임워크는 당신이 직면한 경쟁에 모든 관심을 집중시키고 탁월한 성과 측정을 위한 기준을 제공한다. 이 프레임워크는 산업 평균가격과 평균비용, 궁극적으로 능가해야 할 산업 평균수익성을 알려준다. 기업의 현재와 미래의 가능한 성과를 알려면

산업의 본질적인 경제적 작동원리에 대한 통찰력이 필요하다.

5가지 세력 프레임워크는 산업 평균가격과 평균비용 즉, 뛰어넘어야 할 산업 평균수익성을 설명해준다

5가지 세력 분석은 몇 가지 주요 질문에 대해 답한다. 해당 업종에서 무슨 일이 일어나는가? 일어나는 많은 일들 중 경쟁에 중요한 것은 무엇인가? 어떤 일들에 신경 써야 하는가? 포터 이전에 환경을 종합하기 위한 보편적인 프레임워크는 SWOT(강점, 약점, 기회, 위협의 약자)이다. 기업을 환경과 연계하려는 SWOT의 의도는 옳았지만 강력한 분석틀이 되지 못했다.

만약 SWOT을 활용해보았다면 내가 무슨 말을 하는지 알 것이다. SWOT을 근본적으로 뒷받침해주는 일관된 경제적 본질이 없기 때문에 분석 참가자, 당시 중요 관심사에 따라 각 4개 항목별로 무작위 목록만 도출하고 끝나는 경우가 많다.

SWOT이 아직까지 어떤 기업에서는 사용되고 있지만 이것은 경영자의 오랜 신념이 건전한 경제적 기반 위에 있든 최고경영자의 개인적 안건이든 그 신념을 확인하는 방향으로 왜곡된다(내 경험상 상당히). 어떤 경영자가 '기회' 목록에 대규모 인수 건을 상정한 경우를 생각해보자. 그런데 인수 이유가 한때 몸담았던 회사를 인수하려는 일종의 복수심이거나 연말의 큰 보너스 때문이라면? 이런 형태의 왜곡은 실제로 매우 흔하다.

산업 구조는 경쟁 역학관계를 이해하는 데 매우 강력하고 객관적인 분석틀이다. 체계적이므로 중요한 것을 놓치는 실수를 줄인다. 단지 중요한 항목 나열이 아니라 사실과 분석으로 만들어지고 또 그래야만 한다. 그러므로 이 분석틀은 오래된 의제를 반복하지 않고 새로운 것을 배우게 해줄 가능성이 높다. 또한 이 분석틀은 외부세력이 기업의 전략적 기회를 제한하거나 만들어주는 방법을 강조하는 방식으로 경쟁의 경제적 본질을 파고든다.

✤ 5가지 세력 분석

5가지 세력은 각각 산업수익성과 분명하고 직접적이며 예측 가능한 관계다. 일반적인 법칙은 이 세력들이 강력해질수록 가격이나 비용 또는 둘 다 더 많은 압력이 가해지고 기존 기업들에게 해당 산업의 매력도가 줄어든다는 것이다(주의: 산업 구조는 항상 해당 산업에 이미 들어와 있는 기업 관점에서 분석된다. 잠재적 진입자들은 진입장벽을 극복해야 하므로 어떤 산업이 기존 기업들에게는 매력적이면서 신규 경쟁자들에게는 그렇지 않은 이유를 설명해줄 수 있다).

근본 등식: 이윤 = 가격 - 비용

비즈니스 경쟁은 핵심산업이 창출한 가치를 누가 더 많이 가져갈지 줄다리기하는, 이윤 싸움에 대한 문제다. 일반적으로 경쟁은 복잡하고 다차원적이지만 수익성 계산은 간단하다. 포터는 궁극적 목표인 이윤과 그 2가지 요소인 가격과 비용에 집중하도록 일깨워준다.

$$단위당\ 이윤 = 가격 - 비용$$

비용은 자본비용과 모든 자원을 포함한다. 그것은 가치창출을 위해 산업이 사용하고 변화시킨, 경쟁을 하는 데 사용된 모든 자원을 말한다. 가격은 산업이 제공하는 제품 및 서비스에 대한 고객가치를 반영한다. 즉, 고객이 자신들의 대안을 비교해 기꺼이 지불할 액수를 반영한다.

만약 산업이 고객들을 위해 많은 가치를 창출하지 못한다면 가격이 비용을 넘기 힘들 것이라는 점에 주의하라. 산업이 많은 가치를 창출하면 산업 구조는 누가 수익을 차지할지 이해하는 데 중요한 요소가 된다. 기업들은 그 노력에 비해 매우 적은 이윤밖에 거두지 못하는 반면, 산업 전체 공급업체들을 위해 많은 가치가 창출되는 경우가 있을 수 있고 실제 그런 경우도 많다.

5가지 세력은 특정 산업 내에서 산업의 가격과 비용에 직접 영향을 미치므로 5가지 세력의 상대적 강점과 요소들의 특정한 구성은 해당 산업의 잠재적 수익성을 결정한다. 각 세력이 수익성에 영향을 미치는 원리는 다음과 같다.

세력	영향	원인
신규 진입자 위협▲	수익성▼	가격▼, 비용▲
공급자 영향력▲	수익성▼	비용▲
구매자 영향력▲	수익성▼	가격▼, 비용▲
대체재▲	수익성▼	가격▼, 비용▲
기존 경쟁 정도▲	수익성▼	가격▼, 비용▲

먼저 각 세력에 대해 설명하고 5가지 세력의 강도 분석법을 보여주겠다. 내가 인용하는 많은 사례들은 2가지 목적으로 사용된다. 5가지 세력을 설명해주는 동시에 특정 기업들이 해당 업종에서 가장 중요한 세력들에 대응하는 방법을 알려준다. 사람들은 항상 "기업들은 이 프레임워크를 어떻게 사용하나요?" 라고 묻는다. 원론적인 대답을 하자면 성공적인 모든 기업들은 해당 산업에서 가장 중시되는 세력들과의 관계에서 가장 유리한 곳에 포지셔닝했다. 그러나 강조하고 싶은 내용은 포터의 접근법이 제시하는 가장 확실한 원칙 중 하나는 산업 구조에 대해 명확히 생각하도록 만든다는 점이다. 먼저 산업 구조

를 이해하는 데서 시작하라. 그럼 해당 산업 내에서 자신과 경쟁자들의 상대적 포지션에 초점을 맞출 수 있게 된다.

구매자

산업 내에 강력한 구매자(고객)가 존재한다면 그들은 가격 인하를 강요하기 위해 영향력을 행사한다. 또한 해당 제품과 서비스에 더 많은 가치를 요구할 것이다. 어느 경우든지 고객들은 자신들을 위해 더 많은 가치를 가지려고 하므로 산업수익성은 낮아진다.

강력한 구매자들은 가격인하를 강요하거나 제품에 더 많은 가치를 요구해 더 많이 가져갈 것이다

시멘트산업을 생각해보자. 미국에서는 영향력 있는 대규모 건설사들이 시멘트 산업 매출에 큰 비중을 차지한다. 이 건설사들은 영향력을 행사해 가격을 낮추도록 흥정한 결과, 시멘트 산업의 잠재적 수익성을 약화시킨다. 자, 이제 시멘트산업 수익의 85%가 소규모 개인고객으로부터 창출되는 아래 동네 멕시코로 넘어가보자. '개미'로 불리는 수천 명의 소규모 고객들은

소수의 대규모 생산자들에 의해 시멘트를 공급받는다. 분열된 소규모 구매자들과 소수 대규모 생산자 간 협상력의 불균형은 멕시코 시멘트산업 구조를 결정하는 요소다. 시장영향력은 생산자의 고가 책정과 더 큰 이윤 창출을 가능케 한다.

그렇다면 미국과 멕시코에서 시멘트 생산 선두업체인 세멕스(CEMEX)가 멕시코에서 더 많은 수익을 올리는 것은 멕시코에서 더 많은 가치를 창출하기 때문이 아니라는 것은 놀랄 일이 아니다. 사실 세멕스는 구별되는 2개 산업에서 경쟁 중이고 각 산업은 나름대로 구조가 있다.(이번 장 말미 '산업 분석의 전형적 단계'에서 비즈니스 경계를 규정하는 전략적 중요성이 강조된다.)

구매자의 영향력을 평가할 때 최종사용자만큼 제품 전달 유통채널도 중요하다. 특히 유통채널이 최종사용자인 소비자의 구매 결정에 영향을 미친다면 더 그렇다. 예를 들어(각종 주식, 채권과 투자자 사이에 위치한) 투자자문 전문가들의 막강한 영향력은 고수익을 동반한다. 홈 디포(Home Depot)나 로우스(Lowe's) 같은 강력한 소매업자들의 등장은 주택개조제품 생산업자들에게 엄청난 압력을 가했다.

한 산업 내에는 협상력이 크거나 작고 가격민감도가 높거나 낮은 여러 구매자의 하부집단으로 이루어져 있다. 구매자들은 가격에 민감할수록 협상력 행사가능성이 높아진다. 산업고객과 소비자 모두 구입하려는 제품이 다음과 같은 특징이 있으면 가격에 더 민감한 경향이 있다.

- 제품이나 서비스가 차별화되지 않을 때
- 구매 제품이나 서비스의 가격이 다른 비용이나 자신들의 수입에 비해 비쌀 때
- 제품이나 서비스가 구매자 자신의 성과에 별로 중요하지 않을 때

위의 3가지 조건의 반대 상황이 있다. 주요 영화제작자들이 촬영장비를 구입, 대여할 때의 가격민감성이다. 예를 들어 영화 촬영용 카메라는 매우 차별화된 장비다. 카메라 가격은 나머지 영화제작 비용에 비하면 얼마 안 되지만 영화 성공에 큰 영향을 미친다. 그러므로 이런 경우, 품질의 중요성이 가격을 능가한다.

공급자

강력한 공급자들이 있다면 그들은 높은 가격을 부과하거나 좀 더 유리한 거래조건을 주장하기 위해 협상력을 사용한다.

어느 경우에도 공급자들이 더 많은 가치를 차지하므로 산업 수익률은 낮아질 것이다. 개인용 컴퓨터생산업자들은 마이크로소프트와 인텔의 강력한 시장영향력과 오랫동안 싸워오고

강력한 공급자들은 더 높은 가격을 부과하거나 더 유리한 조건을 요구해 산업수익률을 감소시킨다

있다. 인텔의 경우, 인텔 인사이드(Intel Inside) 광고는 단순한 부품일 수 있었던 자사의 마이크로프로세스를 효과적으로 브랜드화했다.

공급자 영향력 분석에는 노동력을 포함해 제품 및 서비스에 투입되는 모든 구매요소가 포함되어야 한다. 강력한 노동조합의 협상력은 항공업을 장기간 힘들게 해왔다. 예를 들어 항공기 도착과 출발 시 수신호로 유도하는 작업 규정에 의하면 자격을 갖춘 정비공만 항공기를 공항 게이트에서 출발하도록 유도하게 되어 있었다. 이런 작업은 더 낮은 보수를 받는 수하물 관리자나 기타 지상직원들이 충분히 할 수 있다. 대부분 보수작업은 저녁에 이루어지지만 작업 규칙상 수리공들은 하루 24시간, 일주일 내내 대기해야 하므로 항공사들은 필요한 것보다 더 많은 유지·보수인력을 고용해야만 했다.

지금은 없어진 그 규칙은 사실 고임금 숙련공들의 일자리를 만드는 프로그램이었고 항공업 수익을 고갈시켰다. 공급자와 구매자의 영향력을 어떻게 평가할 것인가? 같은 질문들이 공급자와 구매자에게 공통적으로 적용되므로 1개 목록만 다음에 제공된다. 다음 상황에서 공급자와 구매자 모두 강력해지는 경향이 있다.

- 산업에는 강자가 없이 세분화된 반면 공급자나 구매자는 규모가 크고 집중화된 경우(골리앗과 많은 다윗을 생각하라). 매출의 몇 퍼센트를 공급자, 구매자가 차지하는가? 데이터를 검토하고 어떻게 변화하는 중인지 살펴보라. 현재의 공급자나 구매자를 잃는다면 얼마나 치명적인가? 통신장비나 해양굴착기와 같이 높은 고정비가 필요한 산업은 구매자들에게 특히 취약하다.
- 공급자와 구매자가 특정 산업을 필요로 하기보다 특정 산업이 공급자와 구매자를 더 필요로 하는 경우. 적어도 단기간 대체공급자가 없는 경우도 마찬가지다. 2가지 예를 들겠다. 의사와 항공기 조종사는 기술이 너무나 중요하고 공급은 부족하므로 역사적으로 엄청난 협상력을 발휘하고 있다. 중국은 도요타와 기타 자동차생산업체들이 전기모터 생산에 필요한 희토류 금속인 네오디뮴(Neodymium)의 전 세계 공급량 중 95%를 생산하고 있다. 중국이 네오디뮴 공급을 규제하자 2010년 한 해 동안 가격은 4배나 뛰었다. 도요타는 희토류 금속 의존도를 없애기 위해 신제품 모터 개발에 박차를 가하고 있다.
- 전환비용이 공급자와 구매자에게 유리하게 작용하는 경우.

예를 들어 PC산업에서 운영 시스템과 소프트웨어의 지배적 공급자인 마이크로소프트처럼 산업이 특정 공급자에게 얽매어 있을 때 발생한다. 전환비용은 구매자가 공급자를 쉽게 변경할 수 있을 때도 구매자에게 유리하게 작용한다. 고객들이 인기 항공노선에서 항공사를 쉽게 바꿀 수 있는 것은 그들이 해당 노선 가격을 높이거나 서비스를 줄이기 어렵게 만든다. 상용고객 우대제도는 전환비용을 높이기 위해 고안되었지만 별 효과가 없었다.

- 차별화가 공급자와 구매자에게 유리하게 작용하거나 구매자가 특정 산업제품의 차별화가 거의 없다고 생각할 때 판매업체 간 경쟁을 유도하는 영향력을 갖는다. PC 자체가 거의 보통재가 되면서 구매자 영향력은 커졌다. 그러나 PC산업 공급자인 마이크로소프트와 인텔은 상당히 차별화된 기업이다. PC 조립업체들은 강력한 공급자와 구매자 사이에 낀 셈이다.
- 공급자와 구매자가 특정 산업제품을 자체 생산하는 방향으로 수직계열화한다고 위협할 수 있는 경우, 맥주 및 음료수 생산업체들은 음료용기 가격이 오르지 못하도록 이 전술을 써왔다.

대체재

대체재는 특정 산업제품이 만족시키는 똑같은 기본적 니즈를 다른 방식으로 충족시키는 제품이나 서비스로 해당 산업의 수익성을 제한한다. 예를 들어 세금정산 소프트웨어는 'H&R Block'과 같은 세무대행 서비스의 대체재다. 대체재는 기존 업체들이 매출 감소 없이 유지가능한 가격상한선을 정한다. 수십 년 동안 석유수출국기구(OPEC)는 대체에너지 투자를 막기에 적당한 정도로 유가를 신중히 조정해 대체재들이 힘을 못 쓰게 해왔다.

특정 산업제품의 똑같은 기본적 니즈를 다른
방식으로 충족시키는 제품이나 서비스인
대체재는 해당 산업의 수익성을 제한한다

대체재는 직접적인 경쟁자가 아니라는 이유로 일반적으로 예상못한 데서 등장한다. 그러므로 대체재는 예측이 어렵고 등장 후에도 때때로 잘 못 보는 경우가 있다. 예를 들어 차세대 전기자동차는 내연기관 자동차의 치명적 대체재가 될 수도 있고 안 될 수도 있다. 만약 된다면 자동차의 수많은 타 부품도 대체되는 파급효과가 생길 것이다. 예를 들어 배터리는 차량 무게를 가중시키고 BMW는 차체에 쓰이는 강철 대체를 위해 가벼운 탄소섬유를 고려할 것이다. 변속기 및 배기장치 제조

또는 정비업체들은 자동차가 등장하면서 망해버린 마차용 말 채찍 제조업체처럼 될 수도 있다.

대체재의 위협은 어떻게 평가하는가? 대체재의 경제적 이점 특히 현대 산업이 내놓는 제품보다 매력적인 가성비를 제공하는지 살펴보라. 단 1달러에 영화대여 판매대를 운영하는 코인스타의 레드박스는 영화 DVD를 20~40배 가격에 판매하는 할리우드 영화사들에게 명백한 위협이 되어 왔다. 레드박스는 비디오 구매에는 대체재이고, 위치상의 편의성과 저비용(역주: 맥도날드 매장 내에 영화 DVD 대여와 반환이 가능한 자판기 같은 판매대를 설치해 운영)을 따라갈 수 없는 지역 비디오 대여점에게는 '직접적인 경쟁자'다(노트: 이 마지막 문장을 쓴 약 1개월 후 한때 업계를 주름잡던 블록버스터가 파산보호 신청을 했다). DVD 대여가 DVD 구매의 명백한 대체재로 자리 잡는 동안 레드박스의 초저가 및 편의성 제공 전략은 고객의 스윗 스팟(역주: 테니스나 골프에서 공을 방망이 중심에 정확히 맞추면 힘들이지 않고 공이 멀리 날아가듯 경쟁자는 고객이 원하는 것을 충족시키지 못하지만 회사 역량으로 충족시킬 수 있는 지대를 의미함)을 정확히 때렸다.

이때 스윗 스팟은 항상 가격이 낮은 대안만은 아니다. 마드리드와 바르셀로나 간 고속열차는 더 높은 가치와 가격의 항공기 대체재다. 에너지음료는 더 비싼 커피 대체재다. 두 음료 모두 카페인 전달 시스템으로 볼 수 있는데 일부 소비자들은 대체재인 에너지음료가 주는 더 큰 효과에 더 많은 돈을 지불한다.

전환비용은 대체에 중요한 역할을 한다. 대체재는 구매자가 전환비용이 낮다고 인식할 때 더 큰 영향력이 있다. 위에서 본 영화 DVD 사례는 물론 유명 브랜드 약품에서 복제약품으로의 이동도 예가 된다. 커피 애용은 몸에 깊이 밴 습관이므로 에너지음료가 젊은 세대에 의해 더 쉽게 받아들여지는 것은 놀랄 일이 아니다.

신규 진입자

진입장벽은 시장에 새로운 생산능력을 추가하고 시장점유율을 높이려는 새로운 경쟁자로부터 특정 산업을 보호한다. 진입 위협은 2가지 방법으로 수익성을 악화시킨다. 현재 산업에서 기존 경쟁자들이 받는 가격이 높을수록 신규 경쟁자 입장에서는 진입을 더 매력적으로 만들므로 진입 위협을 막으려면 적정선의 가격을 유지해야 한다. 동시에 일반적으로 기존 경쟁자들은 고객만족을 위해 더 많은 비용을 지출해야 한다.

가격은 내려가고 비용은 올라가는 이 메커니즘은 새로운 진입자 입장에서는 산업에 진입해 경쟁하기 위해 넘어야 할 장애물로 작용하므로 신규 진입을 억제할 수 있다. 예를 들어 진입장벽이 낮은 커피전문점 사업에서 스타벅스는 새로운 매장과 메뉴에 지속적으로 투자해야 한다. 만약 소홀하다면 새로운 경쟁자에게 경쟁난투극에 참여할 기회를 주는 것이다.

새로운 진입 위협을 어떻게 평가할 것인가? 현재 산업 내에서 활동 중인 기업이라면 진입장벽을 높이기 위해 무엇을 할 수 있는가? 새로운 산업에 진입하려고 한다면 장벽들을 극복할 수 있는가? 진입장벽에는 다양한 유형이 있다. 진입장벽을 파악하고 평가하기 위해 다음 질문들을 던져보라.

진입장벽은 새로운 생산 능력을 추가하는 새로운 경쟁자로부터 특정 산업을 보호한다

- 대량생산이 낮은 단위 원가로 연결되는가? 이런 규모의 경제가 존재한다면 어느 정도 생산할 때부터 효과가 나타나는가? 수치가 중요하다. 이런 경제원천은 무엇인가? 대량생산에 따른 고정비 절감에서 비롯되는가? 규모와 관련 있는 더 효과적인 기술 사용에서 비롯되는가? 공급자들에 대한 강력해진 협상력에서 비롯되는가? 개인용 PC의 새로운 운영시스템 개발에 1조 원이라는 천문학적 비용이 들어가지만 마이크로소프트 정도의 규모라면 그 비용은 수 주 내 모두 만회될 것이다.

- 고객들이 공급자를 바꿀 때 '전환비용'이 발생하는가? 맥에서 PC나 그 반대로 컴퓨터를 바꿀 때 설치와 재교육에 많은 시간비용이 들어갈 것이다. 애플은 낮은 시장점유율의 소규모 경쟁자였으므로 마이크로소프트 고객들을 자사 고객으로 끌어들이면 이득이 많았다. 그래서 PC 사용자들의 전환비용을 줄이는 방향으로 상당한 투자를 했다.

- 더 많은 고객들이 특정업체 제품을 사용할수록 고객들에게 해당 가치가 상승하는가?(네트워크효과) 공급에 '규모의 경제'가 있듯이 가치의 원천이 무엇이며 고객들이 얼마나 가치 있게 여길지 이해해야 한다. 때에 따라 해당 기업의 인지되는 안정성이나 명성이 '안전한' 선택 기준이 된다. 가치가 페이스북처럼 네트워크 규모에서 비롯될 때도 있다. 그것은 모두 진입장벽으로 작용할 수 있다.

- 특정 사업 진입을 위해 기업이 치를 비용은 얼마인가? 사업 시작을 위해 필요한 자본 출자 규모는 얼마이며 어떤 기업이 그만한 투자를 할 것이며 할 수 있는가? 전통적으로 제약업은 엄청난 R&D와 마케팅 투자가 요구되므로 제약업체들은 신규 진입자의 위협을 많이 걱정하지 않았고 가격을 자유롭게 올려왔다.

- 기존 경쟁자들에게 규모 외에 신규 진입자가 접근하기 어려운 다른 우위가 있는가? 특허기술, 확고한 브랜드, 좋은 입지, 유통채널 등이 그 예다. 특히 마지막 예인 유통채널이 제

한되거나 기존 경쟁자들이 독점한다면 상당한 진입장벽이 될 수 있다. 이런 상황은 신규 진입자가 자신의 유통채널을 스스로 구축하도록 만들기 때문이다. 예를 들어 고객들이 기존 유명 항공사들을 선호하는 경향 때문에 신생 저가항공사들은 항공권을 온라인으로 판매해야만 했다.

- 정부 정책이 신규 진입자들을 제한, 금지시키는가? 매사추세츠 주 정부는 와인 판매허가권을 쉽게 안 내주므로 신규 진입을 극심하게 제한하는 효과가 있다. 규제, 정책, 특허, 보조금도 타 진입장벽을 높이거나 낮추는 데 간접적인 영향을 미칠 수 있다.

- 특정 산업 진입을 위해 잠재적 진입자는 어떤 종류의 보복을 예상해야 하는가? 이 산업은 새로운 경쟁자의 진입을 어렵게 만드는 것으로 유명한가? 이 산업은 공격적인 경쟁을 위해 필요한 자원을 많이 보유하고 있는가? 성장이 둔화되거나 많은 고정비가 소요되는 산업이라면 기존 경쟁자들은 대체로 시장점유율 유지를 위해 적극 싸울 것이다.

경쟁 정도

현재 경쟁업체들의 경쟁이 치열할수록 수익성은 떨어질 것이다. 기껏 만들어놓은 가치를 경쟁하느라 구매자들에게 저가에 나누어주거나 더 높은 경쟁비용으로 날려버리기 때문이다.

경쟁은 여러 형태로 나타난다. 가격경쟁, 광고, 신제품 출시, 고객서비스 증가 등이다. 예를 들어 제약업체들은 R&D와 마케팅 부문에서 오랫동안 치열한 경쟁을 해왔지만 가격경쟁은 멀찌감치 떨어져 피한다.

경쟁이 치열하면 기업들은 자신들의 창출

가치를 구매자들에게 저가 형태로 나누어주거나

더 높은 경쟁비용으로 날려버리게 된다

경쟁 강도는 어떻게 평가할 것인가? 포터는 다음 조건 하에서 경쟁 강도가 가장 강하다고 주장한다.

- 특정 산업이 많은 경쟁자들로 구성되었거나 경쟁자들이 규모나 영향력 면에서 비슷할 경우. 반대로 산업 선도주자가 있으면 때로는 산업 전체에 도움이 되는 경쟁 방식을 강요할 능력이 있어서 경쟁강도를 약화시킬 수 있다.
- 저성장이 시장점유율 쟁탈전을 유발시키는 경우
- 높은 출구장벽으로 인해 기업들이 산업 밖으로 빠져나가지 못하는 경우. 이는 기업들이 쉽게 처분할 수 없는 특수 목적 자산에 투자했을 때 발생한다. 과잉생산력도 보통 산업수익

성을 저해한다.

- 경쟁자들이 사업에 비이성적으로 참여하는 경우. 즉, 수익이 최우선 목적이 아닌 경우다. 예를 들어 국영기업은 국가 자존심이나 일자리 제공을 위해 수익이 안 나는데도 돈을 계속 퍼붓는 경우가 있다. 또는 기업 이미지상 모든 제품라인을 갖추어야 한다고 생각할 수도 있다.

포터는 가격경쟁이 가장 해로운 경쟁 형태라고 경고한다. 가격경쟁이 치열할수록 최고를 위한 경쟁은 심화된다. 가격경쟁은 다음의 경우에 발생하는 경향이 있다.

- 한 업체의 제품/서비스가 타 경쟁자들의 그것과 구별하기 힘들고(1장에서 논한 경쟁자 수렴 문제) 구매자 전환비용이 서로 낮은 경우. 이런 상황은 전형적으로 경쟁자들이 고객들을 끌어들이기 위해 가격을 낮추게 만든다. 수년 동안 항공업계에 만연된 경쟁 방식이다.
- 경쟁자들이 높은 고정비와 낮은 한계비용 구조를 가진 경우. 이런 상황에서는 신규 고객 1명이 간접비를 조금이나마 메우는 데 도움을 주므로 경쟁자들이 가격을 떨어뜨리는 압력으로 작용한다.
- 생산능력을 증설할 때 조금씩이 아닌 대규모로 한 번에 증설해야 하는 경우. 이렇게 되면 산업 내 수요·공급 균형을 깨고

지어놓은 시설을 가동하기 위해 가격을 내리는 방향으로 가게 된다.

- 제품 속성상 쉽게 부패하거나 오래가기 힘든 경우. 과일이나 패션에 해당되지만 금방 쓸모없어지거나 가치를 상실하는 수많은 제품/서비스도 해당된다. 호텔 객실, 항공기 좌석, 식당 테이블 좌석은 비어있는 채 시간이 지나면 가치가 사라지므로 하나라도 더 채우려는 경쟁이 치열해진다.

✤ 왜 5가지 세력뿐인가?

5가지 세력 프레임워크가 모든 산업에 적용되는 단순한 이유는 이 프레임워크가 모든 상거래에서 본질적 관계인 구매자와 판매자, 판매자와 공급자, 경쟁 관계인 판매자 사이, 수요·공급 사이의 관계를 총망라하기 때문이다. 생각해보라. 이 정도면 경쟁을 이해하는 데 필요한 모든 것을 커버할 수 있다.

5가지 세력 프레임워크가 모든 산업에 적용되는
단순한 이유는 이 프레임워크가 모든 상거래에서
중요한 관계들을 총망라하기 때문이다

내가 경영자들과 함께 전략 토론을 이끌 때는 항상 포터의 5가지 세력 프레임워크를 물어본다. 대부분 안다고 답한다. 하지만 그 후 재미있는 일이 발생한다. 대화는 5가지를 모두 말할 수 있는 사람을 찾는 경쟁으로 급속히 전락해버린다. 보통 사람들은 3~4개만 기억한다. 또한 일반적으로 5가지 세력에 속하지 않는 후보를 포함시키기도 하는데 그 특정 변수나 현상이 자신의 산업에서 성공과 밀접한 관계가 있다고 확신하기 때문이다.

여기서 문제의 핵심을 다시 강조해보자. 5가지 세력을 기억하는 것이 당신을 더 나은 사업가로 만들진 못한다. 그렇게 보이게만 할 뿐이다. 문제는 좀 더 깊은 의미를 파악하는 것이다. 즉, 모든 산업에는 '예측가능한 방향'으로 '수익성'에 '체계적인' 영향을 미치는 제한된 '구조적' 세력이 존재한다.

수요와 공급

모든 사람은 교육과 훈련을 받는 어떤 시점이 되면 가격 결정에서 수요·공급의 중요성을 배운다. 완전시장에서 그 조정은 매우 민감하다. 공급이 증가하면 가격은 즉시 새로운 균형점으로 내려간다. 완전경쟁에서 가격은 항상 생산한계비용까지 내려가므로 이윤이 존재하지 않는다. 그러나 현실에서는 '완전'

한 시장은 거의 없다.

포터의 5가지 세력 프레임워크는 불완전시장에 대해 체계적으로 생각할 방법을 제공한다. 예를 들어 진입장벽이 존재한다면 새로운 공급이 수요를 충족시키기 위해 시장에 급히 진입할 수 없다. 또 다른 예로 공급자와 구매자의 영향력은 가격에 직접적인 영향을 미칠 것이다.

타 요소들도 중요할 수 있지만 구조적이진 않다. 시선을 많이 끄는 4가지 변수를 생각해보자.

- 5가지 세력 중 1개나 여러 개에 영향을 미쳐 산업 구조를 변화시킨다면 '정부규제'는 경쟁과 관계있을 수 있다.
- '기술'도 마찬가지다. 예를 들어 인터넷은 특정 산업 고객들이 가장 저렴한 가격에 쇼핑하는 것을 더 쉽게 만들어 산업 수익성이 떨어지는 결과를 낳았다. 구매자 영향력이 커져 해당 특정 산업의 구조가 변했기 때문이다.
- 경영자들은 때때로 '고성장 산업'이 매력적이라고 잘못 가정한다. 하지만 성장은 산업수익성을 보장해주지 않는다. 예를 들어 성장은 공급자들에게 주도권을 주거나 낮은 진입장벽과 연계되어 새로운 경쟁자를 끌어 모을 수 있다. 성장 자체는 고객 영향력이나 대체재의 가능성에 대해 아무것도 말해

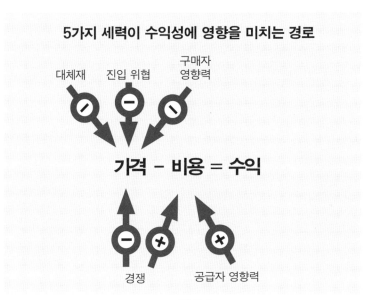

5가지 세력이 수익성에 영향을 미치는 경로

대체재   진입 위협   구매자
영향력

가격 − 비용 = 수익

경쟁   공급자 영향력

그림 2-2

주지 않는다. 포터는 급성장하는 산업이 '좋은' 산업이라는 즉, 증명되지 않은 가정이 나쁜 전략적 결정을 초래하는 경우가 많다고 경고한다.

▪ 마지막으로 '보완재'는 때때로 '6번째 세력'으로 제안된다. 보완재란 특정 산업제품과 함께 사용되는 제품서비스다. 예를 들어 보완재는 컴퓨터 하드웨어와 소프트웨어처럼 특정 산업제품 수요에 영향을 미칠 수 있다(전원을 연결할 곳이 없다면 전기자동차를 구입할 것인가?). 하지만 성장, 정부, 기술 등 앞에서 언급한 타 요소들처럼 보완재는 5가지 세력에 미치는 파급효과를 통하여 산업수익성에 영향을 미친다.

그렇다면 각자 몸담은 업종에 따라 이 변수들을 이해하고 관리하는 것이 성공의 중요 요소가 될 수 있다. '더 높은 구매자 영향력'과 달리 이 요소들 중 어느 것이 산업수익성에 '더 많은' 영향을 미치는지는 체계적이지 않고 예측할 수도 없을 것이다. 특정 기술들은 비용을 올리고 가격을 낮추어 수익성을 낮출 수 있다.

타 기술들은 반대효과를 보일 수도 있다. 게다가 또 다른 기술들은 아무 영향도 없을 것이다. 성장, 정부, 보완재도 마찬가지다. 어떤 세력이 구조적이라면 '더 많이'는 이미 우리가 알고 있는 방향으로 가격이나 비용에 영향을 미칠 것이라고 항상 예상할 수 있다. 더 큰 구매자 협상력은 항상 가격을 낮추지 높이진 않는다. 더 큰 공급자 영향력은 항상 비용을 높이지 낮추진 않는다. 〈그림 2-2〉는 5가지 세력이 수익성에 미치는 주요 영향력을 정리한 것이다.

✤ 전략을 위한 시사점

5가지 세력의 집단적 영향력은 가격, 비용, 경쟁에 필요한 투자에 영향을 미치므로 중요하다. 산업 구조는 해당 산업에서 창출된 경제적 가치의 분배 방법을 결정한다. 즉, 고객, 공급자, 유통업자, 대체재, 잠재적 진입자보다 해당 산업의 기업들이 차지하는 비중을 결정한다. 산업 구조는 산업 내 모든 기업들의 손익계산서와 대차대조표에 직접 연결될 수 있다. 이 분석으로 부터 습득한 통찰력은 어디서 어떻게 경쟁할 것인지에 대한 결정을 직접 이끌어야 한다.

산업 분석을 어떻게 사용할 것인가? 2가지 대표적 예를 생각해보자. 첫째, 해당 산업이 매력적인 수익창출 가능성을 주는가? 2005년 IBM은 PC사업을 레노버에 매각했다. 5가지 세력 분석은 그 산업이 매력 없는 산업으로 전락해 대표적 기업 중한 곳이 패배를 인정하는 결정을 내린 이유를 적나라하게 보여준다.

해당 산업의 초강력 공급자인 마이크로소프트와 인텔이 해당 산업에서 창출된 가치의 대부분을 점유했고 해당 산업이 성숙하면서 PC 자체는 소비자들이 더 많은 영향력을 갖는 보통재가 되어버렸다. 제품들마다 큰 차이가 없어 고객들은 유리한 가격에 따라 쉽게 브랜드를 바꿀 수 있었다.

PC제조업체들의 경쟁은 아시아 신흥 제조업체들로부터 더많은 가격 압력과 함께 심화되었다. 게다가 PC와 일부 똑같은 기능을 가진 모바일 디바이스와 같은 신세대 대체재도 시장에 들어오고 있었다.

전형적인 산업 분석 단계

1. 제품과 지역 범위에 따라 분석 대상 산업을 정의한다. 포함되거나 포함되지 않을 것은 무엇인가? 이 단계는 대부분이 생각하는 것보다 더 까다로워 깊이 생각해야 한다. 5가지 세력은 산업 경계를 정하는 데 도움이 되어 산업을 너무 좁거나 넓게 정의하는 일반적인 실수를 피하게 해준다.

똑같은 구매자, 똑같은 공급자, 똑같은 진입장벽 등과 대치해 있다면 같은 산업으로 묶을 수 있다. 포터는 다음의 경험적 방법을 제안한다. 2개 산업을 비교해 5가지 세력 중 1개 이상 세력이 다르거나 1개 세력의 차이점이 크다면 두 산업은 별개 산업으로 취급하는 것이 좋다. 각 산업은 개별 전략이 필요하다. 다음 예들을 생각해보자.

- **제품 범위.** 자동차에 쓰이는 엔진오일이 트럭이나 발전용 엔진오일과 똑같은 산업에 속하는가? 오일 자체는 비슷하지만 자동차 오일은 소비자 광고로 알려지고 거대 유통채널을 통해 개별 소비자들에게 판매되고 소규모 개별 포장의 높은 물류비 상쇄를 위해 지역적으로 생산된다. 트럭과 발전용 윤활유는 다른 고객, 다른 판매망, 다른 공급사슬 등 별개의 산업 구조에 속한다. 전략적 관점에서 그들은 별개 산업이다.
- **지리적 범위.** 시멘트사업은 글로벌 비즈니스인가, 한

국가에 국한된 비즈니스인가? 앞에서 살펴본 세멕스 (CEMEX) 사례를 기억해보자. 5가지 세력 중 여러 요소는 같겠지만 미국과 멕시코 구매자들은 근본적으로 다르다. 시멘트사업의 지리적 범위는 국가이지 글로벌이 아니므로 세멕스는 각 시장에 맞는 별도 전략이 필요하다.

2. 5가지 각 세력의 구성원들을 정의하고 필요하다면 더 세분화시켜 그룹을 만든다. 그렇게 구분한 근거는 무엇인가?

3. 각 세력을 움직이는 동인을 분석한다. 어떤 세력이 강하고 약한가? 엄격히 분석할수록 더 가치 있는 결과를 낳는다.

4. 한 걸음 물러나 전반적인 산업 구조를 평가한다. 어떤 세력이 수익성에 영향을 미치는가? 모든 세력이 똑같이 중요한 것은 아니다. 자신의 업종에서 가장 중요한 세력에 더 깊이 파고들어라. 분석 결과가 현재와 장기적 산업수익성 수준과 일치하는가? 수익성이 더 높은 기업들은 5가지 세력들을 상대로 더 유리한 포지셔닝을 한 기업들인가?

5. 각 세력과 관련된, 최근이나 미래에 일어날 가능성이 있는 변화를 분석한다. 변화 추세는 어떠한가? 경쟁자나 신규 진입자들이 향후 산업 구조에 어떤 영향을 미칠 것인가?

6. 이제 질문해본다. 5가지 세력을 상대로 어떻게 전략적으로 포지셔닝할 것인가? 세력들이 가장 취약한 포지션을 찾을 수 있는가? 산업 변화를 활용할 수 있는가? 산업 구조를 자신에게 유리한 방향으로 재편할 수 있는가?

5가지 세력 분석은 한 산업의 매력도를 결정하는 데 가장 많이 사용되며 산업에 투자할 것인지, 진입할 것인지, 빠져나올 것인지 결정해야 할 기업과 투자자들에게 당연히 필수적이다. 하지만 5가지 세력 분석이 단순히 한 산업이 매력적인지 여부를 밝히는 데 사용되는 것은 이 프레임워크의 강력한 전략적 설명력을 낭비하는 것이다. 그런 사용은 다음 질문을 함으로써 얻을 수 있는 중요한 통찰력에 이르지 못하게 한다.

- 현재의 산업수익성이 낮은 원인은 무엇인가? 무엇이 수익성을 더 올려주는가?
- 무엇이 변화하고 있는가? 수익성은 어떻게 이동하는가?
- 내가 창출한 가치를 더 많이 차지하기 위해 어떤 제약요소들을 극복해야 하는가?
- 다시 말해 적절한 5가지 세력 분석은 경쟁의 복잡성을 간파하고 성과를 높이기 위해 선택할 가능한 조치들을 인지하도록 도와준다.

대부분의 PC사업이 기업들에게 매력적이지 않을 때 애플은 수익 창출 방법을 알아냈다. 애플은 운영체제를 독자 설계함으로써 마이크로소프트의 공급자 영향력의 지배를 받은 적이 없다. 독특한 제품 개발로 구매자 영향력을 제한했다. 애플의 충성고객들은 타사 제품으로 갈아타느니 더 많은 비용을 지불하는 쪽을 택한다.

두 번째 대표적인 질문은 '세력들이 가장 취약한 영역에 포지셔닝할 수 있는가?'이다. 대형트럭 제조업체인 파카(Paccar)의 전략을 생각해보자. 대형트럭 제조업은 매력적이지 않은 구조를 가진 산업의 대표적인 예다.

- 수많은 트럭을 운영하는 영향력 있는 대규모 구매자들이 존재한다. 트럭이 그들의 사업비용에서 차지하는 비중이 높아 가격에 민감하다.
- 산업 특성이 주기적 침체기를 동반하는 자본집약적이다. 대부분 트럭들은 규제표준에 따라 제작되어 똑같아 보이므로 경쟁은 가격을 기반으로 한다.
- 공급자 측면에서 노동조합과 엔진 및 구동부품의 거대공급자들은 상당한 영향력을 행사한다.
- 트럭 구매자들은 기차처럼 그들의 서비스 대체 수단들과 직면하고 있다. 이는 전반적으로 트럭 가격을 제한한다.

지난 1993~2007년 해당 산업의 평균 투하자본수익률(ROIC)은 10.5%였다. 하지만 같은 기간 북미 대형트럭시장의 20%를 차지했던 파카는 31.6%를 기록했다. 파카는 그 어려운 산업 내에서 각 세력들의 가장 취약한 영역을 공략하는 포지셔닝을 택했다. 그 업체의 타깃고객은 집을 떠나 트럭을 집처럼 사용하는 개인사업자들이다. 그들은 트럭운전사들의 여건을 개선하는 파카의 켄워스(Kenworth)나 피터빌트(Peterbilt) 브랜드가 제공하는 높은 가치나 고급수면실, 편안한 가죽의자와 같은 많은 추가 기능들을 주문제작하는 능력에 더 많은 돈을 기꺼이 지불한다.

파카의 주문제작 제품에는 개인사업자들을 더 성공적으로 만들어줄 많은 부수적 서비스가 동반된다. 예를 들어 긴급 출동 서비스 프로그램은 트럭이 고장나 정차되는 시간을 줄여주는데 그것은 트럭 1대로 사업하는 사람들의 경제성에 중요하게 작용한다. 가격경쟁으로 대표되는 이 산업에서 파카는 10%의 높은 프리미엄 가격에 제품을 판매할 수 있다.

파카는 해당 산업에서 최고의 트럭제조업체가 되기 위해 경쟁하지 않는다. 만약 그랬다면 파카도 똑같은 제품으로 똑같은 고객을 쫓아다녔을 것이다. 그랬다면 가격경쟁에 휘말려 경쟁이 심화되고 결국 산업 구조를 더 악화시키는 원인이 되었을 것이다. 여기서 교훈은 타 업종의 많은 기업들에게도 유효하다. 잘못된 경쟁 방법으로 나쁜 상황을 더 악화시키는 것은 무척 쉽다.

특별해지기 위한 경쟁, 남들과 다른 니즈를 충족시키고 남들과 다른 고객을 공략하는 포지셔닝은 파카로 하여금 경쟁자들과 다른 경주를 하게 만들었다. 가격과 비용에 영향을 미치는 세력들은 더 우호적이다. 포터는 "전략은 경쟁세력에 대처하는 방어책을 만들거나 산업에서 경쟁세력이 가장 취약한 영역을 찾는 것으로 볼 수 있다."라고 말했다. 파카의 사례가 보여주듯이 훌륭한 전략은 '태풍 안의 피난처'와 같은 것이다. 5가지 세력 분석은 일기예보와 같다.

✤ 산업 구조는 동적이다

시간이 지나면서 일부 또는 모든 세력이 변화함에 따라 산업 수익성도 변한다. 산업 구조는 정적이지 않고 동적이다. 산업 구조와 포지셔닝은 정적이기 때문에 급변하는 세상에서는 쓸모없다는, 상당히 지속적인 오해가 있기 때문이라는 것은 포터가 자주 반복해 강조하는 사항이다.

도입부에서도 언급했듯이 많은 사람들이 포터에 대해 한 다리 건너 배우므로 강조할 필요가 있다. 반복해 강조하지만 산업 구조는 정적이지 않고 동적이다. 산업 분석을 할 때는 특정 시점의 산업 상태를 분석하지만 5가지 세력의 변화 트렌드도 분석해야 한다.

시간이 지나면서 구매자나 공급자의 영향력은 높아지거나 낮아진다. 기술적 또는 관리적 혁신은 신규 진입자나 대체재를 더 많이 만들거나 더 적게 만든다. 경영자들의 선택이나 제도 변화는 경쟁 강도를 변화시킬 수 있다.

예를 들어 1970년 월마트는 사람들의 관심대상이 아니었다. 오늘날 전 세계에서 가장 강력한 구매자로 자리 잡은 월마트는 여러 산업의 지배적 세력이다. 월마트 최고 구매담당 임원의 직책은 '해외구매 활용담당 부사장(vice president for international purchase leverage)'인데 내가 아는 가장 정직한 직책명 같다.

5가지 세력을 꾸준히 추적해온 사람들에게는 월마트의 이런 부상이 하룻밤 사이 이루어진 파격적인 사건이 아니다. 오히려 월마트와 거래하는 수많은 물품공급업체들에게는 고통스러울 정도로 슬로모션으로 달려드는 기관차와 부딪히는 것 같은 충격이었다. 준비하고 선택하고 행동할 충분한 시간이 있었던 것이다.

어떤 산업이든 변화는 항상 있게 마련이다. 산업 구조에 대한 더 나은 이해는 산업 구조를 원하는 방향으로 개조할 새로운 전략적 기회나 움직임을 더 잘 포착하고 활용하도록 해준다. 문제는 변화들 중 정말 중요한 것을 가려내는 것이다. 전략적 변화는 5가지 세력들에 진정으로 영향을 미치는 것들이다.

당신의 경쟁전략은 무엇인가?

5가지 세력: 이윤 쟁탈 경쟁

- 경쟁의 진정한 의미는 이윤 획득이지 경쟁자들로부터 사업을 빼앗아오는 것이 아니다. 비즈니스 경쟁은 이윤 쟁탈 싸움 즉, 산업에서 창출된 가치를 더 많이 차지하려는 줄다리기다.

- 기업들은 그들의 직접적인 경쟁자들뿐만 아니라 고객, 공급자, 잠재적 진입자, 대체재들과 이윤을 놓고 경쟁한다.

- 5가지 세력의 종합적 강도는 가격, 비용, 경쟁에 요구되는 투자에 영향을 미치고 결국 산업 평균수익률을 결정한다. 이제 기업들은 이 평균수익률을 기준으로 더 나은 성과를 위해 노력할 것이다. 훌륭한 전략은 산업 평균치보다 높은 손익을 만들어낸다.

- 5가지 세력 분석을 단순히 한 산업이 매력적인지 여부를 밝히는 데 사용하는 것은 이 프레임워크의 강력한 전략적 설명력을 낭비하게 된다. 산업 구조는 산업 내 모든 기업의 손익계산서와 대차대조표를 '설명'할 수 있으므로 5가지 세력 분석에서 얻은 통찰력은 '어디서 어떻게 경쟁할 것인가'에 대한 결정으로 연결될 수 있어야 한다.

- 산업 구조는 정적이지 않고 동적이다. 5가지 세력 분석은 산업 구조 변화를 예상하고 활용하는 데 도움을 줄 수 있다.

어떤 기업들은 타 기업들보다 수익성이 왜 높은가? 이제 막 이 질문의 첫 번째 부분을 마쳤다: 즉, 산업 구조가 그 차이의 일부를 설명할 수 있다. 우리는 이제 기업의 수익성을 결정하는 요소 중 두 번째 부분으로 넘어갈 수 있다. 다음 장의 주제인 '산업 내 기업의 상대적 위치'는 기업 간 수익성 차이에 대해 더 많은 내용을 설명할 수 있다.

3장

경쟁우위
가치사슬,
이윤과 손실의 요인

:: 경쟁우위 만큼 포터를 연상시키는 용어도 없을 것이다. 이 용어는 기업에서 많이 들을 수 있지만 포터의 의도대로 사용하는 경우는 드물다. 경쟁우위는 대부분 조직이 잘하는 그 무엇 정도로 막연히 사용되고, 경영자들이 경쟁업체들을 이기기 위해 암묵적으로 의지하는 무기를 의미한다.

이것은 핵심에서 한참 벗어난 생각이다. 포터에게 경쟁우위는 기업이 경쟁업체를 격퇴시키기보다는 우월한 가치를 창출하는 것이다. 이 용어는 구체적이고 명확하다. 진정한 경쟁우위가 있다면 기업은 경쟁업체보다 더 낮은 비용에 운영하거나 더 높은 가격을 받거나 또는 2가지 모두 가능하다. 이는 타 기업을 앞설 수 있는 방법이다. 포터는 전략이 조금이라도 실제로 의미가 있으려면 이 3가지가 기업의 재무 성과와 직접 연계되어야 한다고 주장한다. 그렇지 않다면 단지 구호에 지나지 않는다는 것이다.

기업에게 진정한 경쟁우위가 있다면 경쟁업체보다

낮은 비용에 운영하거나 더 높은 가격을

받거나 또는 2가지 모두 가능하다

지난 장에서 5가지 세력이 산업 평균수익을 어떻게 형성하는지 살펴보았다. 산업 구조는 한 기업이 산업 내에서 단지 평균적인 기업으로 존재할 때 기대할 수 있는 성과를 결정한다. 경쟁우위는 월등한 성과와 관련 있다. 이번 장에서는 경쟁우위의 근원을 포터의 다른 핵심 프레임워크인 가치사슬까지 추적할 것이다.

✢ 경제적 본질

경쟁우위는 상대적 개념이다. 그리고 탁월한 성과에 대한 것이다. 그 의미는 정확히 무엇인가? 제약업체 파마시아 앤 업존(Pharmacia & Upjohn)은 1985~2002년 사이 겉보기에 인상적인 19.6%의 평균 투하자본수익률을 기록했다. 같은 기간 철강업체 뉴코어(Nucor)는 약 18%의 수익을 올렸다. 이는 비교 가능한 수익인가? 파마시아 앤 업존이 더 탁월한 전략을 가졌다고 결론지을 수 있는가?

전혀 아니다. 평균수익이 겨우 6%인 철강업계에서 뉴코어는 매우 뛰어난 기업이었다. 반대로 우수기업이라면 30% 이상 수익을 내는 제약업계에서 파마시아 앤 업존은 산업 평균보다 한참 뒤졌다. 포터가 자본수익률을 사용한 이유는 우측 박스 내용인 '경쟁에서의 성공을 측정하는 올바른 지표와 틀린 지표'를 참조하라.

그렇다면 경쟁우위 측정을 위해선 수익을 측정하되 반드시 같은 업종 내 타 기업들, 비슷한 경쟁 환경이나 비슷한 형태의 5가지 세력에 처한 경쟁업체들과 비교해야 한다. 성과는 사업별로 측정되어야 의미가 있는데 용어의 일관성을 유지하기 위해 기억할 점은 포터가 말하는 전략은 항상 특정 사업 내 '경쟁전략'을 의미한다는 점이다. 기업 전체가 아닌 사업 단위가 전략의 근본 수준이다. '기업 전략'은 다수의 사업을 보유한 기업의 사업논리를 말한다. 이 구분이 중요하다. 포터의 연구는 다각화된 기업 전체 수익이 해당 기업의 각 사업별 수익의 합으로 가장 잘 설명된다는 것을 보여준다. 모기업이 전체 성과에 공헌할 수 있지만(또는 잘 알려져 있듯이 오히려 성과를 떨어뜨릴 수 있지만) 수익성에 가장 지배적 영향을 미치는 것은 산업별 특성이다.

경쟁에서의 성공을 측정하는
올바른 지표와 틀린 지표

전략의 올바른 목표는 무엇인가? 경쟁에서의 성공을 어떻게 측정해야 하는가? 포터는 경영의 소프트한 면 즉, 사람에게 충분히 신경 쓰지 않는다고 가끔 비난받았다. 하지만 그는 올바른 목표 설정의 중요성에 대해 단호한 입장을 취하는데 그 내용을 보면 이보다 더 사람 중심일 수 없다.

모든 경영자들이 알고 있듯이 목표와 그 목표를 기준으로 성과를 측정하는 방법은 조직에서 사람들의 행동 방식에 엄청난 영향을 미친다. 목표는 경영자들의 선택에 영향을 미친다. 비록 경영심리학이 포터의 업적에 중요 초점이 된 적은 없지만 행동에 대한 식견은 그의 이론에 영향을 미쳤다. 잘못된 목표나 오해의 소지가 있는 방식으로 정의된 목표로 시작하면 결국 잘못된 결과를 낳을 것이다.

포터는 성과란 모든 조직이 받아들일 수 있는 경제적 목적을 반영하는 관점에서 정의되어야 한다고 주장한다. 이는 투입비용의 합을 뛰어넘는 가치를 지닌 제품과 서비스를 생산한다는 목적을 말한다. 즉, 조직들은 자원을 효과적으로 사용해야 한다.

이런 생각을 가장 잘 대변하는 재무지표는 '투하자본수익률(ROIC)'이다. 이것은 기업운영비와 자본과 같이 총 투자금 대비 발생한 이윤이다. 장기 투하자본수익률은 기업이 자원을 얼마나 잘 사용하는지를 나타낸다.* 또한 고객가치 창조, 경쟁업체와의 경합, 생산적인 자원 이용과 같은 경쟁의 다차원적 성격과 잘 연계되는 유일한 측정지표라고 포터는 말한다. 투하자본수익률은 이 3가지 모두 통합한다. 기업은 높은 수익을 달성해야만 고객을 지속적으로 만족시킬 수 있다. 기업이 자원을 효과적으로 사용해야만 경쟁업체들과 지속적으로 싸워나갈 수 있다.

이 논리는 분명하고 잘 와 닿는다. 하지만 기업들이 목표를 택하거나 금융시장이 강요하는 목표를 받아들일 때는 이런 기본 논리가 보이지 않는다. 포터가 극소수 기업들만 성공적인 전략을 유지하는 이유를 설명할 때 그는 결함 있는 목표를 범인으로 자주 지목한다.

- 매출이익률(ROS)은 사업에 투자된 자본을 무시하고 그로 인해 자원이 어떻게 잘 사용되었는지 측정하기에는 부적합하지만 널리 사용된다.
- 성장은 밀접한 관련이 있는 목표인 시장점유율과 함께 널리 사용되는 목표다. 매출이익률과 같이 성장과 시장점유율은 업계에서 경쟁하기 위해 필요한 자본을 설명하지 못한다. 기

---

* 투하자본수익률(ROIC) 평가를 위한 시간대는 업종을 특징짓는 투자주기에 따라 다르다. 예를 들어 신설 용광로 교체에 약 8년이 걸리는 알루미늄 업종에서 적절한 ROIC 측정주기는 10년일 것이다. 반대로 많은 서비스업종에서는 3~5년이 더 적절하다. 자본이 안 드는 업종에서 효과적인 자원 사용을 측정하려면 다른 지표가 필요하다. 예를 들어 컨설팅 업체는 파트너당 수익을 측정해야 할지도 모르겠다.

업들은 너무 자주 월등한 자본수익률을 내지 못하는 '수익 없는 성장'을 추구한다. 포터는 대부분의 기업들이 제품가격을 단순히 절반으로 내려 순간적으로 신속한 성장을 이룰 수 있다고 경영자들에게 냉소적으로 말한다.

- 주가로 측정되는 주주가치는 굉장히 신뢰할 수 없는 목표라는 사실이 입증되어 왔지만 아직도 고위 경영진의 행동에 강력한 동인으로 작용하고 있다. 포터는 주가는 단지 장기적 관점에서만 경제적 가치의 의미 있는 측정치라고 경고한다. 그에 대한 더 많은 정보는 부록1 '마이클 포터 인터뷰' 내용을 참조하라.

사우스웨스트항공 전 최고 경영자인 허브 켈러허는 이처럼 결함 있는 목표가 잘못된 결정으로 이어지는 것을 많이 목격했다고 말한다. 그는 "시장점유율은 수익성과 전혀 상관없다"라고 말한다. 시장점유율은 단지 우리가 커지고 싶다는 말이다. 그 과정에서 돈을 벌든 못 벌든 상관없다는 뜻이다. 그것이 바로 규제완화 이후 15년 동안 대부분의 항공업을 잘못된 방향으로 끌어온 논리다. 5%의 추가적인 시장점유율 확보를 위해 일부 기업들은 비용을 25% 증가시켰다. 수익성이 목표라면 이것은 정말 앞뒤가 안 맞는 행동이다.

이런 문제점에 대한 포터의 해결책에는 용기가 필요하다. 즉, 경제적 가치를 창출하는 궁극적인 목표 달성 여부를 알 수 있는 유일한 길은 벌어들인 진정한 수익과 사업에 투자된 모든 자본에 대해 잔인할 만큼 솔직해지는 것이다. 그렇다면 전략은 올바른 목표와 함께 시작되어야 할 뿐만 아니라, 성과를 정확하고 솔직히 측정하겠다는 자신과의 약속과 함께 시작되어야 한다. 그것이 상당히 어려운 주문인 것은 기술적 어려움 때문이 아니라 가능하면 보기 좋은 결과를 만들어내려는 조직의 압도적 성향 때문이다.

똑같은 논리가 비영리조직에도 적용된다. 이런 조직들에 시장가격은 존재하지 않고 그로 인해 말 그대로 '이윤 없는 환경'에서 운영되지만 성과 측정은 똑같다. 즉, 조직은 자원을 효과적으로 사용하는가? 사회공익 분야의 성과 측정도 어려운 작업인데 필요한 만큼 자주 엄격히 측정되지 않는 경향이 있다.

기업에게 경쟁우위가 있다면 수익성이 산업 평균보다 지속적으로 높을 것이다(그림 3-1 참조). 그런 기업은 높은 '상대가격'을 부과하거나 낮은 '상대비용'으로 운영하거나 또는 2가지 모두 가능할 것이다. 반대로 경쟁업체보다 수익성이 낮으면 정의상 해당 기업은 낮은 상대가격과 높은 상대비용 또는 2가지모두 해당된다. 상대가격과 상대비용 사이의 기본적인 경제적 관계는 기업이 경쟁우위를 창출하는 방법을 이해하는 출발점이다.

올바른 분석: 어떤 기업은 타 기업보다 수익성이 왜 더 높을까?

기업 성과를 결정짓는 2가지 원천

	산업 구조	상대적 위치
포터의 프레임워크	5가지 세력	가치사슬
분석의 핵심	산업 수익성의 동인	활동 차이
분석 결과 설명	산업 평균가격과 평균비용	상대적 가격과 상대적 비용

어떤 기업이 경쟁우위가 있다면 같은 업종 내 경쟁업체들보다 높은 가격과 낮은 비용을 유지할 수 있어야 한다.

그림 3-1

여기서부터 포터는 '양파 껍질을 벗기는 것'과 매우 비슷한 과정을 알려준다. 먼저 전체 수익을 가격과 비용 2가지 요소로 분류한다. 가격과 비용을 결정짓는 기본 요소가 매우 다르고 어떤 행동을 취할 것인가에 대한 시사점도 다르기 때문이다.

상대적 가격

기업은 고객들에게 독특하고 가치있는 뭔가를 제공할 때만 높은 가격을 유지할 수 있다. 인기 있고 모두 갖고 싶어 하는 애플의 기기들은 프리미엄 가격에도 잘 팔린다. 마드리드와 바르셀로나를 왕복해 달리는 고속열차나 개인사업자용으로 맞춤 제작되는 파카(Paccar) 트럭들도 마찬가지다. 구매자 가치를 더 많이 창출하라. 그럼 경제학자들이 말하는 '지불의사(WTP: Willingness to Pay)'를 높일 수 있는데 그것은 경쟁업체들이 내놓은 제품이나 서비스보다 더 높은 가격을 받아낼 수 있는 메커니즘이다.

수년 동안 미국 자동차업체들은 혼다, 도요타 등과 비교해 엄청난 리베이트나 기타 금전적·재무적 장려책으로 기본적인 수준의 자동차를 판매할 수 있었다. 2010년 포드가 출시한 신형 자동차들의 등장은 오래 지속된 상대가격을 종식시키는 계기가 되었다. 새 모델인 포드 퓨전은 모토 트렌드와 컨슈머 리포트의 자동차 평론가들로부터 품질과 신뢰성에서 호평받은 최우수 자동차였다. 구매자들도 동의했던 것 같다. 포드는 2010년 3분기 회사가 벌어들인 17억 달러 중 4억 달러를 높은 가격 덕분으로 돌렸다.

산업용 제품(B2B) 시장에서 고객에게 주는 가치(포터가 말하는 구매자 가치)는 보통 정량화할 수 있고 경제적 용어로 표현할 수 있다. 어떤 제조업체는 저가 대체기계보다 특정 기계가 높은 가격을 초과하는 노동비용을 상쇄해 해당 기계에 더 많이 지불할 수도 있다.

구매자 가치는 최종소비자(B2C)에게도 '경제적' 요소를 제공할 수 있다. 예를 들어 어떤 소비자는 시간절약을 위해 이미 손질해서 씻어놓은 샐러드에 더 많은 돈을 지불할 것이다. 그러나 소비자들은 사업자고객들과 달리 자신들이 편리성에 얼마나 지불하는지 실제로 파악하지 못하고 있다. 내가 언젠가 계산해보니, 소비자가 치즈를 직접 가는 대신 미리 갈아놓은 제품을 사는 경우 비숙련 노동자에게 시간당 100달러 이상을 실제로 지불하고 있는 것을 파악할 수 있었다.

소비자의 지불의사는 정서적이거나 무형적 차원을 포함하는 경향이 있다. 그것은 유명 브랜드가 주는 신뢰나 최근 출시된 전자기기를 소유해 얻는 사회적 지위에서 올 수도 있다. 자동차 제조업체들은 소비자들이 낮은 연료비로 절약하는 것보다 하이브리드 자동차에 더 많이 지불할 것이라고 확신한다. 그 계산에는 분명히 비경제적 요소가 작용한다.

작지만 성장하는 식품 업종에서도 똑같은 현상이 나타난다. 소비자들은 달걀 한 상자와 같은 일용품에 300~400% 가격 프리미엄을 왜 기꺼이 지불하려고 하는가? 여러 설명이 가능하다. 모든 설명은 공장에서 달걀이 생산되는 방법에 대해 커져가는 인식과 관련 있다. 건강을 의식하는 소비자들에게 부가가치는 식품 안전성이다. 농장에서 곧바로 식탁으로 오는 식품을 선호하는 소비자에게 부가가치는 더 나은 맛이다. 동물애호가에게는 알을 낳는 암탉에게 인도적 대우가 중요한 가치다.

더 높은 가격 부가 능력이 '차별화(Differentiation)'의 본질인

데 포터는 이것을 다소 특이한 의미로 사용한다. 대부분 이 용어를 듣자마자 '다름(Difference)'을 생각한다. 그리고 그것을 가격뿐만 아니라 비용에도 적용한다. 예를 들어 "라이언에어의 낮은 비용은 타 항공사로부터 라이언에어를 차별화한다."라는 식이다. 마케터들은 차별화에 대해 나름대로 정의하고 있다. 즉, 제품이 다른 것과 어떻게 다른지 소비자의 마음에 심어주는 과정을 의미한다. 2가지 요거트 브랜드가 같은 가격에 판매될 수 있지만 A 상표가 '50% 적은 칼로리'를 함유한 경우다.

포터는 앞의 예들과 다른 뭔가를 추구한다. 그는 월등한 수익성을 창출한 근원 추적에 집중한다. 또한 가격효과와 비용효과의 차이점을 강조해 좀 더 정확하고 엄격한 사고를 권한다. 즉, 포터에게 '차별화'는 높은 상대가격을 청구할 수 있는 능력을 의미한다.

한 가지 조언은 다음과 같다. '차별화'와 단순한 '차이' 사이의 근본적인 차이점에 대해 혼동되지 않는 한, 용어 자체에 너무 신경 쓸 필요는 없다. 전략의 목표는 월등한 수익성이며 수익성을 결정짓는 2가지 가능 요소 중 하나는 경쟁업체들보다 더 높은 가격을 청구할 수 있는 상대가격이라는 점만 기억하라.

상대적 비용

월등한 수익성의 두 번째 요소는 상대적 비용이다. 즉, 어떻게든 경쟁업체보다 낮은 비용에 생산해내는 것이다. 그러려면 제품과 서비스를 개발, 생산, 유통, 판매, 지원하는 더 효율적인 방법을 찾아내야 한다. 비용우위는 낮은 운영비, 더 효율적인 자본 사용 또는 2가지 모두에서 올 수 있다.

2000년대 초까지 델의 낮은 상대비용은 2가지 모두에서 왔다. 자신들의 부품을 직접 설계·제조하는 휴렛 패커드처럼 수직 계열화된 경쟁업체들은 먼저 컴퓨터를 만들어 재고를 쌓아둔 다음 재판매업자를 통해 판매했다. 델은 아웃소싱 부품과 엄격히 관리된 공급망으로 고객주문에 맞추어 컴퓨터를 제작해 직접 팔았다. 그렇게 대조적인 접근법은 차이가 큰 비용과 투자 구조를 만들었다.

델의 방식은 기업이 부품을 설계·제조하지 않고 많은 재고를 유지하지 않아 자본이 거의 필요하지 않았다. 1990년대 말 델은 재고 유지일수에서 엄청난 우위를 점했다. 부품비용은 하루가 다르게 떨어져 몇 주 늦은 부품 구입은 PC 대당 저비용으로 연결되었다. 그리고 델의 고객들은 사실 델이 공급자들에게 부품비용을 지불하기 전 PC 가격을 먼저 지불했다. 대부분의 기업들은 사업 수행에 필요한 운전자본을 조달해야 한다. 델의 전략은 오히려 마이너스 운전자본이라는 결과를 낳았고 그것은 델의 비용우위를 한층 향상시켰다.

지속적인 비용우위는 한 가지 기능이나 기술이 아닌 기업의 여러 부분이 연관되어 발생한다. 성공적인 비용선도자들은 비용우위를 복합적인 원천들을 통해 증대시킨다. 비용선도자들은 '저비용 생산자'가 아니다. '저비용 생산자'라는 용어는 비용우위가 단지 제조 및 생산 영역에서만 왔다는 의미다. 저비용 업체들은 전형적으로 저비용 문화가 회사 전체에 퍼져 있다. 그런 문화의 기업들은 뱅가드(재무서비스), 이케아(가정용 가구), Teva(복제약품), 월마트(할인소매점), 뉴코어(철강제조)처럼 다양한 업종에서 발견된다. 예를 들어 뉴코어는 역사적으로 생산에서 비용우위를 이루었고 수 년 동안 치과의원 만큼 작은 사이즈의 본사에서 수십억 달러 가치의 기업을 운영했다. 임원 식당은 길 건너 식품판매점이었다.

여기서 대명제는 다음과 같다. 즉, 전략 선택은 상대가격이나 상대비용을 자사에 유리한 방향으로 옮기는 것이 목적이다. 물론 궁극적으로 중요한 것은 이 2가지 사이의 거리다. 제대로 된 전략이라면 상대가격과 상대비용 사이의 거리가 기업에게 유리한 결과를 낳아야 한다. 독특한 전략은 해당 기업만의 고유 구조를 만들어낼 것이다. 예를 들어 어떤 전략은 20% 더 많은 비용을 쓰는 대신 35% 가격상승 결과를 가져올 수 있다. 애플과 BMW는 이런 방향을 선택한다(차별화 전략). 또 다른 전략은 10% 낮은 비용과 5% 낮은 가격으로 이끌 수도 있다. 이케아나 사우스웨스트항공은 이런 구조를 선택했다(비용우위 전략).

이런 가격-비용 구성 결과가 '+'이면 정의상 그 전략은 경쟁우위를 창출한 것이다. 포터에 의하면 이런 식의 정확하고 수치화할 수 있는 사고방식이 필수다. 그래야만 전략이 뜬구름 잡는 개념이 아니라 경제적 본질과 사실을 기반으로 만들어질 수 있기 때문이다.

전략 선택은 상대가격이나 상대비용을 자사에 유리한 방향으로 옮기는 것이 목적이다

똑같은 대명제가 비영리조직에도 적용된다. 근본적으로 경쟁우위는 월등한 가치창출과 효과적 자원 사용에 대한 것임을 기억하라. 비영리조직의 전략 선택은 상대적 가치와 상대적 비용을 '사회' 전체에 유리한 방향으로 옮기는 것이 목적이다. 즉, 비영리조직의 우수 전략은 사회를 위해 투자 대비 높은 가치(높은 가격의 유사어)나 적은 자원 사용으로 큰 가치(낮은 비용과 동일어)를 만들게 해준다. 포터의 아이디어를 비영리조직 환경에 적용시키려면 비영리조직의 목표가 최상의 효율성으로 구체적인 사회적 목적을 달성하기 위한 것임을 명심해야 한다. 그런 점에서 영리기업 경영자들은 경쟁우위 측정이 상대적으로 쉽다고 볼 수 있다. 시장가격은 기업들에게 그들이 창출한 가치를 비교·측정할 수 있는 명확한 기준을 제공한다. 비영리조직 경영자들은 가치창출이라는 똑같은 과업을 수행하지만

그것을 측정할 척도의 명확성이 없다.

✤ 가치사슬

지금까지 경쟁우위의 간결하고 구체적인 정의를 내려보았다: 지속적으로 높은 가격과 낮은 비용 또는 2가지 모두로부터 비롯된 월등한 성과. 그러나 경쟁우위의 원천들 중 경영자들이 통제할 수 있는 것들에 도달하려면 양파의 마지막 껍질을 벗겨야 한다. 궁극적으로 경쟁업체 사이의 모든 비용과 가격 차이는 기업들이 경쟁하면서 수행하는 수백 가지 '활동들'에서 비롯된다.

여기서 잠시 논의 속도를 늦추어야 한다. '활동'이라는 이 용어는 정말 중요한데 대부분 경영자들에게는 쉽게 와 닿지 않는다. 지금부터 '활동'이나 '활동시스템'이라는 용어를 많이 사용할 것이므로 정확한 정의부터 먼저 내리고 시작하자. 활동이란 공급망 관리, 판매조직 운영, 제품 개발, 소비자 배송과 같은 개별적인 경제적 기능이나 과정을 말한다. 한 가지 활동은 일반적으로 인력, 기술, 고정자산, 때로는 운전자본과 수많은 종류의 정보들의 혼합체다.

관리자들은 마케팅이나 물류 등 자신들의 기능적 영역 중심으로 사고하는 경향이 있다. 기능을 중심으로 전문성이나 조직

내 소속을 규정하기 때문이다. 그것은 전략 관점에서 너무 광범위하다. 경쟁우위를 이해하려면 전통적 기능보다 한층 좁아진 활동을 확대해보는 것이 매우 중요하다. 기능중심 대신 기술, 강점, 역량(기업이 잘하는) 면에서 사고하는 경우도 있는데 너무 추상적이고 광범위하다. 가격과 비용에 영향을 미치기 위해 관리자로서 취할 수 있는 행동에 대해 정확히 생각하려면 구체적 활동 수준까지 내려가야 한다. 그래야만 막연히 '회사가 잘하는 것'이 아니라 그것을 가능케 하는, 회사가 수행하는 구체적 활동들을 파악할 수 있다.

기업의 제품을 설계, 제조, 판매, 운송, 지원하기 위해
수행하는 활동 순서를 '가치사슬'이라고 부른다.
기업의 가치사슬은 더 큰 '가치 시스템'의 일부다

가치 시스템은 활동을 누가 수행하는지와 상관없이 최종사용자를 위한 가치창출에 관여하는 더 큰 활동모음을 말한다. 예를 들어 자동차 제조업체는 자동차에 타이어를 장착해야 한다. 거기에는 다수의 '업스트림' 영역 선택이 수반된다. 타이어를 직접 생산할 것인가, 공급자로부터 구입할 것인가? 직접 생산한다면 원자재를 공급업자로부터 구입할 것인가, 직접 생산

할 것인가?

잘 알려진 대로 헨리 포드는 1920년대 말 브라질에서 타이어 원료가 될 고무농장을 직접 운영했는데 결과가 신통치 않았다. 이처럼 궁극적으로 "어디까지 수직 계열화할 것인가"에 대한 선택은 모든 기업이 가치 시스템에서 "어디에 포지셔닝할 것인가"를 선택하는 결정이다. 가치 시스템의 '다운스트림' 부문에서 선택할 활동들도 있다. 자동차가 부유층의 장난감이던 1920년대 GM과 타 자동차 제조업체들은 소비자들의 신용 구매를 돕기 위한 소비자금융 부서를 발족했다. 확고한 신념에 따라 움직이던 헨리 포드는 신용은 비도덕적이라고 믿었다. 그는 GM의 선도를 따르길 거부했다. 그때부터 1930년까지 75%의 자동차와 트럭들이 할부로 구매되었고 한때 지배적이던 포드의 시장점유율은 곤두박질쳤다. 그렇다면 특정 기업의 가치 사슬에 대해 생각할 때 해당 기업의 활동들이 공급자, 채널, 고객활동들과 어떻게 연결되는지 아는 것도 중요하다. 공급자, 채널, 고객들의 활동 방법이 기업의 내용과 가격에 영향을 미치며 반대로도 영향을 미친다.

5가지 세력 분석과 함께 가치사슬은 경영자들이 항상 참조하는 포터의 또 다른 프레임워크다. 내가 보기에 대부분 사람들은 가치사슬이 무엇인지 안다. 사슬처럼 연결된 활동들의 은유적 표현으로 상당히 직관적이다. 그러나 많은 사람들이 "그래서 어쨌다는 건가?"를 놓치고 있다. 가치사슬이 왜 중요한

가? 답은 다음과 같다. 즉, 가치사슬은 특정 기업을 전략적으로 연관된 활동들로 분해하도록 해주는 강력한 도구로 경쟁우위의 원천에 초점을 맞추도록 해준다. 비영리조직의 경우, 타깃고객을 위해 더 많은 가치를 만들거나 그들의 니즈를 채우는 과정에서 더 낮은 비용을 증가시키는 활동들이다.

가치사슬 분석의 주요 단계들

이 도구의 효용성을 알아보는 가장 좋은 방법은 실제로 사용해보는 것이다. 가치사슬의 활용 방법은 다음과 같다.

1. 산업 가치사슬을 펼쳐놓는 데서 출발한다: 어느 정도 역사가 있는 모든 산업에는 한 가지 또는 그 이상의 지배적 접근법이 있다. 이 접근법들은 해당 산업에서 대부분의 기업들이 수행하는 활동 범위와 순서를 반영하는데 비영리조직들도 마찬가지다. 산업 가치사슬은 가치창출 방식에서 가장 우세한 사업 모델이다(그림 3-2 참조). 즉, 해당 산업 내 대부분의 기업들이 더 큰 상위 가치 시스템 내의 어떤 특정 단계에 '포지셔닝' 했는지의 선택을 반영한다.

산업 활동들이 업스트림 방향으로 얼마나 확장되는가? 해당 산업은 기초연구를 하는가? 제품을 설계·개발하는가? 제조하는가? 어떤 주요 투입물에 의존하는가? 그 원료는 어디서 구입

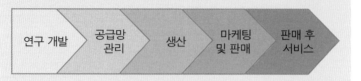

가치사슬: 고객가치 창출을 위한 활동 배열

| 연구 개발 | 공급망 관리 | 생산 | 마케팅 및 판매 | 판매 후 서비스 |

- 산업 활동들이 업스트림이나 다운스트림 방향으로 얼마나 확장되어 있는가?
- 사슬의 각 단계에서 핵심 가치창출 활동은 무엇인가?
- 가격과 비용 차이를 이해하기 위해 업종 내 경쟁업체들의 가치사슬과 비교해본다.

그림 3-2

하는가? 업계 대표적 기업들은 마케팅, 판매, 유통, 배송을 어떻게 하는가? 금융 및 판매 후 서비스가 해당 산업이 고객들을 위해 창출하는 가치의 일부인가?

산업에 따라 일부 항목은 경쟁우위 측면에서 좀 더 또는 덜 중요하다. 여기서 요점은 해당 산업 특유의 '주요 가치창출 활동'을 펼쳐놓는 것이다. 경쟁 사업 모델이 있다면 각 가치사슬을 펼쳐놓고 경쟁업체들의 다른 점을 찾아본다.

2. 다음으로 자사의 가치사슬을 해당 산업의 가치사슬과 비교한다: 〈그림 3-2〉와 같은 양식을 사용할 수도 있다. 목표는

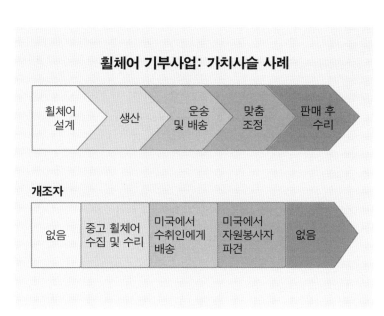

그림 3-3

가치창출 과정의 모든 주요 단계를 포착하는 것이다. 설명을
위해 단순함의 이점이 있는 비영리 세계의 사례를 소개한다. 4
장에서는 더 복잡한 사업 가치사슬들을 검토할 것이다. 가치사
슬 프레임워크는 영리와 비영리 세계에 똑같이 잘 적용된다.

개발도상국 장애인들에게 휠체어를 공급하는 미국 기반의
다양한 비영리조직을 생각해보자. '개조자(Refurbisher)'라고
부를 수 있는 전략은 3개 주요 활동으로 구성되며 〈그림 3-3〉
과 같다.

- **제품 소싱:** 병원, 개인, 제조업체들이 기부한 중고 휠체어들

을 수집해 개조한다.

- **운송 및 배송:** 재포장한 휠체어는 해외 수취인에게 배송된다. 해당 국가 자선단체나 민간조직이 최종사용자에게 배송한다.
- **사용자 맞춤:** 전문가들이(일반적으로 미국 자원봉사자들) 각 사용자 맞춤용을 위해 현지로 간다. 몸에 잘못 맞추어진 휠체어는 그 자체로 건강문제를 일으킬 수 있으므로 '지원(Provision)'이라는 이 서비스는 중요하다.

이보다 더 단순한 전략은 '대량구매자'라고 부를 수 있는데 단 2가지 주요 활동으로 이루어진다. 즉, 모금활동과 그 돈으로 중국의 최저비용 생산자로부터 다량의 표준형 의자를 구매하는 활동이다. 그렇게 조달된 휠체어는 맞춤 조정이나 타 사용자의 도움없이 최종사용자에게 전달된다. 그 경우, 창출된 가치는 〈그림 3-4〉의 가치사슬처럼 가장 기본적인 것만 남는다. 즉, 설계도 없고 맞춤 조정도 없고 수리도 없다.

월윈드 휠체어 인터내셔널(WWI)은 또 다른 접근법을 택했다. "어떤 가치를 창출할 것인가"에 대한 색다른 사고방식에서 출발했다. 창립자 랄프 호치키스는 대학생이던 1966년 오토바이 사고로 전신마비라는 불행을 겪게 되었다. 휠체어를 타고 거리에 처음 나간 날 보도 틈에 부딪쳤고 휠체어는 부서졌다. 엔지니어이자 자전거 제조업자였던 호치키스는 자신뿐만 아니라 물리적 환경이 열악한 개발도상국 사람들을 위해 휠체어를

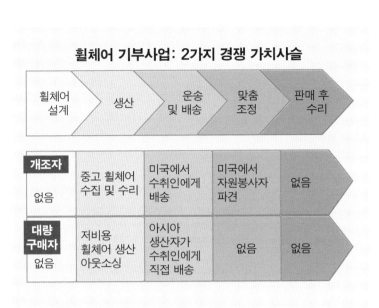

휠체어 기부사업: 2가지 경쟁 가치사슬

휠체어 설계	생산	운송 및 배송	맞춤 조정	판매 후 수리
개조자 없음	중고 휠체어 수집 및 수리	미국에서 수취인에게 배송	미국에서 자원봉사자 파견	없음
대량 구매자 없음	저비용 휠체어 생산 아웃소싱	아시아 생산자가 수취인에게 직접 배송	없음	없음

그림 3-4

재설계하는 데 40년을 보냈다. 그의 디자인 중 가장 유명한 모델은 '러프 라이더(Rough Rider)'다. 월윈드의 가치사슬 활동을 생각해보자(그림 3-5 참조).

- **제품 소싱:** 호치키스는 실내 전용 휠체어를 '병원의자'라고 불렀고 그런 의자를 기부 받는 모델은 받아들이지 않았다. 즉, 그 대신 진정한 '이동성' 휠체어를 만들기 위해 디자인 단계까지 업스트림으로 거슬러 올라갔다. 샌프란시스코 주립대에 기반을 둔 설계팀은 휠체어 사용자들과 함께 실생활에 적합하고 지역별 악조건을 견뎌낼 의자를 설계했다. 기존

가치사슬에 사용자가 고안한 디자인을 더해 가치가 더 큰 제품을 만들어냈다.

- **제조:** 월윈드는 미국 외부의 소수 지역별 제조사와 협력하는데 그들은 효율적인 생산 규모를 갖출 만큼 충분히 크고 월윈드의 품질 기준에 맞출 기술력이 있다.

- **물류 및 유통:** 조건이 허락하면 휠체어는 조립하지 않은 채 납작한 박스(플랫팩)에 담겨 최종사용국에 배송된다. 그 방법은 운송비를 절반으로 줄이고 해당 지역에서 부가가치를 더해 최종종착지에 가도록 해준다. 지역별 파트너가 운영하는 센터는 최종 조립, 맞춤 및 조정을 수행하고 일정 기간 휠체어 애프터서비스용 여유 부품을 보유한다. 그런 선택은 휠체어 사용 연한 연장뿐만 아니라 또 하나의 심각한 문제점을 해결했다. 미국으로부터 기부되어 공급된 휠체어는 부품이 필요한 수리가 거의 불가능하다는 점이다.

월윈드의 활동 형태는 남들과 차별된 비용 구성과 함께 다른 종류의 가치를 만들어냈다. 경쟁 가치사슬을 나란히 놓고 보면 그 차이점들이 확연히 보인다. 당신의 가치사슬이 남들 것과 비슷하다면 당신은 최고가 되기 위한 경쟁에 돌입해야 한다.

3. 가격 동인 즉, 차별화 여부에 현재나 미래에 큰 영향을 미칠 활동들을 겨냥해 깊이 파고든다: 같은 활동을 독특한 방식

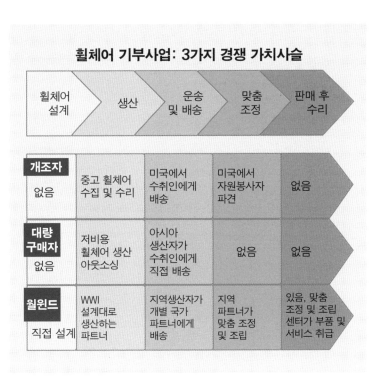

그림 3-5

으로 수행하거나 경쟁업체가 안 하는 활동으로 고객들에게 월등한 가치를 만들어줄 수 있는가? 가치를 창출하되 그에 상응하는 비용 발생 없이 할 수 있는가? 구매자 가치는 가치사슬의 모든 단계에서 만들 수 있다. 예를 들어 월윈드처럼 제품 설계로부터 만들어질 수 있다. 사용 원료나 생산 과정 자체의 선택에서 올 수도 있으며 이 2가지는 모두 인 앤 아웃 버거 성공의 중요 요소였다.

인 앤 아웃 버거는 230개 이상의 햄버거 체인업체로 가장 신선한 재료만 사용하며 제한된 메뉴를 현장에서 즉석으로 준비한다. 애플스토어 방문객의 말처럼 판매 경험으로 가치를 창출할 수도 있다.

그 외에도 구매자 가치는 판매 후 지원활동에서 발생할 수 있다. 예를 들어 모든 애플스토어는 고객들의 기술적 문제 해결을 위한 무료서비스를 제공하는 '지니어스 바(Genius Bar)'를 운영하고 있다. 윌윈드의 예비부품 정책은 또 다른 사례다. 고객이 기업이든 가정이든 자사 활동이 전체적인 가치 시스템에서 어디에 해당하는지 파악하는 것은 구매자 가치를 이해하는 열쇠다.

4. 이제 비용 결정요인들을 깊이 파고든다. 전체 비용 중 큰 부분을 차지하거나 비중이 점점 커지는 활동들에 특별한 주의를 기울인다: '상대적 비용 위치(Relative Cost Position)'는 가치사슬에서 수행하는 모든 활동의 누적비용으로부터 만들어진다. 경쟁자의 비용 구조와 비교해 실질적·잠재적 차이점이 있는가? 여기서 난제는 각 개별 활동과 관련된 전체 비용의 정확한 상황을 최대한 파악하는 것이다. 그 전체 비용은 해당 활동 수행에 발생된 직접운영비와 자산비용뿐만 아니라 간접비용도 포함해야 한다.*

---

* 활동 기반의 비용 산출은 수십 년 동안 수행되어 왔지만 실제로 실행하려면 상당히 어렵다. 기존 회계시스템은 경영자들이 상대비용을 이해하기 위해 사용할 수 있는 양식으로 비용 데이터를 제공하지 않는다. 경쟁우위 분석론에 대한 더 자세한 안내는 이번 장의 노트를 참조하라.

이를 파악하기 위해 "어떤 활동을 수행하지 않으면 어떤 구체적인 간접비용을 절감할 수 있는가?"라고 자문해볼 수 있다.

개별 활동의 비용우위나 열위는 상대적 비용에 영향을 미치는 다양한 요인 즉, 비용 동인에 의해 좌우된다. 상대적 비용 분석은 숫자 속으로 매우 깊이 파고들어야 도달할 수 있다. 그를 통해 얻을 수 있는 가장 중요한 요점은 그 수치 개선을 위해 (즉, 비용절감을 위해) 무엇을 할 수 있는지 알아내는 것이다. 완전한 사례로 설명하려면 하나의 장을 꽉 채워야 한다. 그 대신 여기서 논의되는 짧은 사례는 저자가 의미하는 내용에 대해 감을 잡게 해줄 것이다.

사우스웨스트항공은 항공기 좌석 1개당 1마일 운행에 드는 비용인 CASM(Cost Per Available Seat Mile)을 기준으로 측정했을 때 오랫동안 비용우위를 누려왔다. 그 이유를 이해하려면 사우스웨스트항공의 모든 활동을 나열하고 그 활동들에 비용을 배분해 그 결과를 타 항공사들의 비용과 비교해야 한다.

비용 관련 활동 한 가지만 추적해보자. 항공기가 지상에서 소요하는 시간을 의미하는 적하 및 재적재 시간(turnaround time)이다. 사우스웨스트항공의 적하 및 재적재 시간은 누구보다 빠르다. 그 결과 주어진 보유자산으로부터 더 많은 생산성을 창출할 수 있다. 즉, 항공기가 게이트에 도착한 후 화물과 승객을 내리고 재탑재해 이륙까지 소요시간이 짧다는 것은 같은 수의 항공기를 경쟁업체보다 공중에 더 많이 띄울 수 있다는 의미이므로 항공기 1대당 비용과 직원 1명당 비용이 경쟁업체보다 낮아지는 것이다.

적하 및 재적재 소요시간이 중요한 비용 동인임을 알았다면 이제 한 단계 더 깊이 들어가 항공기가 게이트에서 보내는 시간과 관련된 여러 부수적 활동들을 분석해야 한다. 여기서는 고객가치를 희생시키지 않은 채 비용을 낮추는 방법을 찾아내야 한다. 그것이 바로 자사 성과와 경쟁업체 성과의 차이를 더 벌리는 방법이다. 예를 들어 항공기가 착륙하면 기내화장실을 비워야 한다. 그때 오물제거용 장비가 항공기 배출구에 연결된다. 사우스웨스트항공은 그 장비가 지상근무 직원의 타 활동들을 방해해 시간을 지체시키는 문제점을 알아냈다. 그 해결책으로 사우스웨스트항공은 신형 B737-300 항공기를 구매할 때 보잉사가 배출구를 아예 지상근무 직원들에게 걸리적대지 않는 방향으로 옮기도록 했다.

우리 회사는 정말 경쟁우위가 있는가?
먼저 수치화한 후 구성 요소로 분해하라.

1. 우리 회사가 영위하는 개별 사업의 장기수익성은 타 업체들과 얼마나 비교할 만한가? 사업주기에 따라 편차가 있지만 1992~2006년 미국 기업들은 평균 14.9%의 자기자본수익률

(ROE: 이자 및 세전 수익을 평균 투입자본에서 여유자금을 차감한 액수로 나눈 것)을 올렸다. 우리 회사 수익은 그보다 나은가 덜한가? 우리 사업의 수익률이 더 좋다면 뭔가 우리에게 유리한 방향으로 작용하고 있는 것이다. 더 안 좋다면 뭔가 잘못된 것이다. 2가지 상황 모두로부터 근본 원인을 알아내기 위해 더 깊이 파고들어라.

2. 이제 우리 회사의 성과를 업계 평균수익과 비교해본다. 지난 5~10년 동안의 수치도 비교해보라. 수익성은 날씨가 일시적인 것만큼 여러 요소의 결과로 단기간 변할 수 있다. 따라서 장기적 기간을 택해라. 이상적으로 산업 투자주기와 맞추는 것이 좋다. 그런 방법으로 우리 회사에 경쟁우위가 있는지 없는지 알 수 있다.

　A기업이 15% 수익을 올렸는데 국가 전체로는 13%, 회사가 속한 산업의 평균은 10%였다고 가정하자. 산업 구조를 분석하면 이 업종의 수익성이 국가 평균보다 3% 낮은 이유를 알 수 있다. 그러나 산업 평균보다 5% 높은 A기업의 월등한 성과는 A기업이 경쟁우위를 보유하고 있음을 나타낸다. 그래서 이 경우, A기업에 전략적 문제점은 없다. 반면, A기업은 비매력적 산업 구조에서 오는 문제점들을 상대해야 한다.

　이러한 2가지 수익성 원천에 대한 구분은 매우 중요하다. 산업 구조에 영향을 미치는 요소와 기업의 상대적 위치를 결정하는 요소가 매우 다르기 때문이다. 기업 자신의 수익성과가 어디서 오는지 이해하지 못한다면 전략적인 수익관리 준비가 안 된 것이다.

3. 이제 우리 사업이 산업 평균보다 높거나 낮은 성과를 낸 이유를 이해하기 위해 더 깊이 들어간다. 상대적 성과를 상대가격과 상대비용 2개 요소로 분해한다. 상대가격과 상대비용은 전략과 성과를 이해하는 데 필수다.

앞에서 논의한 예에서 A기업은 평균 경쟁업체보다 5% 높은 수익을 달성했다. 이 회사의 실제가격(할인 등을 고려한)은 산업 평균보다 8% 높았다. 그 프리미엄 가격을 붙일 만한 제품을 만들기 위해 A기업은 더 많은 비용을 지불해야만 했다. 그 경우, A기업의 상대비용은 3% 더 높았다. 그것이 A기업의 5%(8% 가격 프리미엄 – 3% 추가비용) 높은 수익을 설명해준다.

4. 여기서 멈추지 않고 더 깊이 파고든다. 가격 면에서는 가격 프리미엄이나 가격할인을 개별 제품 라인, 고객, 지역별로 뿌리를 추적할 수 있다. 비용 면에서는 비용우위(또는 비용열위)를 영업비용(손익계산서) 항목에서 오는 부분과 자본활용도(대차대조표 항목)에서 오는 부분으로 분해해 많은 것을 얻을 수 있다.

이러한 기본적인 경제적 관계가 기업성과와 전략의 기반이 된다. 전략은 그런 근본적인 수익성 결정요인들을 알아내고 관리하기 위해 노력하는 것이다.

    사우스웨스트항공의 사례처럼 비용 동인을 찾아내는 것은 탐정 업무와 비슷하다. 창의성과 엄격한 분석 둘 다 필요하다. 더 쉬운 방법은 단순히 산업 통념을 받아들이는 것이다. 예를 들어 1990년대 대부분의 자동차 제조업체들은 규모가 결정적 비용 동인 즉, 1년에 최소한 4백만 대를 판매하지 못하면 비용 열위 때문에 사업하지 못할 것이라는 믿음을 의심 없이 받아들였다. 규모를 키우려는 합병 광풍이 이어졌지만 머지않아 대부분 합병이 원위치로 돌아갔다.

    물론 자동차산업에서 규모는 중요하다. 그러나 비용 동인에 대한 깊은 이해는 더 중요하다. 혼다는 상대적으로 소규모 자동차 제조업체다. 그 사실 때문에 혼다가 비용열위가 있다고 추정할 수도 있지만 혼다는 세계 최대 오토바이 제조업체이며 전체적으로 거대한 엔진 제조업체다. 엔진은 자동차비용의 10%이며 엔진 개발비를 혼다 제품 생산 라인에 걸쳐 나눌 수 있으므로 그 범위의 우위는 혼다의 종합적인 규모의 약점을 상쇄시킨다. 더욱이 혼다는 엔진 개발에 초점을 맞추어 우수 엔진을 만들어내고 그것은 높은 자동차 가격을 가능케 하는 차별화 요소다.

✤ 전략적 시사점: 포터의 용감한 신세계

　가치사슬은 포터의 저서 〈경쟁우위〉(1985)에서 처음 심도있게 제시되었는데 이후 경영자들이 세상을 보는 방식을 바꾸어 놓았다고 해도 과언이 아니다. 가치사슬 사고가 가져온 수많은 파급효과들을 생각해보자.

　첫 번째는 개별 활동을 단순히 비용으로만 보지 않고 최종제품과 최종서비스에 조금씩 가치를 덧붙일 수 있는 단계로 보기 시작했다는 점이다. 시간이 지나면서 그 관점은 조직이 사업을 정의하는 방식을 혁명적으로 바꾸었다. 예를 들어 35년 전에는 엄청난 수수료를 받는 중개업이 주식을 사고파는 유일한 방식이었다. 한 가지 방식만 통용되었는데 최소한 높은 수수료를 낼 여유가 있는 부자들에게는 그랬다. 모두 "그 사업은 그런 것이려니" 이렇게 당연시했다.

가치사슬 개념으로 인해 개별 활동을 비용으로만
보지 않고 최종제품과 최종서비스에 조금씩
가치를 덧붙일 수 있는 단계로 보기 시작했다

하지만 주식중개업을 가치창출 활동모음으로 생각하기 시작하면 어떻게 될까? 주식중개인의 뒤에는 주식 연구·분석부터 매매 실행, 월차보고서 발송까지 전 분야 활동이 하나로 통합되어 돌아간다는 것을 알게 된다. 그 모든 활동비용은 수수료라는 가격 속에 포함되어 있다. 찰스 슈왑(Charles Schwab)은 자기 이름을 딴 회사를 만들고 가치사슬 구성을 바꾸어 '할인 브로커'라는 신종 사업 카테고리를 만들었다.

모든 고객이 브로커의 조언을 원한 것이 아닌데 그들은 왜 그 비용을 지불해야 하는가? 조언하기 위해 필요한 모든 활동을 빼는 대신 주식거래에만 집중하면 다른 종류의 가치를 창출할 수 있다. 즉, 더 광범위한 고객 기반이 주식을 소유하도록 해주는 저비용 주식매매다. 기업 내부 수행 활동인 가치사슬과 가치에 대한 고객의 정의를 연결하는 것은 불과 25년 전에는 새로운 사고방식이었다. 오늘날 그것은 일반적인 통념으로 자리 잡았다.

두 번째, 가치사슬 사고의 주요 파급효과는 기업들이 조직의 경계와 활동 너머를 보고 조직이 타 경제주체들이 포함된 더 큰 가치 시스템의 일부임을 알게 했다는 점이다. 예를 들어 '맥도날드'처럼 변함없이 완벽한 감자튀김을 제공하는 패스트푸드사업을 하려면 감자튀김 맛이 없는 이유가 감자 구매 농가가 적절한 보관설비를 갖추지 않았기 때문이라는 핑계는 안 통한다. 고객은 가치 시스템 중 누구의 잘못인지는 관심없다. 오직 감자튀김 품질에만 신경쓴다. 그래서 '맥도날드'는 어떻게든 자신이 구매하는 모든 감자재배 농가들이 표준을 맞추도록 확실히 관리할 구체적 활동을 수행해야 한다.

그리고 가치 시스템의 모든 구성원은 더 큰 가치창출 과정 중 자신의 역할을 잘 이해하는 것이 신상에 좋다. 자신의 역할이 최종사용자로부터 한두 단계 멀어도 마찬가지다. 대부분의 와인 애호가들은 멋진 와인 한 병의 코르크 마개를 뽑고 손님에게 술을 따랐는데 상한 코르크 때문에 맛이 엉망이 되었을 때의 불쾌함을 잘 안다. 1990년대 이르러 그 문제는 와인 제조업체와 판매업자가 더 이상 참을 수 없는 상황이 되었다. 그들은 코르크 제조업체가 그 문제를 해결하길 원했다. 아무도 코르크 마개처럼 값이 얼마 안 되는 보통재와 같은 부품이 고가 와인의 가치를 망치는 것을 원하지 않는다.

코르크는 대부분 포르투갈과 지중해 연안 국가들에서 생산되는데 수십 년, 수백 년 동안 와인마개로 거의 독점적 지위를 누려왔다. 그러다보니 코르크 제조업체들의 느린 반응은 놀랄일이 아니었다. 그들의 기술은 나무에 피해를 안 주고 코르크나무의 바깥껍질로부터 코르크를 수확하는 데 있다. 그들은 기본적으로 수작업 하는 농부지 화학자들은 아니다.

그런 상황은 '노마코크(Nomacorc)'와 같은 플라스틱 제조업체들이 틈새를 파고들 기회를 만들었다. 노마코크의 가치사슬은 와인 오염과 관련된 화학적 연구 수행을 상대적으로 쉽게 만들어 문제를 해결할 수 있게 했다. 전통적인 코르크 제조업체들이 오랜 고정관념(우리는 코르크사업에 종사한다) 속에 갇혀 머뭇거리는 동안 플라스틱 제조업체들은 자신의 가치사슬보다 큰 가치창출 과정에 참여하는 방법을 찾을 수 있었다. 2009년까지 노마코르크의 자동화된 미국 노스캐롤라이나 공장은 한 달에 거의 1억 6천만 개의 플라스틱 마개를 대량생산했고 그 합성 코르크는 시장의 20%를 장악했다.

그런 가치사슬의 상호의존성은 엄청난 의미가 있다. 조직 경계를 넘나드는 경영은 기업과 고객, 기업과 공급자, 사업 파트너 사이와 상관없이 조직 내 경영만큼 전략상 중요하다. 포터의 가치사슬 개념 덕분에 현미경을 통해 전략을 처음 보듯이 자세히 분석할 수 있게 되었다. 경영자들은 이전에는 보이지 않던 다양한 관계들의 중요성을 갑자기 볼 수 있었다.

가치사슬은 기업의 상대적 비용과 가치를 모두 분석할 획기적 개념이었다. 가치사슬은 관리자들이 비용을 발생시키고 구매자들을 위한 가치를 창출하는 구체적 활동에 초점을 맞추도록 했다. 경영자들은 종종 조직의 기술이나 역량이 가치를 창출하는 방법에 신경을 쓰지만, 가장 중요한 것은 바로 '활동'이다. 노마코르크는 화학 분야에서 많은 사람들이 '핵심역량'이라고 부르는 것을 분명히 보유하고 있었다. 하지만 와인시장에서 그 회사의 성공은 그 역량들을 와인마개 디자인과 제조 향상을 위한 활동에 적절히 배치한 결정에서 비롯된 것이다.

✤ 실행력을 통해 경쟁우위로 갈 수 있는가?

이제 우리는 경쟁우위에 대한 정의를 내릴 수 있다. 즉, 수행하는 '활동들의 차이' 덕분에 발생한 상대가격이나 상대비용의 차이이다(그림 3-6 참조). 기업이 경쟁우위를 성취한 곳은 어디든지 틀림없이 활동에서 다른 점들이 있다. 하지만 그런 다른 점들은 2가지 독특한 형태를 띨 수 있다. 똑같은 구성 활동들을 더 잘 수행할 수 있거나 다른 구성 활동을 선택하는 2가지 경우다. 물론 이쯤 되면 첫 번째 시도는 최고가 되기 위한 경쟁임을 독자도 잘 알 것이다. 그리고 이제 그런 시도가 경쟁우위를 만들어내기 힘든 이유를 더 잘 이해할 것이다.

포터는 비슷한 활동을 경쟁업체보다 더 잘 수행하는 기업의 능력을 나타내기 위해 '운영효과성(OE: Operational Effectiveness)'이라는 용어를 사용한다. 대부분 경영자들은 '모범사례(Best Practice)'나 '실행력(Execution)'이라는 용어를 사용한다. 어느 용어를 사용하든 특정 기업이 사용하는 자원으로부터 더 많은 것을 얻게 해주는 다양한 경영기법을 의미한다. 중요한 것은 운영효과성을 전략과 혼동하지 않는 것이다.

첫째, 운영효과성의 차이는 광범위하다는 점을 기억하자. 어떤 기업은 서비스 오류를 줄이거나 재고 관리, 직원 유지, 폐기물 처리에서 타 업체보다 강점이 있다. 이런 차이점은 경쟁업

경쟁우위는 기업의 가치사슬 내 활동에서 생긴다

활동	경쟁업체와 **똑같은** 활동 수행, 더 나은 실행	경쟁업체와 **다른** 활동 수행
창출된 가치	낮은 비용으로 똑같은 니즈 충족	다른 니즈 충족이나 낮은 비용으로 똑같은 니즈 충족
우위	비용우위 그러나 지속성 어려움	지속적으로 더 높은 가격 그리고/또는 더 낮은 비용
경쟁	최고 되기, 실행 경쟁	독특해지기, 전략 경쟁

그림 3-6

체들의 수익성 차이에 중요 원천이 될 수 있다. 하지만 모범사례의 이점은 지속적인 경우가 거의 없으므로 단순히 운영효과성을 높이는 것은 굳건한 경쟁우위를 제공하지 못한다.

기업이 새로운 모범사례를 만들면 경쟁업체들은 신속히 모방하는 경향이 있다. 그런 모방의 쳇바퀴는 때로 '초경쟁(Hypercompetition)'으로 불린다. 모범사례들은 비즈니스 미디어나 벤치마킹 기법이나 품질 및 지속 개선 프로그램을 업으로 하는 컨설턴트들의 도움으로 빠르게 확산된다. 그 중 다수 기업과 산업 환경에 적용될 수 있는 가장 일반적인 해결책들이 가장 빨리 확산된다. 어떤 형태로든 TQM(종합품질관리)이 아직 활용되지 않은 산업을 찾아보라. 아마도 찾기 힘들 것이다.

이런 프로그램들은 상당한 설득력이 있다. 경영자들은 가장 최근의 모범사례를 기업 내부에서 실행해 얻는 가시적 개선에 따라 보상받는다. 그것이 기업 외부에서 무슨 일이 일어나고 있는지에 대한 큰 그림을 보는 시야를 너무 쉽게 잃게 만든다. 모범사례 경쟁은 실질적으로 모든 사람의 기대치를 높인다. 운영효과성에서 절대적인 개선이 있는 반면, 상대적 개선은 아무에게도 없다(모두 따라하므로). 모범사례의 불가피한 확산은 모두 뒤처지지 않고 제자리에 머물기 위해 더 빨리 뛰어야 한다는 의미다.

어느 기업도 엉성하게 실행할 여유는 없다. 비효율성은 가장 독특하고 잠재적으로 가치 있는 전략조차 무용지물로 만들 수 있다. 그러나 당신이 경쟁자들과 똑같은 활동들을 하면서 경쟁우위(가격과 비용의 지속적 차이)를 얻을 수 있다는 데 돈을 건다면 그 도박에서 질 가능성이 높다. 일본 기업들보다 운영효과성 경쟁에 뛰어난 기업은 지금까지 없었다. 그러나 포터의 연구에서 자세히 밝혔듯이 운영효과성 경쟁은 심지어 일본 기업들 중 최고 기업도 만성적으로 형편없는 수익성을 내도록 만들었다.

과열 경쟁의 핵심을 들여다보면 상대가격과 상대비용의 차이점을 유지하려는 기업의 능력과 맞서 싸우는 과정이다. 최고가 되기 위한 경쟁은 최고의 평등주의자다. 모든 경쟁자가 똑같아지는 과정을 가속화할 뿐이다. 다음 4개 장에서는 전략이 활동들의 고유하고 독특한 구성을 통해 어떻게 만들어지고 전략이 경쟁우위를 성취하고 유지하는 데 어떻게 작용하는지 알게 될 것이다. 전략은 과열 경쟁의 해독제가 된다.

경쟁우위의 경제적 본질

- 주주가치, 매출이익률, 성장, 시장점유율과 같은 대중적 지표들은 전략에 대해 잘못된 정보를 줄 수 있다. 전략의 목표는 사용 자원에 비해 월등한 수익을 내는 것이고 그것은 투하자본수익률에 의해 가장 잘 측정된다.
- 경쟁우위는 경쟁업체를 이기는 것이 아니라 월등한 가치를 창출하고 구매자 가치와 비용 사이에서 경쟁업체보다 더 넓은 틈을 만들어내는 것이다.
- 경쟁우위는 업계 경쟁업체들보다 더 높은 상대가격이나 더 낮은 상대비용 또는 2가지 모두 유지할 수 있다는 의미다. 경쟁우위가 있다면 손익계산서에 나타날 것이다.
- 비영리조직을 위한 경쟁우위는 투입자본보다 사회를 위해 더 많은 가치를 생산하는 것(높은 가격의 유사어) 또는 적은 자원 사용으로 똑같은 가치를 생산하는 것(낮은 비용과 동일어)을 의미한다.

- 상대적 가격과 상대적 비용의 차이점을 추적해보면 궁극적으로 기업들이 수행하는 활동으로 귀결된다.
- 기업의 가치사슬은 모든 가치창출과 비용 발생 활동의 집합체다. 활동과 그 활동들이 내재된 전체적인 가치사슬은 경쟁우위의 기본 단위다.

당신의 경쟁전략은 무엇인가?

2부

전략이란 무엇인가?

사람들은 아무 계획이나 프로그램을 전략으로 생각하는 경향이 있다. 사실 대부분 전략이라는 용어를 그런 뜻으로 쓴다. 그러나 탁월한 경제적 성과를 내는 훌륭한 전략은 그 이상이다. 간단히 말해 **경쟁우위는 고객을 위한 가치를 만들어내고 그것을 통해 기업가치도 얻을 수 있다는 의미다.** 해당 산업 내에 효과적으로 포지셔닝하게 되면 5가지 세력의 이윤 잠식으로부터 기업을 보호할 수 있기 때문이다. 좀 복잡하게 들릴 수도 있다. 더 간단히 말해 **전략이란 남들과 다르게 함으로써 더 잘할 수 있는 방법을 찾는 것이다.**

전략에 대한 포터의 정의는 서술적이지 않고 규범적이다. 즉, '전략은 이러이러해야 한다'라는 정의를 제시한다. 그래서 훌륭한 전략과 나쁜 전략을 분명히 구분해준다. 포터는 과정이 아닌 내용에 초점을 맞춘다. 초점은 회사가 전하려고 하는 위치이지 그곳에 도달하기 위한 의사결정 과정이 아니라는 점이다. 일반적인 전략기획서를 만들기 위한 방법이나 선택이 아니며 50개 단어 이하로 전략을 정하는 일도 아니다. 전략 분야 종사자들은 타당하고 중요한 프로세스를 만들려고 애써왔다. 이와는 달리 포터는 자신이 '가장 잘하는 것에 집중(Stuck to his Knitting)'해왔다. 즉, 경쟁우위를 만들어내고 지속시키는 일반적인 원리를 찾는 것 말이다.

2부에서는 각 장에서 훌륭한 전략이라면 반드시 통과해야 하는 5가지 검증 항목을 다룰 것이다.

- 독특한 가치 제안
- 맞춤형 가치사슬
- 경쟁자와 다른 트레이드오프
- 가치사슬상의 적합성
- 전략의 연속성

이제 이 5가지 요소들이 전략과 그 지속가능성에 어떻게 기여하는지 알아보자.

4장

가치창조
전략의 시발점

:: 독특한 가치 제안은 전략의 첫 번째 검증 항목으로 매우 직관적이다. 수많은 경영자들이 기업에서 가치 제안이 잘되어 있으면 전략이 있다고 생각할 정도다. 고객에게 줄 특별한 가치를 선택하는 것은 독특한(유일한) 존재가 되기 위한 경쟁의 핵심이다. 그러나 경쟁우위의 정의를 다시 기억해 보라. 기업이 수행하는 가치활동 차이로 인해 발생하는 상대적 가격과 상대적 비용상의 차이 말이다. 가치사슬은 가치 제안을 현실화하는 데 특별히 잘 맞춰져 있어야 한다. 맞춤형 가치사슬 없이도 효과적으로 제공할 수 있는 가치 제안은 지속적인 경쟁 우위를 만들어내지 못한다. 맞춤형 가치사슬은 포터의 두 번째 검증 항목으로서 뻔하지 않고 직관적이지도 않다.

어떻게 이 두 가지 전략의 핵심요소가 서로 연결될까? 그리고 그것들은 산업 구조와 경쟁우위와 어떻게 관련되는가? 그 내용이 바로 이번 장의 주제다. 전략은 독특한 가치를 제공하기 위해 의도적으로 남들과 다른 활동들의 묶음을 선택하는 것을 의미한다. 만약 모든 경쟁자가 같은 방법으로 생산하고 똑같이 공급하고 서비스한다면 포터의 말처럼 '최고가 되기 위해' 경쟁하는 것이지 올바른 전략에 의해 경쟁하는 것이 아니다.

⚜ 첫 번째 검증: 독특한 가치 제안

가치 제안은 비즈니스 수요 측면 즉, 기업 외부의 고객을 향한 전략의 구성요소다. 가치 제안은 기업이 제공하는 특별한 유형의 가치에 대한 선택을 표현한다. 이 선택은 의식적으로 이루어지기도 하고 그렇지 않기도 하다. 포터는 가치 제안을 다음 3가지 근본적인 질문에 대한 답으로 정의한다 (그림 4-1 참조).

- 어떤 고객에게 봉사할 것인가?
- 어떤 니즈를 만족시킬 것인가?
- 경쟁업체 대비 어떤 상대적 가격으로 고객이 받아들일 수 있는 가치를 제공할 것이며 자사가 받아들일 수 있는 수준의 수익성을 만들어낼 것인가?

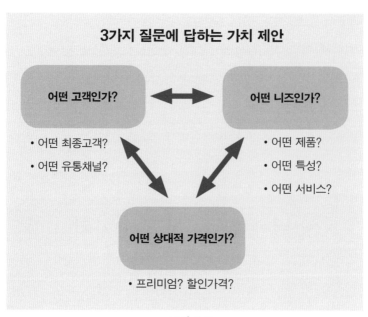

그림 4-1

가치 제안은 기업이 제공하는 특별한 유형의 가치에
대한 선택을 표현한다. 가치사슬은 내부적으로 기업
운영에 초점을 맞춘다. 전략은 근본적으로 통합적인
것이며 수요와 공급을 함께 다루어야 한다

이런 정의는 1996년 포터의 논문 〈전략이란 무엇인가〉가 하
버드 비즈니스 리뷰(HBR)에 발표된 이후 그의 발전된 생각을

당신의 경쟁전략은 무엇인가?

반영하는 것이다. 그 논문에는 포지셔닝(위치화)의 3가지 원천 즉, 다양성(Variety), 니즈(Needs), 접근(Access)에 대해 설명한다. 이후의 연구로 포터는 이 책에서 논의되는, 더 완성도 높은 공식을 만들었는데 지난 10년 동안 수많은 연설과 강의를 통해 정교하게 다듬은 결과다.

어떤 고객인가?

산업 내에는 보통 뚜렷이 구별되는 고객그룹이나 고객 세분시장이 있다. 가치 제안은 이런 한 개 또는 그 이상의 세분시장을 구체적으로 목표로 정하게 된다. 어떤 가치 제안은 고객을 선택하는 데서 출발한다. 그리고 그 선택은 삼각형의 다른 두 축인 니즈와 상대적 가격으로 직접 이어진다.

고객세분화는 일반적으로 훌륭한 산업 분석의 일부다. 그리고 봉사할 고객의 선택은 5가지 세력을 상대로 어떻게 포지셔닝할지 선택하는 데 중요한 역할을 한다. 다음에 소개하는 3가지 예에서 시장세분화의 기준이 다양할 수 있다는 점을 알 수 있다. 월마트(Walmart)의 세분화는 지리적 위치에 기초한다. 보험회사 프로그레시브(Progressive)는 인구 특성에 기초하고 증권회사 에드워드 존스(Edward Jones)는 사이코그래프(심리변수)에 기초한다.

월마트가 400조 원이 넘는 매출의 세계 최대 소매점이라는 사실을 고려하면 그들이 어떤 세분시장에서 사업을 하는지 질문하는 것 자체가 무의미할 수 있다. 그러나 모든 대기업들처럼 월마트도 처음에는 소규모로 출발했고 초기에는 사업 대상을 결정해야 했다. 특별한 고객그룹을 선택함으로써 월마트는 사업을 시작할 수 있었다.

1960년대 월마트가 운영을 시작했을 때 할인소매점은 새로운 파괴적인 비즈니스 모델이었다. 초기 동종업체들이 뉴욕과 같은 대도시 지역에 집중했다면 샘 월튼은 뭔가 독특한 방법을 선택했다. 그는 5천~2만 5천 명 인구의 외진 시골지역을 선택했다. 월튼의 말을 빌리면 그의 '핵심전략'은 "모두 무시하는 작은 읍내에 제법 큰 매장을 여는 것이었다."

5가지 세력 측면에서 보면 이런 고객의 선택은 다른 할인소매점 경쟁으로부터 월마트를 보호해주었다. 비록 사람들이 월마트를 사나운 경쟁자로 생각하는 경향이 있지만 처음에는 정면 경쟁을 완벽히 피하면서 사업을 시작했다. 그렇게 함으로써 수 년 동안 숨 쉴 공간을 마련하고 '상시 저가 판매(Every Day Low Prices)' 제공자로 자신의 입지를 만들고 확장할 수 있었다.

오하이오(Ohio)주가 활동 근거지인 자동차보험사 '프로그레시브'도 동종산업 내에서 대부분 외면하는 고객을 상대로 전략을 세웠다. 프로그레시브는 약 30년 동안 해당 산업에서 '비표준 운전자(Nonstandard Drivers)'라는 고객들에게 서비스하기로 결정함으로써 번창하게 되었다. 프로그레시브의 고객은 잦은 사고로 보험 청구를 더 자주 할 가능성이 있는 사람들로 예를 들면, 오토바이 소유자, 음주운전 경력이 있는 운전자 등이다. 보험을 받아주려는 회사가 거의 없기 때문에 비표준 구매자들은 일반적으로 구매협상력이 거의 없는 특징이 있다.

마지막으로 자산관리 비즈니스들을 보면 거의 모든 회사들이 똑같은 인구통계학적 세분시장을 잡으려는 것을 알게 된다. 즉, 고액 순자산 소유 개인(The High Net-Worth Individual) 말이다. 지속적으로 성공하는 미국의 종합증권사들 중 하나인 에드워드 존스는 그렇지 않았다. 에드워드 존스는 30년 동안 얼마나 많은 금전을 소유하고 있는지가 아니라 투자에 대한 태도를 기준으로 그들의 고객을 결정하고 오직 그들에게만 집중했다. 존스는 신뢰하는 조언자들에게 재무적 의사결정을 위임하는 보수적 투자자들을 대상으로 사업했다. 5가지 세력 면에서 보면 이 세분고객은 가격민감도가 낮으면서 충성도는 높았다.

대부분의 경우처럼 위의 사례들에서 각각의 가치 제안은 동종산업 내에서 타 기업이 간과하거나 외면한 고객그룹을 목표로 삼았다. 그러나 타깃고객 자체가 핵심은 아니다. 예를 들어 보험업에서 USAA는 저위험 고객을 목표로 삼는 가치 제안으로 뛰어난 성과를 냈다. 진짜 핵심은 여기 있다. 즉, 당신이 선택한 세분시장에서 수익성을 올릴 수 있는 독특한 방법을 찾아내는 것이다.

어떤 니즈인가?

많은 경우, 기업이 채워줄 니즈의 선택은 삼각형의 나머지 두 축으로 이어지는 중요한 최우선 의사결정이다. 이 경우, 전략은 특정 니즈나 니즈의 하위요소를 만족시키는 독특한 능력의 기반 위에 만들어진다. 그런 능력은 종종 제품이나 서비스의 구체적인 특징으로부터 온다. 일반적으로 니즈로부터 출발하는 가치 제안은 전통적인 세분화를 거부하는 고객집단에 호소하는 경우가 많다. 즉, 명확한 인구통계학적 범주에 속하지 않고 특정 시점에서 공통적인 니즈나 니즈의 조합을 가진 고객들이다.

일반적으로 니즈로부터 출발하는 가치 제안은 전통적인
세분화를 거부하는 고객집단에 호소하는 경우가 많다

엔터프라이즈(Enterprise) 렌터카는 북미 렌터카업계의 선두주자다. 한때 시장을 지배했던 허츠(Hertz)나 에이비스(Avis)보다 더 크다. 수익성에서도 다른 기업을 능가한다. 엔터프라이즈는 수십 년 동안 독특한 전략을 추구해 업계에서 지속적으로 탁월한 수익성을 기록한 유일한 메이저 기업이다.

엔터프라이즈의 가치 제안은 간단한 통찰에서 비롯되었다. 자동차 대여는 다양한 상황에서 다양한 니즈를 충족시킬 수 있다. 동종업계에서 허츠나 그 추종자들은 여행자 즉, 출장이나 휴가로 집을 떠나는 사람들을 대상으로 사업을 구축했다. 엔터프라이즈는 상대적으로 작지만 40~45%나 되는 자동차 대여가 고객이 거주하는 도시에서 이루어지는 점에 착안했다. 예를 들어 차를 도난당하거나 교통사고로 차가 파손된 경우에도 대여가 필요하다. 이런 경우, 일반적으로 계약조건에 따라 한정된 가격 내에서 자동차보험사가 비용을 지불한다. 엔터프라이즈 매출의 약 33%가 보험사에서 나온다. 또 다른 예는 신속한 거주-도시(Home-City) 자동차 대여다. 자동차가 고장나거나 방학 때 자녀들이 학교에서 집으로 돌아와 차가 필요할 때다. 이 모든 경우, 거주-도시 자동차 대여자들은 비즈니스나 휴가 여행자들보다 가격에 더 민감한 경향이 있다.

엔터프라이즈는 이런 고객니즈를 충족시키는 독특한 가치 제안을 공들여 만들었다. 즉, 합리적인 가격에 편리성을 제공하는 거주-도시 자동차 대여다. 엔터프라이즈는 허츠나 에이비스보다 다른 상대가격에 다른 니즈 만족을 위한 선택을 했다. 이것은 엔터프라이즈가 최고의 자동차 대여업체도 아니고 원래부터 시장 상황이 좋았던 것도 아니다. 그러나 엔터프라이즈는 고객의 구체적인 니즈로부터 시작해 가치 제안 삼각형에서 경쟁자와는 다른 선택을 했다. 결국 엔터프라이즈의 고객기반은 인구통계학적 특징에 의한 전통적인 시장세분화가 잘못되었을 수도 있음을 보여준다.

2000년 매사추세츠 캠브리지에서 시작한 집카(ZipCar)는 거주-도시 자동차 대여 분야에서 또 다른 독특한 길을 가고 있다. 이 회사의 가치 제안은 엔터프라이즈 고객과 또 다른 유형의 니즈를 가진 다른 종류의 고객을 목표로 삼았다(그림 4-2 참조). 집스터즈(Zipsters)로 불리는 이 회사 회원들은 자동차 구입을 안 하기로 선택했지만 가끔 자동차 사용이 필요한 사람들이다. 집카는 회원들이 짧으면 1시간만이라도 자동차를 빌릴 수 있게 해준다.

집카는 재미있고 복합적인 가치를 제공한다. 즉, 자동차를 인수하고 반납할 때의 엄청난 편리함, 대여 기간상의 큰 유연성, 보험과 연료 등 모든 것이 포함된 투명한 가격, 그리고 이 초고속 성장 브랜드와 함께 연상되는 무형의 '멋진(Cool)' 이미지 등이다. 집카는 이제 막 사업을 진행 중이기 때문에 자신의 가치 제안의 한계를 검증하고 학습을 통해 조정해나갈 것이라는 점을 분명히 말하고 싶다.

어떤 상대적인 가격인가?

어떤 가치 제안에는 상대적 가격이 삼각형의 주요 다리 역할을 한다. 일부 가치 제안은 동종 산업에서 다른 회사들이 필

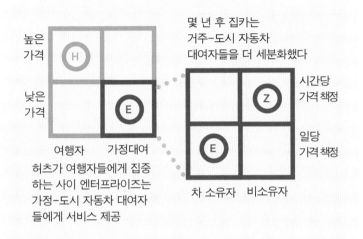

포지션 맵

높은 가격 ⓗ

낮은 가격 ⓔ

여행자　가정대여

허츠가 여행자들에게 집중하는 사이 엔터프라이즈는 가정-도시 자동차 대여자들에게 서비스 제공

몇 년 후 집카는 거주-도시 자동차 대여자들을 더 세분화했다

시간당 가격 책정 ⓩ

일당 가격 책정 ⓔ

차 소유자　비소유자

그림 4-2

요 이상의 가치를 제공하는(그래서 너무 비싼 비용을 내는) 고객을 목표로 한다. 이런 경우, 우리 회사는 불필요한 비용을 제거하고 '이 정도면 충분한' 정도로 고객니즈를 만족시켜 성공할 수 있다. 제품 수준에서는 상품들 중 매우 단순한 기능만 제공하는 휴대전화와 각종 기능이 가득한 더 비싼 스마트폰의 차이를 생각해보라. 고객들이 지나친 서비스를 받는 곳이라면 더 낮은 상대적 가격이 삼각형의 주요 다리가 될 수 있다.

　그와 반대로 일부 가치 제안은 원하는 서비스를 받지 못하는(그래서 가격도 낮게 형성된) 고객을 목표로 한다. 예를 들어 일반 항공사 1등석이 아닌 전세기 넷제트(Net Jets)를 선택하는 고객들이 있다. 그들은 1등석보다 더 높은 수준의 서비스를 기대하고 그에 따른 엄청난 프리미엄 가격을 기꺼이 지불하려고 한다. 덴마크 기업 뱅 앤 올룹슨(B&O)은 다른 하이엔드 음향 기기 제조업체가 제공하는 상당한 수준의 음질 이상의 가치를 고객에게 제공한다. B&O 고객들은 사운드만큼 보기에도 좋은 제품을 원하고 아름다운 디자인에 대해선 기꺼이 추가 지불하려고 한다. B&O와 같은 가치 제안에서 보면 충족되지 않은 니즈는 전형적으로 삼각형의 주요 다리가 된다. 더 높은 상대적 가격은 기업이 해당 니즈를 만족시키는 데 드는 추가 비용을 뒷받침해준다.

과잉니즈 만족 시장의 경우: 사우스웨스트항공. 기업 역사에 따르면, 사우스웨스트항공이 태어난 배경은 이렇다. 1960년대 후반 당시 2~3명이 모여 좋은 아이디어가 있다면서 다음과 같이 말했다. "매우 낮은 가격으로 승부하는 항공사를 설립하자. 그리고 비싼 요금에 소수 항공편만 운항하는 타 항공사와 달리 매일 많은 항공편을 운항하자." 간단히 말해 그것이 바로 사우스웨스트의 가치 제안이다. 즉, 매우 낮은 가격과 매우 편리한 서비스를 제공하는 것이다.

사우스웨스트항공은 세계에서 가장 성공적이고 타 회사들이 가장 모방하고 싶은 기업으로 고객의 니즈를 '이 정도면 충분한' 수준에서 획기적으로 낮은 가격에 만족시켜 성공을 거두었다. 1971년 텍사스주 3개 도시 취향을 시작으로 출발한 사우스웨스트항공은 이제 규모나 수익성 면에서 세계 선도 항공사 중하나로 성장했다. 지난 30년 동안 타 항공사와 전혀 다른 가치 제안으로 그런 성공을 거두었다.

사우스웨스트항공은 타 항공사들처럼 고객이 원하는 곳이라면 어디든지 데려다주겠다는 약속을 하지 않았다. 한때 업계 표준에 포함되었던 기내식, 지정석, 수하물 환적 등의 기본적인 편의 서비스도 제공하지 않았다. 이제는 더이상 고비용 및 고가정책의 전통적인 항공사를 정확히 설명할 수 없는 용어인 '풀 서비스' 항공사들은 사우스웨스트항공을 이용하는 단거리 노선의 많은 여행자들에게 과잉 서비스를 제공하고 있었다.

사우스웨스트항공의 가치 제안은 5가지 세력 면에서 독특한 위치에 자리 잡았다. 알다시피 항공산업은 비즈니스하기에 너무 힘든 분야다.

- 공급자 특히 노조뿐만 아니라 항공기 제조업체들도 강력하다.
- 고객들이 강력한 이유는 가격에 민감하고 전환비용이 낮기 때문이다.
- 경쟁업체들은 높은 고정비를 메꾸느라 좌석을 채우기 위해 가격경쟁을 벌인다.
- 신규 업자들은 변함없이 위협적인 존재다. 진입 장벽은 예상보다 낮다. 항공기 몇 대만 리스하면 항공사 운영을 시작할

수 있다.

- 대체재의 가격은 저렴하다. 특히 단거리 여행인 경우, 고객이 자동차나 버스 등 다른 교통편을 선택할 수 있다.

사우스웨스트항공의 낮은 상대적 비용은 산업의 자기파괴적 가격경쟁으로부터 피난처를 제공했다. 나아가 그들의 가치제안은 5가지 세력 중 대체재에 대해 정말 독특한 위치를 잡았다. 워낙 요금이 낮다보니 주로 자동차나 버스를 선택하는, 가격에 민감한 고객들에게 호감적인 대안으로 떠오르며 항공여행을 가능하게 했다. 회사 초창기 때 한 주주가 최고경영자인 허브 켈러허(Herb Kelleher)에게 댈러스-샌안토니오 노선 요금 15달러는 브래니프항공의 62달러에 비해 너무 낮기 때문에 몇 달러라도 올려야 한다고 요구했다. 그러나 켈러허는 자신들의 진짜 경쟁자는 타 항공사가 아닌 육상운송업체라며 이를 거절했다.

초기 사우스웨스트항공이 취항한 3개 도시인 댈러스, 휴스턴, 샌안토니오 다음으로 확장한 노선을 생각해보라. 텍사스주 할링겐은 리오그란데 밸리에 있는, 아마도 거의 들어본 적 없는 도시다. 사우스웨스트항공이 서비스를 시작하기 1년 전 12만 3천 명의 승객이 사우스웨스트항공의 거점도시들에서 리오그란데 밸리로 항공편을 이용했다. 사우스웨스트가 할링겐 노선 운항을 시작한 지 1년 만에 승객은 32만 5천 명으로 증가했다. 애깃거리는 가격뿐만이 아니었다. 서비스도 한층 편리했다. 첫째, 빈번한 출발 스케쥴은 고객들이 원하는 시간에 여행할 수 있도록 했다. 둘째, 비행기는 정시에 도착했고 고객들은 매표구에서 장시간 기다리지 않았다. 셋째, 사우스웨스트항공 전략의 핵심이 된 2차 공항들은 도심에서 가까워 전체 여행 소요 시간을 단축했다. 이런 편리성 덕분에 출장업무 고객들에게 인기를 끌었다.

사우스웨스트항공은 첫날부터 자신들의 가치 제안에 대한 모든 요소를 찾아내진 않았다. 그렇게 하는 기업은 드물다. 실행을 통해 배운다. 여기 고전적인 사례가 있다.

1971년 휴스턴에 있던 비행기가 정기적인 유지·보수관리를 받기 위해 주말 동안 댈러스로 가야 했다. 당시 최고경영자인 라마 뮤즈(Lamar Muse)는 텅 빈 항공기를 보내고 싶지 않았다. 몇 푼이라도 벌 수 있다면 아무 것도 없는 것보다 낫다는 생각이었다. 그는 금요일 야간 항공편 가격을 표준가격인 20달러의 절반인 10달러로 책정했다. 해당 항공편 좌석은 매진되었고 생존하기 위해 발버둥치던 그 신생업체는 얼마의 현금을 추가로 벌 수 있었다.

현금보다 더 중요한 것은 사우스웨스트가 업계 판도를 바꾸는, 고객에 대한 통찰을 얻었다는 점이다. 일부 고객은 분명히 가격에 더 민감했고 시간에는 덜 민감했다. 뮤즈는 곧바로 행동에 돌입해 최고 피크 때의 가격을 26달러로 올리고 최저일 때는 13달러로 낮추었다. 현재는 복합적인 다단계 가격 책정이 업계 표준처럼 되었지만 당시는 혁신이었다. 사우스웨스트항공은 고객을 더 세분화해 좌석을 채울 수 있었다. 더 낮은 비수기 요금은 가격에 더 민감한, 여가를 즐기는 여행객들에게 매력적이었는데 그들은 비즈니스 여행객보다 여행 시기에 더 유연한 사람들이었다. 따라서 사우스웨스트항공의 가치 제안은 전통적인 고객 세분시장을 관통해 여행 목적에 따라 다양한 고객 즉, 비즈니스 여행객, 가족, 학생 모두에게 매력적인 대안이 되었다.

사우스웨스트항공은 타깃고객의 모든 니즈를 모든 시간에 만족시키는 대신 많은 고객이 특정 시점에서는 웬만하면 가지고 있는 한 가지 니즈만을 만족시켰다. 그들은 수십 년 동안 타 항공사들과 구별되는 색다른 가치를 만들어냈다. 타 항공사들이 사우스웨스트항공을 광범위하게 모방해왔지만 사우스웨스트가 업계 '최고'의 가치 제안을 찾았다고 말하는 것은 틀릴 수도 있다. 단지 특정한 상대가격으로 특정한 고객니즈를 만족시키는 데서 '최고'일 뿐이다.

니즈 만족에 미달하는 시장의 경우: 아라빈드(Aravind) 안과. 인도의 아라빈드 안과는 1976년 이상주의자이자 퇴역 군의관인 고빈다파 벤카타스와미(Govindappa Venkataswamy: 닥터 V) 박사가 설립했다. 그가 엄청난 니즈 불만족에 시달리는 대규모 고객을 확인하는 데는 구체적인 시장세분화가 필요없었다. 수백만 명의 인도인들은 예방할 수 있음에도 불구하고 실명하는 고통을 받았는데 그것은 백내장 수술을 받을 형편이 되지 못했기 때문이다. 아라빈드 안과는 겨우 11개 병상과 의사 3명으로 시작해 연 30여만 건의 시술을 하는 세계 최대 안과전문기관이 되었다. 놀랍게도 3분의 2 이상이 무료 환자다.

아라빈드는 한 가지 탁월한 가치 제안을 한다. 아니 실제로는 2가지 가치 제안을 한다. 하나는 최고의 눈 관리를 원하고 그에 따른 비용을 지불할 수 있는 부유한 고객이다. 그들은 최첨단시설에서 가장 우수한 의사가 돌봐주길 바란다. 그리고 수준 높은 의료서비스에 대해 시장가격을 기꺼이 지불하려고 한다. 그것이 하나의 가치 제안이다.

두 번째, 수술받지 않으면 실명되지만 치료비를 낼 수 없는 사람들이다. 아라빈드는 그들에게 시력을 찾아주고 독립적인 생활이 가능하게 해준다. 무료환자들에게도 치료비를 내는 환자들에게 제공하는 똑같은 의사와 수술실 같은 의료서비스를 제공한다. 단, 호텔 기능(입원실 사용료와 식비)을 크게 줄였다. 하지만 가격은 더 줄이는데 무료까지 내려간다. 아라빈드는 2가지 세분고객에게 가장 중요한 니즈를 각각 다른 가격 포인트로 충족시킴으로써 성공했다. 가장 주목할 점은 이 병원이 재정적으로 자생가능하다는 점이다. 정부 지원이나 자선 기부에 의존하지 않는다. 그럼에도 불구하고 기부금은 꾸준히 증가

하고 있다. 30년 이상 지속가능한 것으로 증명된 전략을 구사
하고 있기 때문이다.

전략의 첫 번째 검증 방법은 당신의 가치 제안이 경쟁자와
다른지 여부다. 만약 같은 고객에게 서비스하고 같은
니즈를 만족시키고 같은 상대가격에 팔려고 한다면
그것은 포터의 정의에 의하면 전략이 없는 것이다

대부분의 비즈니스에서는 수많은 유형의 다른 가치 제안의
삼각형 구성이 가능하다. 일부 기업은 시장의 모든 고객들에게
서비스하지만 특정 니즈나 범주만 만족시킨다. 다른 기업은 더
집중된 고객기반에 서비스하면서 그 고객들의 니즈를 더 많이
충족시키려고 한다. 일부 기업들은 더 높은 가치를 프리미엄
가격에 제공한다. 다른 기업들은 효율성을 바탕으로 낮은 상대
적 가격을 제공한다.

전략의 첫 번째 검증 방법은 가치 제안이 경쟁자와 다른지
여부다. 만약 같은 고객에게 서비스하고 같은 니즈를 만족시키
고 같은 상대가격에 팔려고 한다면 그것은 포터의 정의에 의하
면 전략이 없는 것이다. 이런 경우, 당신은 최고가 되기 위해 경
쟁하고 있다.

당신의 경쟁전략은 무엇인가?

⚜ 두 번째 검증: 맞춤형 가치사슬

전략을 설명하려면 먼저 가치 제안으로 시작하는 것이 자연스럽다. 전략이 고객니즈를 만족시키려는 혜택들의 혼합으로 생각하는 것은 직관적이다. 그러나 전략의 두 번째 검증 방법은 더 이상 직관적이지 않으므로 종종 간과되곤 한다. 포터는 독특한 가치 제안은 경쟁자의 활동과 확실히 구별되는 가장 훌륭한 활동들을 실행하지 않고선 의미 있는 전략으로 전환할 수 없다고 말한다. 그의 논리는 간단하면서도 강력하다. "만약 그렇지 않다면 모든 경쟁자는 같은 니즈를 만족시킬 수 있게 된다. 그럼 포지셔닝에서 아무 독특함이나 가치가 없어진다."

고객니즈에 대한 이해와 통찰은 중요하지만 그것만으로는 충분하지 않다. 전략과 경쟁우위의 핵심은 실제 기업이 행하는 활동에 달려 있다. 경쟁자와 같은 활동을 다르게 하거나 다른 활동을 하도록 선택해야 한다. 여기서 설명한 각 기업들은 그들의 가치사슬을 가치 제안에 맞추어 정확히 설계했다.

월마트, 프로그레시브, 에드워드 존스

색다른 고객에게 서비스하도록 가치 제안을 구축한 3개 기업으로 돌아가보자. 이제 맞춤형 가치사슬에 대한 분석을 시작하자. 여기서는 각 기업이 선택한 세분시장을 반영하는 주요 활동의 선택을 특히 강조하고자 한다. 그리고 이 선택들이 다른 고객에게 서비스하는 경쟁자들과 어떻게 구분되는지 설명한다.

먼저 월마트다. 다른 할인점들이 대도시 지역에 매장을 여는 선택을 한 반면, 월마트는 가장 가까운 도시가 약 4시간이나 떨어진 소도시 지역에 투자했다. 그들은 이런 지형에 대해 잘 알았다. 만약 그들의 매장이 그 대도시의 가격에 맞추거나 더 낮은 가격을 제시할 수 있다면 사람들은 그 도시까지 가지 않고 집 근처에서 쇼핑할 것이라는 생각으로 도박을 했다. 더욱이 월마트가 선택한 많은 시장들은 1개 이상의 대형 소매점이 진입해 상품을 공급하기에는 너무 작았다. 그것은 강력한 진입장벽이었다. 월마트는 선두진입자가 됨으로써 경쟁자를 따돌리고 동일 지역으로의 진입을 단념하게 만들었다. 그렇게 시간을 벌고 그 시간은 경쟁우위의 지속적인 원천을 연마하는 데 사용했다. 즉, 전국적으로 각 시장에서 매일 최저가격에 제공하는 능력 말이다.

프로그레시브의 타깃고객(비표준 고객)은 특별히 도전적인 대상이었다. 불량 운전자를 어떻게 수익성 있는 고객으로 바꿀 것인가? 그들은 업계 표준과 다른 가치사슬이 필요했다. 먼저 프로그레시브는 위험 평가를 다른 방법으로 접근했다. 사고 확률을 더 잘 예측하는 더 조밀한 지표가 있는 거대 데이터베이스를 구축한 것이다. 그것을 타 보험사에게는 불량 운전자처럼 보이는 집단에서 위험도가 낮은 대상을 찾아내는 데 사용했다.

예를 들어 음주운전으로 벌금을 낸 사람 중 어린 자녀를 둔 사람은 거의 대부분 다시 음주운전하지 않는다. 오토바이 운전자 중 40세 이상의 할리 데이비슨 보유자는 오토바이를 타는 빈도가 낮은 경향이 있다. 프로그레시브는 이런 정보를 가격 책정에 사용해 최악의 고객들로부터도 수익을 낼 수 있었다. 따라서 그들의 경쟁우위는 주어진 위험에 비해 상대적으로 높은 가격으로부터 시작되었다.

둘째, 프로그레시브는 항상 사고가 발생할 가능성이 있으므로 실제로 사고가 난 경우, 처리비용을 최소화하는 데 초점을 맞추었다. 예를 들어 더 신속한 사고처리는 더 많은 비용을 절감해주었다. 즉 더 짧은 불만처리 시간은 더 적은 소송비용을 의미했다. 프로그레시브의 가치사슬은 여러 가지 방법으로 그 목표를 달성했다. 가장 인상적인 사례는 사고처리 담당자가 회사 소유 밴과 태블릿 PC를 소지하고 곧바로 사고현장으로 출동해 즉석에서 수표를 끊어주는 것이다. 보험업계에서 그런 일처리는 관행이 아니었다. 따라서 프로그레시브의 경쟁우위는 경쟁사보다 더 낮은 상대적 비용이라는 요소도 있었다.

프로그레시브처럼 에드워드 존스도 자신들의 가치사슬을 선택한 고객 세분시장 즉, 재무적 의사결정 시 신뢰할 만한 조언자를 원하는 보수적인 개인투자자들에게 최적화시켰다. 신뢰는 개인들이 서로 얼굴을 맞댄 관계에서 생긴다. 그런 목적을 달성하기 위해 존스는 소도시, 도시 근교, 사람들이 많이 다니는 스트립몰(Strip Mall) 등 편리한 지역에 있는 수많은 사무실에 자원을 투자했다. 각 사무실에는 단 1명의 재무 브로커만 두었다. 동종 업계에는 없던 특이한 모델이다. 또한 증권업계 밖에서 사람을 뽑는 방법을 선호했다. 지역사회에 친화적이고 기업가정신을 지닌 사람을 조언자로 선정했다. 새로 고용된 직원에게 보수적인 제품 라인(대부분 우량주 투자)과 장기보유 투자 철학을 교육하는 데 상당한 자원을 투자했다.

존스는 선택한 고객에게 초점을 맞추는 그런 활동에 전념하기 위해 상당한 비용을 치렀다. 단타 위주로 자주 거래하거나 마진은 높지만 위험한 투자상품을 거래함으로써 벌 수 있는 수익을 포기하기 때문이다. 또한 직원 훈련과 사무실 비용은 다른 증권사보다 상대적으로 높다. 하지만 그런 활동은 존스가 선택한 고객들에게 가치를 창출해주었고 고객은 신뢰성 있는 서비스를 개별적으로 제공하는 존스의 서비스에 더 큰 프리미엄 가격을 기꺼이 지불했다. 저가 주식 브로커가 건당 8달러의 수수료를 부과하는데 비해 존스는 100달러나 받는다.

아라빈드의 가치사슬

아라빈드가 처음 영감을 받은 곳은 수많은 회사들 중 하필이면 맥도날드였다. 닥터 V는 맥도날드가 햄버거를 만드는 것만큼 효율적이고 일관성있게 백내장 수술을 제공하고자 했다. 그리고 그에 딱맞는 시스템을 만들었다.

기본적으로 의사가 환자 1명을 수술하는 동안 다음 환자는 뒤쪽 침대에 이미 대기시켰다. 수술을 끝낸 의사는 뒤로 돌아 곧바로 다음 환자 수술을 시작했다. 숙련된 의사의 가치있는 시간을 단 1분도 허비하지 않는 것이었다. 의사를 포함해 수술실의 모든 사람은 지정된 표준 절차를 따르도록 훈련받았다. 모든 일처리 과정은 전체 업무가 효율적으로 돌아가도록 세심하게 통합시켰다.

그 시스템이 얼마나 잘 작동하는지는 결과가 말해준다. 아라빈드가 고용한 의사 수는 인도 전체 안과의사의 1%에 불과하다. 그러나 2009~2010년 인도에서 진행된 전체 안과 수술의 약 5%를 담당했다. 이런 성과는 헨리 포드의 모델 T 조립라인을 연상시킨다. 모델 T 방식으로 당시 작업자들의 생산성을 자동차 산업 평균보다 5배나 높였다. 포드가 자동차 대량생산을 가능하게 만들었던 것처럼 아라빈드는 포드의 핵심 생산요소를 적용해 매우 싼 가격에 백내장 수술이 가능하도록 했다. 즉, 활동 표준화, 작업과 기기 전문화, 끊김없이 가동되는 대량생산 방법 등이 적용되었다.

운용 모델로서 아라빈드의 능력은 가치를 창출하는 능력에 있지만 그것이 전부는 아니었다. 결국 저비용 서비스조차 고객에게 너무 비싸다면 무슨 소용인가? 닥터 V의 해결책: 수술 비용을 지불할 수 있는 고객들로부터 시장가격을 받는 것이다.

아라빈드는 다른 안과에 비해 비용이 워낙 낮으므로 지불 능력이 있는 1명이 2명의 무료치료를 지원하는 셈이다. 대략 이런 대안들이 아라빈드의 경쟁우위가 작동하는 방식이다.

아라빈드가 선택한 가치사슬은 유료고객을 끌어들이는 그들의 능력을 받쳐주도록 만들어졌다. 유료고객들에게는 모든 현대적인 안락함을 선사하는 독립 건물에서 의료서비스를 제공하는데 진짜 중요한 핵심은 높은 수준의 의료서비스에 있다. 아라빈드는 최첨단 전문성을 보유한 병원으로 최고의 교육기관과 연구기관으로 발전했다. 전 세계의 앞서가는 안과의료센터와 제휴를 맺어 근무 중인 의사들의 실력도 세계 최고 수준이다.

병원 경영자들이 직면한 문제들을 이해하는 사람이라면 이제 의문을 제기할 것이다. 어떻게 의사들이 조립라인 노동자들처럼 취급받는 데 동의한 걸까? 이 산업의 5가지 세력을 분석해보자. 의사들은 짧은 시간을 근무하면서 고임금을 받고 상당한 자율권을 요구하는 모든 영향력을 행사할 수 있다는 사실을 알게 된다. 하지만 아라빈드는 미국 병원들이 꿈도 못 꾸는 것들을 해낸다. 아라빈드에서는 비용, 시간, 결과(수술 후 성과까지)를 개별 의사들로 역추적한다. 그 데이터들은 의사들이 자신의 성과를 개선하도록 도와주는 데 쓰인다.

닥터 V가 그런 조건을 기꺼이 받아들이는 의사를 찾아낼 수 있는 간단한 비결이 여기 있다. 애당초 그가 채용한 사람은 모두 그의 가족이었다. 그들은 거절할 수 없었다. 나아가 더 중요한 비결이 있다. 닥터 V는 2가지 강력한 비금전적 보상을 제공하는 조직을 만들었다. 하나는 직업적 개발과 탁월함에 대한 의지를 반영한 것이다. 예를 들어 그들이 제공하는 광범위한 연수교육과 최고 병원들과의 제휴를 생각해보라. 둘째는 이타적인 서비스와 측은지심에 대한 호소다. 이 병원은 미션에 기반을 둔 조직이다. '불필요한 실명 제거'라는 미션은 눈에 보이지 않는 것처럼 들리지만 그 미션이 가시적인 방법으로 아라빈드의 경쟁우위에 기여한다. 그런 가치에 의해 필요한 인재를 채용하고 유지할 수 있다. 그리고 그들의 활동을 탁월한 방법으로 구성할 수 있다. 즉, 가치 제안에 완벽히 맞추어진 방향으로 가치사슬을 만드는 것이다.

아라빈드는 모든 사람에게 합리적 가격에 수준 높은 안과 치료서비스를 제공하는 의료기관이다. 그것이 바로 그들의 가치 제안이다. 이런 맞춤형 가치사슬은 고객과의 약속을 전략으로 변환시킨다.

사우스웨스트의 맞춤형 가치사슬

고결한 뜻을 지닌 아라빈드 병원을 재미를 추구하는 사우스웨스트항공과 비교한다면 불편할 수 있다. 하지만 전략적으로 말하면 그들은 공통점이 많고 전략에 대해 많은 것을 가르쳐준다. 두 조직 모두 어려운 산업 여건에 직면해서도 지속적으로 탁월한 성과를 냈다.

아라빈드 병원처럼 사우스웨스트항공은 전략이 작동하도록 만드는 비즈니스 문화를 키웠다. 이 기업은 초창기 수년 동안 대부분의 시간을 생존 자체를 위협하는 법정분쟁에 대응하느라 소진했다. 텍사스지역의 기존 경쟁자들은 저가의 경쟁자가 시장에 진입하는 것을 원치 않았다. 그들은 돈으로 살 수 있는 모든 법률적, 정치적 수단을 총동원해 사우스웨스트가 비행기를 띄우지 못하도록 방해했다. 그러나 그로 인해 사우스웨스트항공의 사명감은 오히려 견고해졌다. 불친절한 업체들에게 시달린 고객들을 자유롭게 해주는 데 힘을 쏟는다는 그들만의 독특한 '전사' 문화를 만들어냈다. 아라빈드 병원과 마찬가지로 사우스웨스트항공 직원들도 보통사람들보다 더 열심히 일했다. 노조가 있음에도 불구하고 다른 항공사들을 수렁에 빠뜨린, 회사를 향한 적대적인 제로 섬 게임 행동은 절대 없었다. 그것은 고객만족도를 높이고 상대적 비용을 낮추는 경쟁우위에 도움이 되었다. 그리고 사우스웨스트항공과 아라빈드 병원 모두 직원들의 낮은 이직률은 회사에게 득이 되었다.

사우스웨스트항공의 성공으로 항공업계가 충격을 받기 전 대부분의 항공사들이 대도시 거점운항 방식, 상용고객 우대제도, 노조협약 등을 서로 모방하는 일반적인 방법으로 경쟁했지만 사우스웨스트항공의 선택은 업계의 그런 '모범사례'를 순순히 따르는 것이 아니었다. 물론 모범사례의 일부는 다른 유형의 노선으로 다른 고객니즈를 충족시키는 경쟁 방법으로 유익한 점도 있었다. 그러나 사우스웨스트항공은 독특한 성과를 내는 맞춤형 활동으로 가치사슬을 배치했다.

전통적으로 '풀 서비스' 항공사는 다른 대부분의 지역으로 승객을 운송하는 활동시스템을 만들었다. 수많은 목적지에 취항하고 환승고객을 위한 서비스로 주요 공항에 집중되는 대도시 거점운항 방식(Hub-And-Spoke)을 도입했다. 그리고 더 안락하고 품격 높은 서비스를 요구하는 승객들의 호감을 얻기 위해 퍼스트 클래스나 비즈니스 클래스를 운영했다. 환승고객들에게 맞추어 스케줄을 조정하고 수하물을 확인하고 옮겨 실어야 했다. 장시간 비행하는 일부 고객들을 위해 '풀 서비스' 항공사는 전통적으로 기내식을 제공했다.

반면, 사우스웨스트항공은 저비용으로 특정 노선에 잦은 항공편을 제공하기 위해 모든 활동을 맞춤형으로 바꾸었다. 처음부터 기내식, 지정석, 수하물 환적이나 프리미엄 클래스 서비스는 제공하지 않았다. 이런 모든 요인 때문에 3장에서 다루었듯이 더 신속한 탑승회전율이 이루어졌다. 따라서 항공기 1대당 경쟁사보다 더 장시간 운항할 수 있고 더 적은 수의 항공기로도 더 자주 출발할 수 있게 되었다. 탑승구와 지상근무 요원은 경쟁사들에 비해 적지만 더 유연하고 생산성도 더 높다. 항공기 기종을 하나로 통일해 유지관리 효율성을 크게 높였다. 온라인 여행사이트들이 대중적인 유통채널이 되자 대부분의 항공사들이 부랴부랴 가입했다. 그것은 고객들에게 가격요소만 고려해 항공권을 구매하도록 만들어 전체적인 산업 구조면에서 바람직하지 않은 결정이다. 그러나 사우스웨스트항공은 달랐다. 그들의 고객은 다른 유통채널을 거치지 않고 사우스웨스트항공 홈페이지에 접속해 항공권을 직접 구매한다. 따라서 사우스웨스트는 판매수수료를 지급하지 않아도 된다.

이것들은 사우스웨스트항공의 경쟁우위를 뒷받침하는 비용절감 요인의 일부에 지나지 않는다. 사우스웨스트는 경쟁우위로 인해 직원 1인당 더 많은 승객에게 서비스하고, 탑승구 1개당 더 많은 일일 출발이 가능하며 항공기 1대당 더 오랜 시간을 활용할 수 있다. 사우스웨스트항공은 잘 맞추어진 가치활동에 기초해 독특하고 가치 있는 전략적 위치를 확고히 다졌다. 사우스웨스트항공이 운항하는 노선에서 '풀 서비스' 항공사들은 절대로 그런 편의성과 비용우위를 제공할 수 없다.

전략적 포지셔닝은 특히 높은 수준의 집중화가 이루어졌을 때 가끔 '틈새시장'을 공략한 것으로 보인다. 이 용어의 본질적 함의는 시장 기회가 적다는 것이다. 어떨 때는 사실일 때도 있지만 집중화에 성공한 경쟁자는 규모가 매우 클 수도 있다. 사우스웨스트항공의 경우처럼 처음에는 좁은 '틈새시장'처럼 보이던 것이 항공업계 전체를 획기적으로 바꾸어놓았다. 사우스웨스트항공과 다음에 소개할 엔터프라이즈 렌터카는 모두 업계 선두주자가 되었다.

렌터카 사업의 가치사슬

'자가용 소유자들의 거주지에서의 렌터카'라는 엔터프라이즈의 독특한 가치 제안은 그들이 거둔 성공의 일부에 지나지 않는다. 가치사슬을 구성할 당시의 선택들이 그들의 경쟁우위를 설명해준다. 엔터프라이즈는 저렴한 가격을 원하는 고객들의 남다른 저비용 활동 묶음으로 충족시킬 수 있었다. 남들과 다른 가치 제안은 허츠나 에이비스와 전혀 다른 가치사슬이 필요하다는 것이 엔터프라이즈의 전략적 통찰이었다.

다른 렌터카 업체들은 영업지점으로는 임대료가 비싼 공항, 기차역, 호텔처럼 여행객들이 편리한 곳을 선택했다. 하지만 엔터프라이즈는 달랐다. 대도시 전역에 퍼져 있는 소규모 사무실과 단순한 가게들을 사업장으로 택했다. 그런 관행은 설립자 잭 테일러(Jack Taylor)가 1957년 세인트루이스에서 소규모 자동차임대업을 시작할 당시 이미 적용했다. 그러나 회사가 성장하고 그들의 전략이 모습을 드러내자 전략적 논리도 자리 잡았다. 차를 인수하기 위해 공항에 가는 것보다 거주지에서 차를 렌트하려는 사람에게 그보다 더 편한 것이 없었다.

창업 초기 우연히 시작한 일들이 나중에는 주요 전략적 선택이 되었다. 엔터프라이즈 고객 입장에서는 전국 사무실 주변지역에 미국 인구의 90%가 15마일 이내에 접근할 수 있어 더 편리했다. 사무실 임대료가 낮다보니 경쟁업체보다 저렴하게 제공할 수 있었다. 엔터프라이즈는 창업 후 35년이 지난 1995년에서야 비로소 처음으로 공항에 지점을 열었다. 자동차 렌탈사업에서 일반 여행자들을 위한 최적의 가치활동 구성은 거주지 대여자들을 위한 가치활동 구성과 매우 다를 수밖에 없음을 쉽게 이해할 수 있다.

사실 포지티브 섬(Positive Sum: 서로에게 유익한) 경쟁은 분명히 가능하다. 대부분의 기업활동들을 배열하고 구성하는 데는 다양한 방법이 있기 때문이다. 집카(Zipcar)는 사무실이 전혀 없어도 사업이 가능하도록 했다. 집스터즈(Zipsters)는 고객이 유료회원으로 가입해 자동차 임대계약을 하면 일반적으로 필요한 모든 문서 작성을 없애고 파일로 정보를 편리하게 관리하고 있다. 기술을 활용해 온라인 예약시스템을 만들었기 때문에 고객서비스 담당직원이 필요없게 되었다. 집카는 지하철역 부근에 다양하게 퍼져 있는 지정된 곳에 주차한다. 무선통신칩이 내장된 특별한 집-카드로 회원들은 특정 대여시간에만 예약한 특정 자동차의 문을 열고 사용할 수 있다. 유리에 부착된 무선통신기로 사용 시간과 거리를 기록한다. 이 정보는 무선으로 회사의 중앙컴퓨터와 직접 연결된다. 집카에서 자동차 임대는 은행의 자동입출금기(ATM)에서 현금을 인출하는 것만큼 쉽고 편리하다.

각 가치 제안은 맞춤형 가치사슬로 가장 잘 구현된다

	허츠	엔터프라이즈	집카
가치 제안			
고객/니즈	집을 떠난 여행자; 일일 대여	집 주변에서 차 인수; 일일 대여	집에 있는 차량 비소유자; 시간당 대여
가격	프리미엄: 회사가 비용을 지불하는 비즈니스 여행자 또는 여가여행자	저가: 보험 또는 자가 지불	사용에 따라 유동적; 가입비와 시간당 비용
가치사슬 선택			
사무실 위치	공항, 호텔, 기차역($$$)	지하철역 주변 시내 번화가($)	없음(¢)
자동차 선택	최신 모델의 전 차종	'합리적' 자동차; 연식이 오래된 차	'멋진(cool)' 자동차
마케팅	소비자 광고($$$)	정비업체, 보험사($)	입소문, 학교와의 파트너십(¢)

그림 4-3

가치사슬의 다른 부분도 맞춤형이다. 모든 자동차 임대업체는 자동차 종류의 구성을 정해야 한다. 여가나 비즈니스 목적의 고객들은 SUV나 컨버터블처럼 특별한 모델의 차량을 원한다. 따라서 허츠나 에이비스는 '인기 모델' 차량을 보유하고 있다. 엔터프라이즈의 거주지-대여자들은 저렴한 기본 모델 차량에 만족했다. 또한 연식이 오래되어도 별로 개의치 않아 엔터프라이즈는 여행자 중심의 임대업체보다 차량을 더 오래 사용할 수 있다. 집카는 혼다의 인사이트와 BMW의 미니와 같은 환경친화적인 '멋진(cool)' 자동차들로 브랜드를 구축했다.

집카에게는 유행에 앞서나가는 회사 로고를 부착한 자동차 자체가 기업 브랜드를 알리는 움직이는 광고판 역할을 한다. 집카는 학교, 기업체 등과 많은 파트너십 관계를 맺어 신규고 객들의 호감을 샀다. 엔터프라이즈는 자신들의 가치 제안과 일 관되게 보험회사와 자동차 판매상들을 대상으로 마케팅하는데 저비용을 유지하는 하나의 중요한 방법이다. 반대로 허츠는 비 즈니스 고객과 레저여행자들을 끌어모으기 위해 고비용 소비 자 광고를 내보낸다.

포터가 전략적 포지셔닝의 핵심으로 보고 있는 "기업이 다른 종류의 가치를 다른 고객에게 전달하는 데" 초점을 맞출 때 상 당히 다른 가치사슬을 보유하게 된다(그림 4-3 참조).

차별화와 저비용을
동시에 추구할 수 있는가?

포터는 그의 경력 초기에 본원적 전략(집중화, 차별화, 저비 용 리더십)을 구별했다. 그것은 빠른 시간에 가장 폭넓게 사용 되는 핵심 전략 도구 중 하나가 되었다. 그 3가지는 각각 모든 효과적인 전략이 가져야만 하는 일관성의 가장 기본적인 수준 을 반영했다. 집중화는 기업이 서비스하는 고객이나 니즈의 폭 에 대한 문제다. 차별화는 기업이 프리미엄 가격을 받을 수 있게 해준다. 저비용 리더십은 낮은 상대적 가격으로 경쟁할 수 있게 해준다. 이런 전략 유형의 개략적 특성은 어떤 산업에서도 쓰일 수 있는 전략적 선택의 근본적인 차원들을 보여준다.

동시에 포터는 일반적인 전략적 오류에 대해 설명했다. 바로 '어중간한 상태(Stuck in the Middle)'다. 이것은 기업이 모든 고객에게 모든 것을 제공하려고 애쓸 때 발생한다. 즉, 한쪽에서는 비용우위를 가진 기업이 고객니즈를 "이 정도면 충분한 정도"로 만족시키고 다른 한쪽에서는 차별화 기업이 가치있게 여기는 특정 속성을 "더 많이 원하는" 고객을 더 잘 만족시킴으로써 양쪽으로부터 공격받게 된다.

그렇다면 회사는 차별화와 비용우위를 동시에 할 수 없다는 의미인가? 결코 그런 것은 아니다. 이것도 과거부터 이어져온 잘못된 개념이다. 포터의 가장 초창기 저서(1980)는 양립할 수 없다는 반대 증거로 가끔 인용된다. 그러나 포터는 1990년대에 가치 제안과 가치사슬의 연결에 대한 연구를 재조명했다. 그런 오해를 없애버린 연구다. 그는 "특정 제품으로 서비스되는 특정 니즈에 대해 진지한 관심을 기울이면 그런 가능한 선택과 조합들이 무척 복잡하다는 것을 알게 된다."라고 설명한다. 본원적 전략 개념은 상대적 비용과 같은 전략의 지배적인 주제에 초점을 맞추었다. 하지만 효과적인 전략은 독특한 방법으로 다양한 주제를 통합시킨 것이다. 고객니즈가 한 가지 차원인 경우는 드물다. 따라서 이 니즈를 충족시키는 전략도 한 가지 차원으로 흘러선 안 된다. 기업이 어떤 고객과 니즈를 충족시킬지 선택하고 가치사슬을 그 선택에 맞출 때 엔터프라이즈처럼 차별화와 비용우위, 그리고 집중화는 동시에 가능하다. 또는 사우스웨스트항공사처럼 '어중간한 상태'에 빠지지 않고 더 편리하면서도 비용이 더 낮은 서비스를 제공할 수 있다.

제한은 필수다

가치 제안을 선택함으로써 기업이 할 것을 제한하는 것은 전략에서 필수 사항이다. 제약 조건이 있는 덕분에 가치 유형을 가장 잘 전달하는 방법으로 활동을 맞추는 기회를 만들어내기 때문이다. 맞춤에는 항상 제한이 따르고 모든 사람에게 모든 것을 해주려고 하지 않을 때만 가능해진다. 달리 말해 제한이 가치사슬 개발을 가능하게 만드는 것이다. 다른 종류의 가치를 제공하라고 선택한, 경쟁자와 다른 가치사슬 말이다.

이것은 모든 전략에 적용되어야 하는 대단히 중요한 검증 항목이다. 만약 똑같은 가치사슬로 다른 가치 제안을 똑같이 잘 전달할 수 있다면 그런 가치 제안은 전략적 가치가 없다. 가치를 전하기 위한 맞춤형 가치사슬이 필요한 가치 제안만이 강력한 전략으로 본질적인 역할을 할 수 있다. 이것은 경쟁자를 막는 첫 번째 방어선이다.

기업이 할 것을 제한하는 가치 제안 선택은 전략에서
필수다. 그런 가치 유형을 가장 잘 전달하는 방법으로
활동을 맞추는 기회를 만들어내기 때문이다

새로운 포지션의 발견:
어디서부터 시작해야 하나?

포터는 "전략적 경쟁은 이미 구축된 포지션으로부터 기존 고객을 끌어오거나 새로운 고객을 시장으로 끌어오기 위한 새로운 포지션을 생각해내는 과정으로 볼 수 있다"라고 썼다. 이미 발생한 사례를 통해 전략을 설명할 때 가치 제안은 이 책에서 논의한 것처럼 전략의 논리적 시작점이다. 그런데 기업은 실제 상황에서는 새로운 포지션을 어떻게 찾는가? 새로운 방법으로 고객을 세분화하고 충족되지 않은 니즈를 채워줄 새로운 방법을 찾는 것은 하나의 시작점이다. 그러나 기업이 실행하는 독특한 활동 조합인 가치사슬도 똑같이 유효한 시작점이다. 사실 이것은 기업이 자신의 '강점'들을 파악하기 위한 작업과 근본적으로 같은 것이다.

미국 아칸소주에 있는 소규모 가족기업인인 그레이스(Grace

Manufacturing)를 생각해보라. 그레이스는 누구나 아는 브랜드는 아니지만 이 회사의 간판제품인 마이크로플레인(Microplane)은 단단한 치즈를 갈거나 감귤류의 껍질을 잘게 벗겨내는 도구로 요리사들 사이에서 잘 알려져 있다. 이 회사는 마이크로플레인을 수십가지 제품으로 확장하고 가정용품 분야에서 새롭게 세분화된 시장을 만들어냈다.

그레이스가 현재의 포지션을 어떻게 찾아냈는가는 상당히 재미있는 스토리다. 원래 이 회사는 프린터에 들어가는 금속 밴드 제조회사였는데 프린터기술이 발전하면서 그 부품은 점점 쓸모없어지고 있었다. 핵심제품의 종말이 임박한 상황에서 그레이스가 가진 주요 자산은 면도날처럼 날카로운 테두리의 금속 밴드를 만드는 독보적 인쇄 마스킹과 에칭(Masking and Etching) 기술이었다.

현재 최고경영자인 크리스 그레이스(Chris Grace)는 고등학생 때부터 가족사업을 위해 일했다고 회상했다. "당시 공장에서 일하면 손가락이 베일지 안 베일지가 문제가 아니라 언제 베이느냐가 문제였다. 우리는 예리한 물건을 만드는 일을 잘한다는 것을 알았다. 그래서 생각해보았다. '날카로운 것' 중 우리가 만들 수 있는 것이 무엇일까?" 전문 목수들이 사용할 수 있는 연장을 만들기로 결정했다.

마이크로플레인 브랜드 줄(Rasp)은 원래 기계톱 프레임에 장착되도록 디자인되었다. 그런데 하다보니 이 제품이 훌륭한 주방도구라는 소문이 나돌았다. 설립자 리차드 그레이스는 그의 제품이 사용되는 곳을 듣고 처음에는 실망했다. 그러나 오늘날 이 회사는 피자 커팅용 칼부터 초콜릿 강판에 이르기까지 주방에서 쓰이는 날카로운 모든 제품을 만들고 있다. 더욱이 예리한 것을 만드는 독보적 노하우를 활용해 뼈를 갈거나 임플란트용 고관절 소켓을 준비하는 정형외과 의사들에게 필요한 제품을 추가로 만들었다. '독보적인' 이라는 용어가 이 이야기의 핵심이다. 그레이스는 단지 물건을 예리하게 만드는 강점만 있는 것이 아니었다. 전략의 가장 핵심인 '그들만의 독특한 강점'을 갖고 있었다.

새로운 포지션을 발견하는 작업은 창조적 활동이다. '무엇이 최초의 통찰력의 도화선이 되는가?'는 사람과 조직에 따라 다르다. 승리 전략들을 대량으로 찍어내주는 요리책이나 전문가 시스템은 아무 데도 없다. 정의하자면 '전략은 아무도 할 수 없는 선택 조합을 만들어 독특한 뭔가를 창조해내는 것'이다.

따라서 전략이란 경쟁하는 방법으로 정의할 수 있는데 특정 용도나 특정 고객 또는 양쪽 모두에게 독특한 가치를 전하는 활동의 모음으로 반영된다. 대부분의 산업에서 전략적으로 의미있는 가치 제안들이 다양하게 나올 수 있다. 이것은 고객이나 니즈가 매우 다양하다는 것을 의미한다. 그리고 그렇게 다양한 니즈를 가장 효과적으로 충족시키기 위해선 역시 다양한 활동의 배열이 필요함을 의미한다. 포터는 한 산업 분야에서 동질 제품처럼 보이는 어떤 것을 생산할 때조차 가치사슬의 위 아래에는 수많은 차별화 기회들이 있다고 한다. 몇 가지를 언급하자면 배달, 폐기, 인증과 검사, 금융 등의 영역에서 차별화의 여지가 있다는 것이다.

모든 활동 하나하나가 독특할 필요는 없더라도 강력한 전략에는 항상 상당한 맞춤이 내포되어 있다. 기업은 경쟁우위를 구축하기 위해 독특한 가치사슬을 통해 독특한 가치를 전달해야만 한다. 기업은 경쟁자와 다른 활동을 실행하거나 비슷한 활동을 다른 방법으로 실행해야 한다.

따라서 가치 제안과 가치사슬은 전략적 선택의 2가지 핵심 요인으로 불가분하게 연결되어 있다. 가치 제안이 외부적으로 고객에게 초점을 맞춘 것이라면 가치사슬은 내부적으로 기업 운영에 초점을 맞춘 것이다. 전략은 근본적으로 통합적이고 수요와 공급을 함께 고려해야 한다.

5장

트레이드오프
전략의 핵심축

:: 앞 장에서는 전략에 대한 포터의 2가지 검증 방법을 소개했다. 독특한 가치 제안과 그것을 전달하는 데 필요한 맞춤형 가치사슬이었다. 한 가지 기억할 중요한 메시지는 바로 전략에는 선택이 필요하다는 것이다. 경쟁우위는 선택에 달려 있다. 그 선택은 경쟁자와 달라야 하고 트레이드오프(주고받기)해야 한다. 트레이드오프는 포터의 3번째 검증항목이고 지극히 중요한 역할을 수행하므로 전략의 연결고리라고 불러도 지나치지 않다. 경쟁우위를 창출하고 지속시키는 데 기여하므로 트레이드오프는 전략 요소들이 따로 놀지 않고 한 덩어리로 뭉치게 해준다.

트레이드오프의 필요성은 일반적인 생각에 역행하는 포터의 또 다른 아이디어다. 일반적인 생각에는 두 가지 오해가 있다. 첫 번째는 트레이드오프 자체다. 경영자들은 "더 많은 것이 항상 더 좋다"라고 믿는 경향이 있다. 더 많은 고객, 더 많은 제품, 더 많은 서비스는 더 많은 매출과 이윤을 의미한다. 당신은 그 모든 것을 가질 수 있다. A와 B 둘 다 할 수 있다. 하지만 뭔가 선택하느라 다른 것을 포기한다면 돈을 버리는 꼴이다. 트레이드오프하는 것은 대부분 미약함의 징조다.

두 번째 오해는 가능성 여부다. 오늘날 상상을 초월하는 변화와 초경쟁 세계에서 경쟁우위를 지속하는 것이 가능하겠냐는 것이다. 무엇이든 복제당할 수 있고 복제당하는 세상이다. 따라서 이런 세상에서 경쟁할 때 최선의 선택은 매우 일시적인 우위를 계속 찾아가는 것이다. 어디서 많이 들어본 말인가? 다시 말하지만 그런 생각이 바로 '최고가 되기 위한 경쟁'이다.

그러나 잠시 한 번 생각해보라. 그럼 그 주장은 사실과 다름을 알게 된다. 독특한 가치 제안만 선택해선 지속성을 보장할 수 없다. 당신이 가치 있는 포지션을 찾더라도 모방자들이 알아챌 것이기 때문이다. 그러나 경쟁우위는 수십 년 동안 지속될 수 있고 실제 그런 경우도 많다. 사우스웨스트항공, 이케아, 월마트, 엔터프라이즈 렌터카, BMW, 맥도날드, 애플 그리고 수많은 회사들이 그 증인이다. 이 다양한 기업들이 가진 전략의 공통점은 무엇인가? 답은 트레이드오프다.

✤ 트레이드오프란 무엇인가?

트레이드오프는 양갈래길에 해당하는 전략적 상황을 말한다. 하나의 길을 선택하면 동시에 다른 길로는 갈 수 없다. 양갈래길이 제품 자체의 특성이든 가치사슬 활동의 구성이든 상관없다. 트레이드오프는 그 선택들이 양립할 수 없으므로 둘 다 가질 수 없다는 의미다.

트레이드오프는 양갈래길에 해당하는
전략적 상황을 말한다. 하나의 길을 선택하면
동시에 다른 길로는 갈 수 없다

예를 들어 모든 항공사는 노선체계를 선택해야 한다. '대도시 거점 운항방식(Hub-and-Spoke)'을 선택하면 승객들이 더 많은 행선지로 여행할 수 있지만 많은 비용이 든다. 또는, 어디든지 갈 수 있는 편리성을 희생하는 '지점 간 경로 시스템(Point-to-Point)'을 선택할 수도 있다. 이 경우, 행선지의 수는 적지만 적은 비용으로 이용할 수 있다. 이것은 엄격히 이것 아니면 저것에 대한 선택이다. 항공사는 둘 중 하나만 선택할 수 있다. 비효율성을 감내하지 않고선 한 번에 두 가지 모두 선택

할 수 없다.

트레이드오프가 있는 곳에서는 제품이나 활동이 다를 뿐만 아니라 상반된다. 하나를 선택하면 다른 하나를 할 수 없거나 절충해야만 한다. 경쟁이란 트레이드오프로 가득 차 있다. 따라서 트레이드오프는 전략의 가장 핵심적인 속성이다.

지난 2009년 당시 약 90억 달러 매출을 올린 대만반도체(TSMC)를 생각해보라. 대부분의 창업가들이 신제품이나 새로운 서비스를 내놓는 것과 달리 대만반도체 설립자 모리스 챙(Morris Chang)은 단 하나 결정적인 트레이드오프 가치를 제대로 인식하고 기업을 세웠다. 1987년 TSMC를 시작했을 때 대부분의 다른 주요 반도체 업체들은 업계 용어로 '통합 디바이스 제조자(IDMs: Integrated Device Manufacturers)'였다. 그것은 기업이 자신들의 칩 설계와 제조를 함께 하는 것이다. 칩 제조시설은 매우 고가여서 IDMs가 초과 시설용량을 가진 경우, 자체 시설을 갖기 힘든 중소기업들에게 대여해줄 수 있었다. IDMs에게 중소기업의 이런 니즈는 뒷생각에 불과했다.

설립자 챙 박사는 그런 상황이 중소기업들에게 상당한 딜레마임을 깨달았다. 한편으로 스스로 공장을 가질 여력이 없었고 다른 한편으로 IDMs에 주는 외주 생산으로 가장 소중한 자산인 지적재산권을 위험에 빠뜨릴 수 있었다. 중소기업은 IDMs가 그들의 칩 디자인을 도용할까봐 두려움에 떨며 지냈다.

모리스 챙은 하나의 대형 트레이드오프를 감수하려고 했다.

다른 칩 설계업체들을 위한 제조업체가 되려고 한 것이다. 즉, TSMC는 자신들의 칩을 직접 디자인하는 사업에서 손뗀다는 결정이었다. 그 하나의 핵심적인 결정으로 챙 박사는 이해관계가 부딪히는 문제를 해결했다. 고객들과 경쟁하는 대신 그들을 위한 제조업체가 되겠다는 것이었다. 그렇게 고객들을 위해 더 큰 가치를 만들어냈다. 물론 이 근본적인 정책의 선택은 TSMC 활동 시스템이 다른 경쟁업체와 다른 가치사슬을 갖고 있었다는 의미다.

이런 트레이드오프가 TSMC 경쟁우위의 원천이었다. 그리고 경쟁우위는 단지 잘하는 그 무엇이 아니라 실제로 손익에 반영되는 것임을 기억하라. 제조에만 집중함으로써 모리스 챙은 상대적으로 낮은 비용을 달성했다. 그의 제조비용은 다른 IDMs 경쟁업체보다 낮았다. 제조와 더불어 지적재산을 보호해 줌으로써 고객들은 TSMC가 창출한 부가가치에 기꺼이 더 많은 금액을 지불하고자 했다.

일반적으로 강력한 전략은 하나가 아닌 다중 트레이드오프를 필요로 한다. 최고의 전략은 가치사슬상 거의 전 과정에서 트레이드오프를 가진다. 이케아(IKEA)를 주의 깊게 생각해보라. 스웨덴 가정용가구 분야의 거인 이케아가 제시하는 가치제안은 '낮은 가격에 좋은 디자인과 기능을 제공'하는 것이다. 타깃고객은 이케아의 용어로 '얇은 지갑을 가진' 즉, 돈이 많지 않은 사람들이다. 독특한 유형의 가치와 그것을 제공하는 데 필요한 활동 선택을 위해 이케아는 일련의 제한사항을 받아들였다. 즉, 모든 고객의 모든 니즈를 충족시키지 않는 것이다.

가정용 가구를 생산하고 판매하는 프로세스의 모든 부가가치 단계에서 이케아는 내가 '전통적'이라고 부르는 타 가정용 가구 소매점과 다른 선택을 했다. 다음의 내용을 살펴보라.

- **제품 디자인:** 이케아의 가구는 모듈식으로 만들어져 곧바로 조립할 수 있다. 전통적인 가구소매점은 완전히 조립된 가구를 판매한다. 이 두 가지는 이것 아니면 저것을 선택해야 하는 핵심적인 트레이드오프다. 즉, 가구의 각 부분들이 완전히 조립되어 있든지 아니든지 둘 중 하나다. 이케아는 대부분의 타 업체들과 달리 제품 디자인을 직접 한다. 자체 디자인팀을 운영하는 선택으로 모든 제품의 스타일과 비용면에서 여러 종류의 중요한 트레이드오프를 할 수 있다. '30달러에 판매할 제품라인을 위한 커피 테이블을 디자인하라'와 같이 디자이너에게 분명한 한계가 있는 구체적인 목표를 준다. 여기에는 몇 가지 분명한 트레이드오프가 들어 있다. 낮은 비용으로 좋은 디자인을 할 수는 있지만 예를 들어 값비싼 무늬목 단풍나무로 30달러짜리 커피 테이블 또는 최고급 가죽으로 40달러짜리 의자를 만들 방법은 없다. 이케아는 각 제품에 대해 분명한 트레이드오프를 하도록 디자이너에게 역할을 맡겼다.

- **제품 다양성:** 전통적인 소매점들은 가구 스타일에서 폭넓은 선택권을 제공한다. 미국 식민지시대 스타일부터 프랑스 시골풍의 스타일 나아가 명나라 시대 스타일에 이르기까지 또한, 수백 종류의 직물을 선택할 수 있게 해준다. 그러나 제품의 넓은 범위와 맞춤 변형은 비용을 증가시킨다. 이케아의 트레이드오프는 스칸디나비아와 파생가구 스타일에 국한된 좁은 범위의 스타일, 마감과 천의 종류도 3~4가지만 제공한다. 결과적으로 이케아는 제품의 복잡성을 최대한 피하고 글로벌 규모로 생산해 효율성을 갖춘 제3의 제조업체에게 대량주문할 수 있다. 5가지 세력을 적용해보면 이케아는 공급자에게 유리한 가격에 협상할 수 있는 골리앗이다.

- **매장 내 서비스:** 전통적인 소매점들은 영업사원을 활용해 가정용가구 구매 시 고객을 위한 수백 가지 선택을 도와준다. 그러나 영업사원을 배치하면 비용이 증가한다. 여기 다른 분명한 트레이드오프인 양자택일법이 있다. 매장에 영업사원을 배치할지 여부의 선택이다. 2가지 방법을 동시에 취할 수는 없다. 이케아는 이 트레이드오프에 대해 분명한 입장을 취했다. 고객들이 셀프서비스하면 낮은 제품가격으로 보상받을 것이라는 메시지를 보내는 것이다. 매장 내 카페조차 그런 메시지를 강조한다. 매장 여기저기의 표지판들은 고객들이 식사 후 자신들이 사용했던 테이블을 깨끗이 치움으로써 낮은

가격을 지불한다는 사실을 설명해준다.

▪ **배송과 매장 디자인:** 전통적인 가구판매점은 제조사나 물류창고에서 고객 가정으로 구매품을 배송한다. 이케아는 고객 스스로 배달하도록 함으로써 구매자에게 배송기능을 아웃소싱하는 대신 가격을 낮추어준다. 또한 매장 디자인과 위치에서 수많은 트레이드오프를 통해 고객이 영업사원의 도움없이 스스로 쇼핑하기 쉽도록 만들었다. 고객은 이케아의 수많은 전시품 중 좋아하는 물품을 보면 제품번호를 기록한다. 마지막 전시구역을 지나 계산대에 이르기 전 매우 넓은 창고를 통과하게 된다. 그곳에는 조립 준비가 된 가구가 납작한 박스(플랫팩)에 포장되어 선반에 쌓여 있다. 자신이 전시품 중 기록한 품목번호를 보고 해당 제품박스를 이케아가 특별히 디자인한 쇼핑 카트에 담는다. 계산을 끝내고 밖으로 나가 주차장으로 간다. 이케아는 고객이 자동차로 편리하게 올 수 있고 수많은 자동차의 무료주차가 가능한 지역(미국의 경우, 도심지는 절대 아님)을 매장으로 선택한다. 판매하는 모든 제품을 전시하고 재고를 보유할 대형 매장을 만든다. 일부 품목만 전시하는 작은 매장은 절대 없다.

▪ **플랫팩과 경쟁우위:** 이케아 역사상 초창기부터 전해오는 소문에 의하면 고객이 구입한 제품을 자동차에 직접 싣고 가정으

로 운반할 수 있도록 직원이 테이블 다리를 빼버렸다고 한다. 플랫팩이 탄생한 '유레카' 순간이다. 조립되지 않은 상태로 가구를 박스(플랫팩)에 넣어 팔았기 때문에 고객의 '자가배송'이 가능했다. 나아가 공간절약형 플랫팩은 물류비를 엄청나게 낮추어 주었다. 이케아는 조립가구보다 6배나 많은 제품을 화물트럭에 실어 매장으로 운송 할 수 있다.

이런 통찰은 결국 경쟁우위의 원천이 되었다. 즉, 가치사슬상 활동 차이가 경쟁업체와 비교해 저비용의 결과를 낳았다. 플랫팩의 가구운송 비용은 조립 가구보다 엄청 낮았다. 따라서 이케아는 더 낮은 가격을 책정하고도 수익을 낼 수 있다.

플랫팩에는 다른 이점도 있다. 구매품을 기꺼이 집으로 직접 운반하려는 고객들은 낮은 가격뿐만 아니라 가구 구입 후 배송될 시간을 기다리지 않고 구입 당일 바로 사용할 수 있다. 또한 운반 시 생기는 손상위험도 훨씬 낮다. 그것은 비용우위 외에 다른 우위를 더해주고 고객만족도도 높인다.

내가 맨 처음 샀던 소파를 잊을 수 없다. 구입 후 6주나 기다려 배송된 소파 천에 찢긴 부분이 있었다. 제조업체로 다시 반품하는 데만 수 시간이 걸렸다. 그리고 또다시 6주 후 교환품이 도착했다. 내게는 유쾌한 경험이 아니었고 공급자에게도 많은 비용이 드는 과정이었다. 최근 매우 흥미로운 연구에서 '이케아 효과'를 발견했다. 즉, 사실상 자가조립은 소비자가 기꺼이 지불하려는 가격을 더 낮추기보다 높인다고 한다.

고객가치를 높이는 동시에 비용을 낮출 수 있다면 전혀 나쁠 것 없지 않나!

이제 비용과 가치면에서 한 가지 트레이드오프로 인해 생기는 모든 누적효과를 생각해보자. 즉, 완전 조립된 가구를 배송하거나 플랫팩에 담겨 운송되도록 디자인해 고객이 집에서 조립하는 경우 말이다. 마이클 포터는 다음과 같이 말한다. "당신에게 전략이 있다면 그 전략을 손익계산서와 직접 연결할 수 있어야 한다." 이케아는 바로 그 연결의 예다.

당신에게 전략이 있다면 그 전략을 손익계산서와 직접 연결할 수 있어야 한다

맞춤형 선택들은 이케아의 가치사슬 구석구석에 스며들어 있다. 독특한 가치 형태를 만드는 이런 수많은 선택들은 경쟁자의 선택과 양립할 수 없을 정도로 완전히 다르다. 즉, 경쟁자가 자신의 고객을 위한 가치를 타협하거나 손상시키지 않고 이케아의 가치사슬을 복제할 수 없다는 의미다. 이것들은 이케아가 그들의 가치 제안(좋은 디자인과 낮은 비용)을 현실화시켜주는 진정한 양자택일 선택들이다.

✦ 왜 트레이드오프가 발생하는가?

트레이드오프는 여러 가지 이유로 발생한다. 포터는 3가지를 강조한다. 첫째, 제품 특성상 호환성이 없기 때문일 수 있다. 즉, 특정 유형의 니즈를 가장 잘 만족시키는 제품이 다른 종류의 니즈는 제대로 충족시킬 수 없는 경우다. 이케아의 대형 매장은 '신속한 출입'을 선호하는 구매자들에게는 악몽이나 다름없다. BMW의 '최고의 자동차'는 값싸고 기본적인 운송수단을 찾는 자동차 구매자들의 니즈에 맞출 수 없다. 맥도날드의 신속하고 값싼 햄버거는 농장에서 직송되는, 건강에 좋은 신선 성분을 원하면서 국내산 식품만 먹는 사람들을 충족시키기에 불충분하다.

둘째, 활동 자체에도 트레이드오프가 있을 수 있다. 달리 말해 특정 가치를 가장 잘 전달하는 활동 구성이 다른 가치들은 그만큼 잘 전달할 수 없다. 예를 들어 소규모 맞춤형 제품을 만들도록 디자인된 공장은 대규모 생산 공정이나 표준제품 생산에 효율성이 떨어진다는 사실은 확실하다. 한 시간에 한 번 공급하도록 맞추어진 물류 시스템으로 일주일에 한 번 공급한다면 좋은 방법이 아니다. 트레이드오프는 경제적 파급효과가 있다. 만약 어떤 활동이 쓰임새에 비해 과하게 디자인되거나 부족하다면 가치가 파괴될 수 있다. 초특급 호텔 포시즌스 컨시어지(관리인)가 제공하는 서비스에 만족한다면 당신은 호텔이 고객에게 높은 수준의 서비스를 제공하는 '활동들'을 잘 설계했다는 것을 알 수 있다. 그런 종류의 가치를 만들기 위해선 적합한 사람을 고용하고 훈련시키는 데 비용이 들어간다. 만약 호텔 직원의 도움이 거의 필요없는 투숙객들이 많은 상황에서 똑같은 컨시어지를 투입하면 수준 높은 서비스를 만드는 데 투입된 비용의 일부는 낭비될 것이다.

세째, 또 다른 트레이드오프의 원천은 이미지나 명성의 불일치다. 예를 들어 이태리 스포츠카 제조업체 페라리가 미니밴을 출시하는 것을 상상할 수 있는가? 기업들은 확장에 대한 열정을 앞세우다가 가끔 이미지 측면에서 그런 불일치 활동을 맹목적으로 시도한다. 수십 년 동안 소매점 시어즈(Sears)는 품질 좋은 공구들과 기기를 구입할 수 있는 유일한 장소로 명성을 쌓아왔다. 브로커(주식중개)회사 딘 위터(Dean Witter)를 인수하고 전기톱뿐만 아니라 투자상품 판매도 시도했을 때 고객들은 시어즈의 새로운 이미지를 옛 이미지와 조화시킬 수 없었다. 그 결과, 기업 확장 역사상 엄청난 실패 사례 중 하나가 되었다. 아무리 잘 하더라도 이런 불일치는 고객을 혼란에 빠뜨린다. 최악의 경우, 기업의 신용과 명성을 약화시킨다.

따라서 트레이드오프에는 수많은 이유가 있다. 경쟁 구석구석에 스며들어 있다. 트레이드오프는 선택을 필요하게 만들어 전략을 가능하게 한다.

⚜ 진정한 트레이드오프는 모방자를 궁지로 몰아넣는다

당신이 성공적인 성과를 내고 있고 경쟁자들이 방심하지 않고 있다면 그들은 당신의 방법을 복제하려고 할 것이다. 그러나 트레이드오프로 그것을 막을 수 있다. 그 특성상 트레이드오프는 전략을 지속가능하게 해주는 선택들이다. 경쟁자가 당신의 전략을 모방하거나 무효화시키기 쉽지 않기 때문이다. 트레이드오프가 없다면 아무리 좋은 아이디어도 복제당할 수 있다. 제품 특성들은 모방할 수 있다. 서비스도 복제가능하다. 가치를 전달하는 방법도 복제가능하다. 그러나 트레이드오프가 있다면 모방자는 경제적 불이익을 감당해야만 한다.

별로 빠르지 않은 패스트푸드

맥도날드는 패스트푸드 업계 선두주자로 속도와 일관성을 중심으로 포지셔닝했다. 모든 가치사슬상 활동들은 그 가치 제안을 잘 실현하는 데 맞추었다. 그러나 맥도날드는 1990년대 후반 성장에 문제가 있었다. 제품 출시 실패와 시장포화 상황을 맞으며 경쟁업체 버거킹과 웬디스의 전략에 대응할 필요가 있다고 판단했다. 예를 들어 '피클 없는' 버거처럼 고객들이 원하는 옵션 메뉴를 구성하는 것이었다. 맥도날드는 '당신을 위한 맞춤(Made for You)' 캠페인을 도입하고 전 매장의 조리시설을 새로 단장하는 데 거액을 들였다. 전체 비용은 거의 5천만 달러로 추정된다.

하지만 '당신을 위한 맞춤'은 다른 비용을 발생시켰다. 개개인의 요구에 맞추어 음식을 준비하려면 시간이 더 걸렸다. 그리고 고객에게 더 많이 맞추어줄수록 일관성을 유지하기 어려웠다. 속도, 일관성, 맞춤과 같은 고객서비스가 각 트레이드오프를 수반한다고 생각한다면 당신은 제대로 초점을 잡은 것이다. 더 많은 맞춤 서비스는 속도와 일관성의 저하를 의미한다. 더욱이 구매 시점에서 고객들의 다른 주문들을 준비하게 되면서 바쁜 점심시간에 맞추어 식당이 미리 음식을 준비할 여지가 사라졌다. 궁지에 몰린 맥도날드 프랜차이즈 식당들은 진퇴양난에 빠졌음을 깨달았다. 주방직원들을 추가 고용해 수익 하락을 감당하거나 장시간 고객을 기다리게 해 화나게 만드는 위험을 감수해야만 했다. 맥도날드는 값비싼 대가를 치르고서야 비로소 트레이드오프에 대해 배우게 되었다. 자신들의 전략이 손상을 입지 않은 채 버거킹의 전략을 복제할 수는 없었다.

포터는 맥도날드가 시도한 전략을 '양다리 걸치기(Straddling)'라고 부르는데 그것은 전략 모방의 가장 일반적인 방식이다. 용어가 암시하듯 '양다리 걸치기 기업'은 자신의 기존 위치를 유지하면서 다른 기업이 성공적인 위치에서 얻는 혜택을 가지려고 애쓴다. 다시 말해 '양다리 걸치기 기업'은 모든 것을 가지려고 노력한다. 즉, 양쪽 장점을 모두 얻기 위해 새로운 특성, 서비스, 기술을 기존 수행 중인 활동 시스템에 이식시킨다. 전략의 세계는 양자택일이다. 양다리 걸치기 기업은 둘 다 할 수 있는 세계로 탈출할 수 있다고 생각한다. 그러나 그것은 항상 희망 사항에 불과하다.

<u>영화: 온라인 직접 공급과 소매점 유통</u>

더 일반적인 예는 블록버스터(Blockbuster)다. 미국 최대 비디오 대여업체 블록버스터는 넷플릭스(Netflix)의 성공적인 성장으로 인해 위기에 직면했다. 넷플릭스 구독회원들은 집에서 온라인으로 편히 주문하고 우편으로 비디오를 받아보았다. 기술 발전 덕분에 나중에는 직접 다운로드도 가능해졌다. 블록버스터와 넷플릭스는 트레이드오프가 있는 2가지 가치사슬이 필요한 2가지 가치 제안이다. 넷플릭스가 보유한 50개 이상의 지역별 물류창고는 최첨단 유통시스템 구축 덕분에 블록버스터가 보유한 5천 개 이상의 지역 점포보다 더 다양한 영화 라이브러리를 공급할 수 있다. 블록버스터는 자신들의 가치 제안에 넷플릭스의 가치 제안을 더해 2가지 방법을 모두 시도하지만 실패하고 만다. 트레이드오프는 한 번에 두 가지 방법으로 동시에 경쟁하려는 기업들에게 실질적인 경제적 불이익을 가져다준다.

항공업계에서 양다리 걸치기

영국항공(BA: British Airways)이 저가항공사들의 밀물공세에 맞서 자신의 영역을 지키기로 결정했을 무렵 다른 회사들의 실수에서 배울 수 있는 이점이 있었다. 가장 최근 항공업계에서 몇 가지 주목할 만한 양다리 걸치기의 실패 사례가 있었다. 그 중 하나는 콘티넨탈항공이 일부 노선에서 풀 서비스를 제공하고 다른 노선에서 저가운항을 시도한 것이었다. 한 번에 두 가지 방법으로 경쟁하면 비용이 너무 증가하고 복잡해진다는 사실을 깨달았다.

영국항공은 그 교훈을 가슴에 새겼다. 즉, 같은 사업에서 뚜렷한 2개 위치를 차지할 계획인 경우, 트레이드오프를 건너뛰는 유일한 방법은 분리된 조직을 만들어 각 조직이 자유롭게 맞춤형 가치사슬을 선택하도록 하는 것이다. 영국항공의 경험에서 보면 조직을 분리하는 경우조차 그것을 제대로 실행하는 것이 매우 어렵다는 것을 알 수 있다.

영국항공은 새로운 자회사 '고 플라이(Go Fly)'에게 자체 경영팀, 브랜드, 노선 네트워크 등에서 독립적인 정체성을 구축하는 것을 허용했다. 그럼에도 불구하고 영국항공은 경쟁업체인 미국 항공사들처럼 일부 동일한 트레이드오프에 갇히게 되었다. 자신들의 프리미엄 명성을 혼동시키고 고객들에게도 혼란을 가중시켰다. '고 플라이'의 원래 광고 슬로건은 '영국항공이 만든 새로운 저비용 항공(The New Low-Cost Airline from British Airway)'이었다. 그들은 경쟁업체 '라이언에어(Ryanair)' 보다 주요 도시에서 더 가까운 공항들을 선택했다. 그 공항들은 더 많이 붐비고 연착 가능성도 컸다. 또한 대부분의 저가항공사들과 달리 승객에게 지정석을 배정하고 고급 기내식 공급업체와 용역 계약을 맺었다.

영국항공은 예상보다 큰 손실을 입고, 저가항공사를 운영하는 것은 기존 프리미엄 항공사의 포지셔닝과 모순이라는 결론을 내렸다. 영국항공은 '고 플라이'를 사모투자펀드 '3i'에 매각했다. 영국항공으로부터 자유로워진 '고 플라이'는 영국항공 고객을 확실한 타깃으로 삼아 공격적인 광고 마케팅을 선보였다. 그리고 불과 1년 후, '3i'는 몸집을 키운 '고 플라이'를 매입 가격의 4배에 저가항공 경쟁업체인 '이지젯(EasyJet)'에 재매각했다.

트레이드오프는 '양다리 걸치기' 기업을 어렵게 만든다. 그러나 양다리 걸치기가 타 기업을 복제하는 유일한 방법은 아니다. 아예 포지셔닝을 바꾸는 방법(리포지셔닝)도 있다. 기존 위치로 더 이상 성공할 수 없다면 타 기업의 전략을 모두 복사해 자신을 재위치화시킬 수 있다. 이 방법은 당연히 실행하기 매우 어렵다. 새로운 명성과 일련의 지원활동과 스킬을 구축하고 기존 방법을 해체해야 한다. 놀랄 것도 없이 그런 리포지셔닝은 극히 드물고, 드물 수밖에 없다. 리포지셔닝은 전략을 쓰는 기업은 한참 앞서가는 경쟁업체와 같은 경주를 벌여야 하기 때문이다.

품질과 비용 사이의 트레이드오프: 참인가 거짓인가?

흔히 '돈낸 만큼 받는다'라는 말은 경영학적 사고에서 가장 오래된 기본적인 트레이드오프 관계를 보여준다. 품질을 높이려면 많은 비용이 든다. 반대로 비용을 줄이면 품질도 떨어진다. 그것은 분명하고 영원한 진리였지만 1980~1990년대 일어난 품질개선운동으로 사실이 아닌 것처럼 보였다. 품질개선운동은 '품질은 공짜'라는 슬로건과 함께 일본에서 거세게 일어나 세계 곳곳으로 퍼졌다. 너도나도 기업들은 비용을 줄이는 동시에 품질도 개선할 수 있음을 깨달았다. 품질과 비용의 기본적인 트레이드오프 관계가 깨지는 것처럼 보였다.

고품질과 저비용은 동시에 가능한가? 품질은 공짜인가? 마이클 포터는 그것을 '위험한 반쪽 진실'이라고 부른다. '맞다, 하지만'이라는 뜻이다. 고품질이 결함과 낭비를 없애는 경우라면 품질은 공짜가 맞다. 그것은 잘못된 트레이드오프를 다루므로 그런 트레이드오프는 깨져야 한다. 일반적으로 가짜 트레이드오프는 조직이 운영효율성에서 떨어질 때 발생한다. 전략에 특화된 것이 아닌 일반적인 활동 수행에서 뒤처지는 경우다.

1990년대 렉서스(Lexus)는 캐딜락(Cadillac)보다 낮은 가격에 '더 많은 고급 기능(Luxury)'을 제공할 수 있었다. 캐딜락 제조업체 제너럴 모터스가 당시 모범경영 관행에서 한참 뒤처져 있었기 때문이다. 오늘날 미국 의료업계에서 의료서비스 질을 개선하는 동시에 비용을 절감할 절호의 기회를 믿기 때문에 이 분야야말로 '품질은 공짜'라는 슬로건이 사람들의 주의를 환기시키는 유용한 슬로건이 될 것이다.

혁신의 등장으로 기존 트레이드오프가 쓸모없어진 경우도 있다. 신기술과 새로운 경영기술 등의 혁신으로 비용절감과 성과개선을 동시에 이룰 수도 있다. 하지만 그 혁신으로 인해 상황을 근본적으로 바꾸거나 애당초 기업이 효율성에서 뒤처질 때만 품질은 공짜다. 그러나 기업들이 실행 면에서 타 기업들을 따라잡고 성과를 낸다면 그때부터 실질적인 트레이드오프에 직면하게 된다. 즉, 품질개선은 새로운 특징을 더하거나 더 좋은 원자재를 쓰거나, 더 좋은 서비스를 제공하는 것을 의미한다.

예를 들어 자동차 좌석을 천에서 가죽으로 업그레이드하거나 GPS 기능을 추가하는 것이다. 이때 품질은 당연히 공짜가 아니다. 제품에 중요한 특징을 더하거나 서비스를 개선하거나 더 좋은 판매 지원을 해주는 품질개선에는 항상 비용이 들어간다. 이때 트레이드오프는 실제 상황이며 꼼짝달싹할 수 없는 것이다.

분명히 말하지만 낮은 가격을 중심으로 만들어진 가치 제안이라고 해서 낮은 가격 이외의 다른 소비자가치를 동시에 제공하지 못한다는 뜻은 아니다. 품질요소인 이케아의 디자인은 이케아가 원자재와 제조, 물류비를 통제하는 한, 저비용과 상충되지 않는다. 또 다른 품질요소인 사우스웨스트항공의 편의성도 저비용과 함께 일관되게 제공된다. 잦은 운항 횟수는 항공기와 지상직원들의 사용효율성을 향상시켜 실질적으로 사우스웨스트항공의 비용우위를 강화시켜준다. 그리고 그렇게 지정석이 없거나 수하물을 다른 항공편으로 옮겨주지 않는 등 편리하게 자주 출발할 수 있는 것은 사우스웨스트항공이 비용을 줄이기 위해 선택한 결정들이 지상에서 쓰는 시간을 단축해주기 때문에 가능해진다. 영리하게도 사우스웨스트항공은 그런 트레이드오프를 유리하게 활용해 승객들이 불편하게 느낄 수 있는 것들이 오히려 편리성과 빈번한 출발이라는 서비스 품질을 높인다는 점을 강조한다. 그러나 지정석 제도나 탑승객이 다리를 뻗을 만한 여유 공간 좌석 확대, 도자기 그릇에 담겨 제공되는 기내식 같은 항공사의 또 다른 품질 면에는 실질적인 비용이 들어가기 때문에 선택하지 않는다.

관리자들이 일반적인 활동들을 효율적으로 실행하는 데 관심 있다면 트레이드오프를 받아들이지 않고 품질도 높이면서 낭비를 줄이는 방향으로 갈 수 있다. 그러나 전략으로 넘어오면 독특한 포지셔닝을 위해 트레이드오프가 필수불가결하다.

예를 들어 플랫팩의 가치에 대한 이케아의 통찰과 같은 트레이드오프를 찾는 것은 전략 수립에 필수적이다. 전략이 지속가능하려면 트레이드오프를 유지, 강화시키고 더 확실한 양자택일을 해야 한다.

주택 개조: 남성 대 여성

로우스(Lowe's)는 새로운 포지셔닝의 필요성을 인식했을 때 좀 더 전략적인 길을 택했다. 주택 개조 소매업(Home Improvement)은 1980~1990년대 홈 디포(Home Depot)의 엄청난 성공으로 유명해진 비즈니스 카테고리다. 홈 디포의 최초 가치 제안은 다음과 같다. 주로 남성고객들에게 '직접 만드세요(DIY:Do It Yourself)' 방식의 주택 개조에 필요한 자재나 조언을 기존 방법인 건축업자나 철물점에서 구입하는 것보다 저가에 공급했다. 홈 디포는 평균 13만 입방피트 이상의 창고형 매장에서 비교할 수 없을만큼 다양한 품목을 선택할 수 있도록 했다. 주로 기술자 출신의 잘 훈련된 영업사원들은 쇼핑고객들에게 대형 매장을 안내하며 구매에 대한 조언을 해주었다. 홈 디포는 자기 집을 직접 고치는 사람들뿐만 아니라 소규모 건축업자들도 타깃이었다. 두 대상 모두에게 홈 디포는 상품 구색과 낮은 가격 면에서 매력있었다.

당신의 경쟁전략은 무엇인가?

홈 디포의 가치 제안은 매우 매력적이었고 경쟁우위도 압도적이어서 전형적인 지역체인점으로 2만~3만 평방피트 규모의 매장을 보유한 수많은 경쟁업체들을 물리쳤다. 1988년까지 로우스는 미국 최대 'DIY' 방식의 주택 개조 체인업체였지만 임박한 재앙의 조짐을 알아차릴 수 있었다. 새로운 전략이 없으면 홈 디포 성공의 또 다른 피해자가 될 수밖에 없었다.

홈 디포의 저가공세에 맞서기 위해 로우스는 그들의 대형 매장 방식을 복제했다. 동시에 홈 디포가 충족시키지 못하는 고객니즈를 알아냈고 그것이 그들의 독특한 전략의 기초가 되었다. 로우스는 수천 명의 고객을 조사해 남성이 아닌 여성이 주택 개조 프로젝트의 주요 원동력이라는 사실을 알게 되었다. 특히 디자인이나 패션 관련 사안이 그랬다. 그런 통찰은 로우스의 새로운 가치 제안의 기초가 되었다.

여성고객들의 니즈에 집중함으로써 제품 구색과 진열에서 수많은 트레이드오프를 발견하게 되었다. 로우스는 여성고객들에게 어필하는 전략으로 가정용 패션, 주방, 잔디밭과 정원, 장식용제품, 가전제품에 더 많은 비중을 두었다. 로우스는 공통품목에서는 홈 디포와 가격경쟁을 벌였지만 영업이익이 더 많이 남는 독특한 패션 아이템을 더 많이 제공하려고 애썼다.

트레이드오프는 전략을 지속가능하게
만들어주는 선택이다. 트레이드오프는
모방하거나 상쇄시키기 쉽지 않기 때문이다

　홈 디포처럼 선반이나 진열대 위에 제품더미를 진열하지 않
고 로우스는 주방, 창문장식 등 제품들을 집에서 보이는 그대
로의 모습으로 전시하는 방법을 창안해냈다. 이 트레이드오프
는 공간효율성이 낮지만 타깃고객들에게는 더 적합한 방법이
다. 로우스 매장은 창고 분위기에서 벗어나 낮은 천장, 밝은 조
명, 멋진 선반으로 꾸몄다. 여성고객을 겨냥한 그런 매장 형식
을 가치 제안에 적합하도록 유지하기 위해 로우스는 또 다른
중요한 트레이드오프를 했다. 즉, 소규모 건축업자들을 상대하
기 위해 별도 사업부와 시설을 구축했다.

　구색 맞추기와 쇼핑 경험과 관련된 그런 의사결정으로 로우
스 매장은 홈 디포보다 더 자주 더 적은 수량을 재고로 채워야
했다. 그것은 비용을 높이는 중요한 트레이드오프다. 홈 디포와
로우스는 각자 상품을 매장에 보충하는 방식에서 그들만의 맞
춤형 방식이 있다. 핵심은 바로 로우스가 홈 디포의 모든 것을
복제하려고 하지 않았다는 사실이다. 그들은 다른 가치사슬로
다른 포지션을 개척했다. 그 결과, 특정 고객과 특정 니즈는 로

우스가 더 잘 맞추어주고 다른 고객과 니즈는 홈 디포가 더 잘 맞추어줄 수 있다. 양쪽 전략이 모두 효과가 있는 것은 그들을 이행하는 데 필요한 다양한 트레이드오프들이다. 로우스는 홈 디포와 호환되지 않는 선택으로 자신의 경쟁우위를 차지했고 홈 디포도 마찬가지다.

지난 2000년 초반 로우스는 작은 기반에서 시작해 매출과 이윤 면에서 홈 디포보다 더 빨리 성장했다. 일부 분석가들은 로우스를 성급히 '승자'로 지명한다. 포터에게 그런 행위는 파괴적인 제로섬 사고방식이다. 독창성으로 승부하려는 기업에게 방해만 될 뿐이다. 홈 디포는 당시 일부 성과상 문제가 있었지만 형편없는 매장 운영이 그 원인이었지 뒤떨어지는 전략이 원인은 아니었다.

로우스는 홈 디포의 성공요인 중 주택 개조업계의 모든 기업들에게 핵심이 되는 한 가지를 매우 영리하게 복제했다. 아울러 자신만의 독특한 포지셔닝에도 매우 영리했다. 두 기업 모두 번창하는 데 충분한 시장이 있었기 때문에 각자 자신의 길을 추구할 수 있었다. 하지만 최근 홈 디포가 로우스를 복제했다. 예를 들어 여성고객들에게 어필하기 위해 마사 스튜어트(Martha Stewart)의 '홈 데코 라인(Home Deco Line)'을 판매 품목에 추가했다. 이런 식의 모방이 지나치면 핵심적인 트레이드오프를 약화시키고 경쟁우위도 약화시키게 된다.

✤ 해선 안 될 일 선택

트레이드오프에서는 '해야 할 일'을 선택하는 것만큼 '해선 안 될 일'을 선택하는 것도 중요하게 만든다. 서비스해야 하는 니즈와 제공해야 하는 제품을 결정하는 것은 전략개발에서 분명한 핵심이다. 그러나 서비스하지 말아야 하는 니즈를 결정하는 것도 매우 중요하다. 그리고 제공하지 않을 제품, 특성, 서비스도 마찬가지다. 그리고 그 다음 정말 어려운 부분은 그 결정들을 고수하는 것이다.

기업들은 시간이 지나면서 자신들의 제품에 기능과 특성을 계속 추가하려는 경향이 있다. 그리고 그것이 고객기반 확대와 매출 증대에 도움이 되길 바란다. '다다익선' 심리는 거스르기 어렵다. 계속되는 특성 추가 경향을 초래하는 논거는 모든 사람에게 너무 친숙하다. 즉, 특성을 추가하는 데 드는 비용의 증가는 미미하다; 매출을 신장시켜야 한다; 우리는 경쟁업체가 제공하는 데 대응해야 한다; 고객들은 그것이 바로 그들이 원하는 것이라고 말한다.(비영리기관에게는 거액기부자 유치를 위해 착수한 애당초 사명에서 벗어나는 프로젝트와 같이 미션을 추가하려는 경향이 비슷한 문제다.)

그것은 '최고가 되기 위한 경쟁'을 초래하는 파멸의 길이다. 모든 사람에게 뭔가 제공하려고 하면 경쟁우위를 뒷받침하는 트레이드오프에 소홀해지기 마련이다. 어디서나 여러 해 동안 경쟁우위를 지키는 조직을 찾을 수 있다면 해당 기업이 경쟁업체의 수많은 맹공에 맞서 자신의 핵심 트레이드오프를 꿋꿋이 방어했기 때문이라고 확신해도 좋다.

모든 사람에게 뭔가 제공하려고 하면 경쟁우위를 뒷받침하는 트레이드오프에 소홀해지기 마련이다

종종 그런 맹공은 업계를 휩쓸어치는 새로운 트렌드라는 모습을 취할 때가 있다. 1950년대 전자레인지, 순간 냉동, 인공향료 등과 같은 신기술의 물결은 식품업계의 모습을 완전히 바꾸어놓았다. 금방 만든 신선한 음식을 표방하는 LA의 '인 앤 아웃 버거(In-N-Out Burger)는 최신 유행을 따르지 않기로 했다. 맥도날드와 타 경쟁업체들이 얼린 고기패티(고기를 다져 둥글납작하게 빚은 것)로 바꿀 때 그 기업 창시자 해리 스나이더(Harry Snyder)는 그 상황에서 반대쪽 길을 선택했다. 그는 오히려 믿을 수 있는 신선한 쇠고기 공급을 위해 도축업자를 직접 고용했다.

1990년대 후반 대부분의 종합증권사들은 허겁지겁 온라인 거래를 개시했다. 4장에서 소개된 에드워드 존스만 빼고 그런 경향에서 낙오되고 싶은 곳은 아무 데도 없었다. 에드워드 존스는 평범한 보수적 투자자들과의 장기적인 관계를 중심으로 독특한 전략을 구축했다. 그들은 증권업계가 일반적으로 무시하던 고객 유형에 속한다. 에드워드 존스는 소매사무실을 많이 열어 조밀한 네트워크를 구축했다. 그들이 선택한 고객들은 얼굴을 직접 맞대고 상담하길 원했고 콜센터의 처음 듣는 목소리를 듣고 싶어 하지 않았다. 에드워드 존스는 개인화된 서비스 외에 고객들이 단순하면서도 보수적인 금융상품들을 안정적이고 위험이 적은 장기 보유 전략과 결합시키는 데 가치를 둔다는 사실을 이해하게 되었다.

호황기였던 1990년대 업계와 언론계, 심지어 내부직원들로부터 온라인 거래방식을 추가하라는 심한 압력이 있었다. 에드워드 존스는 시대에 뒤떨어진다는 비판을 받았지만 경영팀(존스는 증권업계 최후의 파트너십으로 운영되는 업체 중 하나였다)은 자기 위치를 고수했다. 트레이드오프에서 나오는 힘의 진가를 포터로부터 배웠기 때문이다. 온라인 거래는 '차세대 신성장 동력'이라는 미디어의 극찬에도 불구하고 대면거래와 장기 투자를 중시하는 에드워드 존스의 전략과 맞아 떨어지지 않았다.

오늘날 에드워드 존스 홈페이지에 들어가보면 '우리가 아니라고 말하는 것'이라는 제목 탭을 볼 수 있다. 거기에 에드워드 존스가 '하지 않는 일'을 제시해 놓았다. 즉, 고액투자자, 단타 거래자에게는 서비스하지 않는다. 파생상품, 원자재, 투기성

향의 저가주는 팔지 않는다. '무모한 의사결정을 유발시키는' 온라인 거래는 제공하지 않는다. 그들의 고객은 투기꾼이 아닌 투자자라는 점을 분명히 밝힌 것이다. 이런 트레이드오프는 결코 쉽지 않다. 정말 그렇다. 에드워드 존스는 돈을 더 벌 수 있는 기회를 포기할 수도 있다. 그러나 동시에 그들은 포터가 '경쟁상황에서 트레이드오프에 대한 최고의 모순 중 하나'라고 부르는 내용을 완벽히 익혔다. 경영자들은 일부 고객을 잃을 걱정에 종종 트레이드오프를 거부한다. 전략에서의 역설은 트레이드오프를 하지 않고, 또 모든 고객의 니즈에 대해 서비스하지 않겠다는 의도적인 선택을 하지 않으면, 그 어떤 고객의 니즈에 대해서도 서비스를 잘 하기 어렵다는 것이다.

즉, '하지 말아야 하는 것'에 대한 명료성은 '해야 할 것'에서 성공하는 최선의 방법이다. 그것은 의도적으로 절대로 일부 니즈에는 반응을 보이지 않고 기업이 다른 니즈에 진정으로 반응하는 전략적 트레이드오프를 받아들이는 것이다. 달리 말해 전략상 트레이드오프의 역할은 의도적으로 일부 고객을 행복하지 않게 만드는 것이다. 사우스웨스트항공의 전설적 CEO 허브 켈러가 너무 많은 불만 편지를 보냈기 때문에 '펜팔'이라고 부르는 최고 단골고객에게 어떻게 대응했는지에 대한 적절한 이야기가 있다.

먼저 사우스웨스트항공의 전략에 필수적인 수많은 트레이드오프에 대해 생각해보라. 지정석 없음, 1등석 없음, 기내식 없음, 화물 환적 없음, 보잉 737 단일 기종 선택 등이다. 그 고객 (펜팔)은 사우스웨스트항공의 거의 모든 선택에 불만을 제기했다. 그녀가 보내온 수많은 불만 편지에 대해 여러 번 정중한 답변을 보낸 고객관리 부서 직원은 모든 아이디어를 다 써버렸다. 직원들은 CEO인 허브에게 도움을 청했다. 그가 다음과 같은 답변을 하는 데는 긴 시간이 걸리지 않았다.

"존경하는 크라바플 부인, 우리는 당신이 그리울 겁니다(딴데 가보세요). 사랑합니다, 허브"

허브 켈러허의 이야기는 종종 즐거움을 주지만 대체로 유익하기도 하다. 경쟁우위를 구축하고 지속시키기 위해선 당신의 독특함을 흐리게 만드는 수많은 시도에 대해 "아니오"라고 말할 수 있도록 스스로 단련해야 한다는 점이다. '고객은 항상 옳다'라는 개념은 별로 안 좋은 성과를 부를 수 있는 반쪽짜리 진실 중 하나다. 트레이드오프는 모든 고객이 원하는 것을 제공해야만 한다는 것이 사실이 아닌 이유를 설명해준다. 그런 유형의 일부 고객은 당신의 고객이 아니다. 차라리 그들을 내쫓아야 한다. 이상적으로는 켈리허가 잘 활용한 것과 같은 재능과 유머를 고객에게 사용하라. 달리 말하면, 포터가 강조했듯이 "전략이란 경쟁 상황에서 트레이드오프 하는 것이다. 전략의 핵심은 '하지 말아야 할 것'을 선택하는 것이다."라는 말을 명심하라.

6장

적합성
경쟁우위의 증폭기

:: 이번 장에서는 포터가 '적합성'이라고 부르는 전략의 4번째 검증항목을 다룰 예정이다. 적합성은 가치 사슬 활동들이 서로 연결되는 방법과 관련 있다. 전략에서 적합성이 차지하는 역할을 이해하게 되면 또 하나의 흔한 오해를 풀 수 있다. 오해는 경쟁에서 거두는 승리가 핵심역량 '즉, 기업이 정말 잘하는 한 가지'로 설명될 수 있다는 것이다. 여기서 오류는 좋은 전략이란 단 하나의 선택에만 달려 있지 않다는 점이다. 또한 좋은 여러 개의 독립된 선택들을 함으로써 얻어지는 것도 아니다. 훌륭한 전략은 상호의존적인 많은 것을 선택하고 그 선택들이 얼마나 잘 연결되는가에 달려 있다.

4장에서는 기업의 가치 제안과 가치사슬에 대한 선택에서 경쟁우위가 생기는 것을 살펴보았다. 그런 선택들이 트레이드 오프를 내포할 때 전략적 가치가 커지고 경쟁자의 모방을 더 어렵게 만든다(5장). 적합성은 앞에서 언급한 2가지 효력을 끌어올리므로 경쟁우위의 증폭기로 생각할 수 있다. 적합성은 비용을 낮추고 고객가치와 가격을 끌어올려 전략의 경쟁우위를 증폭시킨다. 또한 모방 장벽을 구축함으로써 전략의 지속가능성을 더 높여준다.

훌륭한 전략은 상호의존적인 선택을 가능하게 만드는 여러 활동 사이의 적절한 연결에 달려 있다

단순한 수준에서 보면 적합성의 아이디어는 매우 직관적이다. 모든 경영자는 사업상 경쟁하는 데 필요한 다양한 기능적 분야를 서로 정렬시키는 것이 얼마나 중요하고 어려운지 잘 알고 있다. 마케팅, 생산, 서비스, 정보기술(IT) 분야를 모두 같은 방향으로 나아가도록 끌어들이는 일은 말이 쉽지 실행하기 매우 어렵다. 특히 대규모 조직은 말할 것도 없다. 그러나 포터는 정렬과 조정보다 더 중요한 뭔가를 밝혀냈다. 적합성은 많은 사람들이 이해하는 것보다 크고 훨씬 복잡한 역할을 한다.

✦ 적합성이란 무엇인가?

4장에서 기업의 가치활동과 가치 제안의 연관성에 대해 탐구했다. 이번 장에서 초점은 그런 가치활동들이 '서로' 어떻게 연관되는지에 맞추어져 있다. 이케아의 수많은 맞춤형 활동의 선택 중 12가지만 살펴보자.

1. 제품 디자이너 네트워크(엄격히 통제된 제품 개발)
2. 중앙관리형 글로벌 공급사슬(외주 방식 제조)
3. 대형 매장
4. 매장과 연결된 대형 창고(매장 레이아웃에서 마지막 지점)
5. 고속도로에서 쉽게 접근할 수 있는 외곽지역
6. 충분한 무료주차 공간
7. 전시장에 판매직원 없음
8. 실제 사용 공간 그대로 재현한 제품전시장
9. 모든 제품에 부착된 대형 상품정보 설명표(가격, 크기, 재료 등)
10. 비조립 상태로 플랫팩에 포장된 제품들(고객이 조립과 배송을 담당)
11. 매장 내부 카페테리아
12. 매장 내부 탁아소와 놀이터

5장에서 살펴보았듯이 납작한 박스포장(플랫팩)은 이케아의 경쟁우위에서 중요한 역할을 한다. 배송비와 제품손상 비용을 낮출 수 있기 때문이다. 따라서 독립적 선택이라는 측면에서 플랫팩은 이케아의 저비용 포지셔닝을 지원한다. 도시 외곽 매장은 땅값이 저렴해 비용을 줄여준다. 그런데 이 2가지 선택은 상호보완적이다. 고객이 구입한 물품을 차에 쉽게 실을 수 있는 자동차친화적 위치 덕분에 플랫팩 가치는 더 증폭된다. 이렇듯 이케아의 활동목록을 하나씩 확인해보면 적합성의 다양한 예를 볼 수 있다.

적합성이란 하나의 활동에서 발생하는 가치나 비용이 다른 활동 방법의 영향을 받는 것을 의미한다

대형 매장은 글로벌 차원의 제품조달 가치를 증폭시킨다. 또한 고객이 방문해 더 많은 시간을 보내려고 할 때 더 큰 가치가 있다. 무료 아동 돌봄 서비스와 매장 내 카페테리아(스웨덴식 고기완자를 좋아한다면 더 좋아할)는 고객들이 시간을 보내게 해준다. 이 선택들은 다른 선택 가치를 상승시킨다. 모든 선택들은 고객에게 더 낮은 가격을 제공하는 데 기여한다. 대형 매장은 완전히 장식된, 전시용 방을 꾸밀 공간을 제공해 모든 구매품을 실제처럼 직접 볼 수 있게 해준다. 이런 선택에 크고 자세한 상품정보 설명표를 더하면 영업사원의 필요성을 없애 또 다른 비용절감을 가져오는 것이다. 즉, 하나의 활동이 다른 활동 가치에 영향을 미쳐 추가 비용절감이 가능하다. 이것이 바로 적합성의 실제 정의다. "적합성이란 하나의 활동에서 발생하는 가치나 비용이 다른 활동이 이루어지는 방법의 영향을 받는 것을 의미한다."

이케아 가치 시스템의 혜택을 보려면 자동차가 필요하다. 반대로 패션소매점 '자라(Zara)'에서 쇼핑한다면 아마도 걸어서 매장에 가야 한다. 자라는 스페인 인디텍스(Inditex) 그룹 자회사로 매출액 기준 세계 최대 의류소매업체다. 자라 매장들은 많은 행인이 지나다니는 도시 한복판에 있다. 그들은 대부분 프랑스 여성들이 자라를 프랑스 기업으로 착각할 정도로 강력한 패션 브랜드를 만들었다.

자라는 최신 유행 의류 모델을 중간가격에 판매했다. 절대치로 보면 결코 저렴하지 않지만 다른 패션 브랜드와 비교하면 상대적으로 저렴했다. 그런 특별한 가치 제안을 전달하는 방법의 핵심은 속도에 있다. 자라의 모든 가치활동은 매장에 최신 스타일을 신속히 공급하는 데 맞추어져 있다. 대부분의 패션소매점들이 3개월가량의 제품 출시 소요시간을 감수하는 반면, 자라는 겨우 2~4주만 걸리니 연간 100여 가지 상품을 출시할 수 있다.

그 엄청난 속도가 가능한 것은 처음부터 끝까지 가치사슬을 통제하기 때문이다. 그리고 가치사슬과 관련된 모든 선택이 경쟁업체와 다르기 때문이다. 자라는 몇 가지 중요한 트레이드오프를 선택한다. 즉, 자신의 브랜드 판촉 방법, 상품 디자인 방법, 생산, 물류, 재고관리 관련 트레이드오프다. 그들의 성공은 한 가지 선택이 아닌 여러 선택들이 다른 선택들을 서로 강화시켜줄 수 있도록 한 조화에서 나온다.

자라를 독특한 가치 제안 전달을 최적화시키도록 완벽히 설계된 시스템으로 생각하라. 자라의 활동을 하나씩 분리해 살펴보면 일부 선택들에 대해 의외로 생각할 것이므로 '최적'이라고 말한 것이다. 예를 들어 일부 선택은 자라의 상대적으로 낮은 가격 포지션을 고려할 때 비용 측면에서 효과적으로 보이지 않는다. 대규모 디자인팀은 승승장구하는 유럽의 또 다른 패션 소매점 H&M 규모의 2배나 된다. 경쟁업체들과 달리 자라는 직접 제조하는데 대부분 아시아가 아닌 유럽에서 만든다. 매장은 임대료가 가장 비싼 도심에 위치해 있다. 이 각 선택들은 그 자체로 '저비용' 해결책에 부합하지 않는다. 하지만 한 발 물러나 하나의 시스템으로 전체를 확인해보면 자라가 전체를 최적화하기 위해 하나의 영역에서 기꺼이 차선책을 선택한다는 것을 알 것이다. 그렇다면 자라는 그것을 어떻게 해내는가? 이 퍼즐 조각들이 어떻게 맞추어지는지 살펴보자.

첫째, 디자이너의 역할은 트렌드를 파악해 복제하는 것이다.

새로운 디자인 제작을 위해 유명 디자이너에게 거액을 지불하기보다 세계 도처에 정찰 조직을 두고 패션쇼나 나이트클럽에서 최신 패션 트렌드를 찾는다. 사내 대규모 디자인팀은 한 달 안에 신제품을 만들 수 있고 기존 제품 수정은 2~3주면 된다. 대규모 디자인팀 덕분에 빠르게 복제하고 새로운 디자인을 제조부서로 신속히 보낸다.

자라는 소매점이 아닌 제조업체로 출발했고 유럽에서 생산의 상당 부분을 자체적으로 해결한다는 기본 방침에 충실하다. 공장은 소규모 배치(Batch) 생산에 잘 맞추어져 있다. 자라는 자체적으로 트럭을 보유해 물품을 스페인 중앙 물류 허브로부터 유럽 전역 매장으로 24시간 내에 신속히 보낸다. 의류업계의 관행과 달리 공장에서 만든 옷에 라벨을 붙이고 옷걸이에 걸어 매장으로 보낸다. 이것은 배송비용을 높이지만 곧바로 옷을 팔 수 있도록 준비되어 매장에서 다림질할 필요가 없다는 의미다. 다시 말하지만 여기서 핵심은 속도다.

매장 자체는 보행자가 많고 눈에 잘 띄는 곳에 넓게 자리잡는다. 한정 수량으로 일주일에 두 번 입고되는 신상품은 '지금 구매하지 않으면 기회는 없습니다.'라는 분명한 메시지를 전한다. 매장 직원들은 잘 팔리고 잘 안 팔리는 상품에 대해 끊임없이 피드백을 보낸다. 이 정보는 자라가 디자인과 생산 물량에 대해 실시간으로 의사결정을 더 잘 내리는 데 도움을 준다.

이제 고객 경험에 대해 생각해보자. 계속해서 바뀌는 신상품

트렌드, 그 자체로 매장 광고판 역할을 하도록 눈길을 끄는 위치에 만든 매장, 그리고 항상 부족한 상품은 서로 연결된다. 이런 내용들은 입소문을 만든다. 고객들은 친구들에게 자라 얘기를 한다. 고객들은 매장을 또 다시 방문한다. 갈 때마다 다른 상품들이 있다는 것을 알고 매장 앞을 지나가면서도 바뀐 상품을 알아볼 수 있기 때문이다.

이 모든 사항이 자라의 탁월한 성과로 나타나고 경쟁우위를 향상시키는 역할을 한다. 재무 측면에서 자라의 우위가 무엇인지 알겠는가? 예를 들면 다음과 같다. 자라의 고객들은 타 매장에서보다 더 자주 구매할 뿐만 아니라 더 많은 상품을 정가에 구매한다.

몇 년 전 내가 본 자료에 의하면 의류업계의 평균 할인가격은 17~20%인 반면, 자라는 약 10%였다. 소매업에서 이 정도 차이는 엄청난 우위다. 자라의 정가판매 우위는 한 가지 선택에서만 오는 결과가 아니다. 예를 들어 매장마다 어떤 상품을 진열할지 더 현명한 판단을 했기 때문이라고 단정할 수 없다. 이것은 자라의 시스템이 실행한 수많은 선택의 결과다.

자라의 경쟁우위가 손익계산서에 미치는 영향에 대한 또 다른 예가 있다. 대부분의 패션 브랜드는 상당한 광고비 지출을 통해 명성을 얻고 유지된다. 패션 분야 광고비 비중은 매출액의 약 3~4%다. H&M의 광고비 비중은 매출액의 약 5%였다. 반대로 월마트와 같은 일반상품 소매점은 매출액의 0.3%다. 자라가 선택한 활동들 사이의 적합성 차원에서 생각하면 자라의 광고비 지출 비중이 거의 월마트 수준으로 떨어진 것을 알고도 놀라지 않을 것이다. 자라는 매장 위치에 더 많은 비용을 투자한다. 하지만 광고비는 거의 쓰지 않는다. 자라의 수많은 선택들은 마케팅에 큰 지출을 하지 않고도 고객이 열광하게 만든다.

✤ 적합성의 작동 방법

현실에서는 종종 구분이 쉽지 않지만 적합성은 여러 형태를 가질 수 있다. 포터가 구분한 3가지 유형은 조금씩 다르게 작동하며 경쟁우위에 영향을 미친다.

첫 번째 유형은 기본적인 일관성으로 각 활동을 기업 가치 제안에 맞추어 정렬하는 것이다. 그리고 각 활동들은 가치 제안의 핵심 테마에 조금씩 기여한다. 자라 성공의 핵심인 속도에 대해 생각해보라. 가치사슬의 모든 단계에서 자라는 필요한 시간 이상을 지체하지 않도록 활동들을 설정했다. 디자인팀은 신속 대응에 맞추어 구성되었고 공장은 가까운 데 세웠다. 자체 보유 트럭은 확실히 빠른 배송이 가능했다. 정보기술(IT) 투자는 디자인과 제조의 의사소통을 신속하게 만들었다. 각 활동은 자라의 속도에 기여한다. 자라는 기본적인 일관성 검증을 통과한 것이다.

활동들이 일관적이지 않으면 서로 상쇄되고 만다. 언젠가 내 컨설팅 고객이 양말을 할인점에 납품하는 저비용 공급자로 포지셔닝하려고 했다. 공장관리자들이 비용을 줄이기 위해 노력하던 같은 시간에 영업팀은 소매고객들에게 맞춤생산이 필요한 온갖 크기와 특별한 색상 주문을 허용했다. 아니 부추기기까지 했다. 그 '특별한 색상'들은 사람들이 생각하는 것과 거리가 멀다.

예를 들어 흰색 한 가지에도 글자 그대로 수백 가지 변형이 있고 각각 독특한 염색 방법이 필요하다. 그 공장은 고객 주문 수량보다 많은 배치(Batch)로 생산해야 했다. 결과적으로 끝을 이어 붙이면 양말이 지구 주위를 돌 정도로 엄청난 재고가 쌓였다. '엄청난 재고'로 인해 정신이 번쩍든 기업의 예다. 영업과 제조 사이의 조정으로 고심하는, 처음 보는 기업도 마지막 기업도 아닐 것이다. 수학적으로 일관성은 '1+1+1=3'을 의미한다. 3보다 적은 수는 아니다. 일관적이지 않은 활동들은 부분의 합보다 적은 결과를 낳는다.

두 번째 유형은 각 활동들을 서로 보완하거나 강화시킬 때 나타난다. 그것은 진정한 시너지로 각 활동 가치는 다른 활동에 의해 증가된다. 유동인구가 많은 장소의 자라 매장들과 수많은 신상품은 서로를 강화시킨다. 눈에 매우 잘 띄는 매장 위치는 2주마다 전 상품을 한 번씩 갈아치운다는 목표를 실현하는 데 도움을 준다. 매장의 대형 전시 창문은 고객을 끌어들이는 신호기와 같다.

또는 넷플릭스가 회원들에게 거대한 영화 라이브러리에 접근할 수 있도록 한 전략을 생각해보자(처음에는 지역별 물류창고에 DVD 재고를 쌓아두다가 나중에 디지털 유통으로 전환). 그들은 2010년 10억 건 이상 확장된 사용자 지정 영화등급제 시스템을 유지하고 있다. CEO 리드 헤이스팅스(Reed Hastings)에 따르면 "우리가 해결하려는 진짜 문제는 보유한 영화 목록을 어떻게 변형해 고객들이 원하는 영화를 항상 안정적으로 찾을 수 있게 하는가다. 엄청난 짝짓기 문제가 있다. 우리에게 5만 5천 개 DVD 타이틀이 있었고 저쪽에는 3억 명의 미국인이 있었다. 하지만 대부분 자신이 정말 좋아하는 영화 10편이 뭔지 말하지 못한다." 사용자들이 올리는 리뷰와 방대한 라이브러리는 보완 관계다. 영화관람 후기는 다른 회원들이 더 많은 영화를 보고 싶도록 만들기 때문에 대규모 영화 라이브러리를 더 가치 있게 만드는 데 도움이 된다.

홈 디포의 활동은 서로를 강화시키는 방법에 대한 다른 예다. 홈 디포의 기본적인 가치 제안에는 3가지 다리가 있다. 엄청난 선택 제공, 상시 저가 판매, 지식이 풍부한 서비스다. 홈 디포 이전에는 아무도 이 3가지를 통합하지 않았다. 대형 창고형 매장은 선택의 여지와 낮은 가격을 제공하는 것이 핵심이다. 하지만 탁월한 서비스가 없다면 고객들은 방대한 창고형 매장에서 길을 잃은 느낌이 들 것이다.

1970년대 후반 홈 디포 공동창업자 버니 마커스(Bernie Mar-cus)와 아서 블랭크(Arthur Blank)는 지식이 풍부한 직원을 채용했는데 당시로는 급진적 아이디어였다. 그리고 상당히 많은 급여를 주고 고객서비스 문화를 거의 종교 수준까지 발전시켰다. 예를 들어 고객이 필요한 물건이 어디 있는지 물으면 홈 디포 직원들은 통로까지 고객과 함께 정확히 걸어가 안내해주도록 교육받았다. 마커스는 직원들이 고객과 동행하는 대신 손가락으로 위치를 알려준다면 "그 직원의 손가락을 뽑아 버리겠다"라고 말한 것으로 유명하다. 홈 디포 매장 규모와 서비스는 서로를 강화시켰다. 세심한 서비스가 없었다면 거대한 매장은 제대로 작동하지 못했을 것이다.

홈 디포를 이케아와 비교해보면 재미있다. 두 업체 모두 저가 포지셔닝을 뒷받침해주는 대형 매장을 사용한다. 하지만 홈 디포의 포지셔닝과 제품 다양성은 개인별 서비스가 필수이지만 이케아는 상관없게 만들었다. 각 경우의 가치사슬에 해당하는 트레이드오프와 적합성은 전략에 따라 달라진다.

포터가 말한 3번째 적합성 유형은 대체다. 즉, 하나의 활동을 실행하면 다른 활동을 없애는 것이 가능하다. 이케아는 실물 크기 방에서 제품 전시와 제품정보 설명표로 영업사원을 대체한다. 눈에 잘 띄는 자라의 매장 위치와 신제품의 신속한 판매회전은 전통적인 광고의 필요성을 없앤다. 대체는 회사 내부 활동 사이에서만 이루어지는 것이 아닐 수도 있다. 기업들은 회사 경계와 상관없이 자신의 노력을 더욱 최적화하기 위해 공급자나 고객 또는 양쪽 모두와 협력하는 방법을 배우고 있다. 예를 들어 델(Dell)은 대기업 고객에게 새로운 개인용 컴퓨터에 고객니즈에 맞춘 소프트웨어를 깔아준다. 이런 작업은 원래 고객기업 IT부서에서 하지만 델은 그 작업을 조립 과정에서 함으로써 기업고객의 IT 담당부서보다 더 신속하고 저렴하게 할 수 있다. 이 작업을 고객사가 할 경우, 컴퓨터가 회사에 배달된 후 각 컴퓨터마다 소프트웨어를 개별적으로 설치해야 하기 때문이다. 이런 대체를 통해 전체 비용을 낮추고 델은 절감비용의 일부를 고객과 나눌 수 있다(즉, 가격을 받아낼 수 있다). 이럴 경우, 대체는 기업 가치사슬을 최적화시키는 역할을 한다.

적합성의 3가지 유형 모두 일반적이고 중복되기도 한다. 훌륭한 전략을 가진 기업에게 적합성은 광범위하고 복잡한 경향이 있다.

⚜ 적합성과 핵심역량

포터가 의도했듯이 적합성은 전략의 근본적인 질문에 새로운 스포트라이트를 비춘다: 경쟁우위는 어디서 오는가? 수많은 기업들은 경쟁우위를 찾기 위해 핵심자원, 핵심역량, 핵심 성공요인 등 여러 가지로 불리는 개념에 초점을 맞춘다. 비록 용어

사이에 기술적 차이가 있지만 경영자들은 일반적으로 그 용어들을 서로 바꿔 사용한다. 그리고 그 용어의 의미를 핵심역량이라는 우산 아래 함께 취급한다. 이들은 모두 관점이 비슷하다. 즉, 경쟁우위는 소수 요인에서 온다는 것으로 무형 기술이거나 실물 자산일 수도 있다. 따라서 그들에게 경쟁하는 방법은 그 핵심역량을 획득하고 개발하는 것이다.

일반적인 전략상 오류는 자신이 몸담고 있는 업계에서 다른 기업들과 똑같은 핵심역량을 선택하는 데 있다. 예를 들어 단지 소수 요인들만 경쟁에서 중요하다면 기업은 경쟁자보다 먼저 그 가치 있는 대상을 얻기 위해 달릴 것이다. 모든 경쟁자가 '전략적' 자원을 통제하기 위해 저돌적으로 뛰어들게 된다. 예를 들어 고정고객 기반(무선통신 가입자), 유통채널(TV방송, 유선방송 시스템, 주식매매 중개인), 제품 포트폴리오(영화 라이브러리)와 같은 핵심자원의 비용을 끌어올리면서 말이다. 이런 핵심자원을 획득하려는 의도로 AT&T는 지난 1999~2000년 사이 케이블업체 TCI, 미디어 원, 케이블 비전의 일부를 총 1천 3백억 달러에 인수했다. 그러나 겨우 2년 후 절반에도 못 미치는 440억 달러에 컴캐스트에 재매각했다. 이런! 경쟁에 대한 이런 접근이 어디로 향하는지 파악하는 것은 어렵지 않다. 즉, 여기서는 모방, 경쟁적 수렴, 최고가 되기 위한 제로 섬(Zero-Sum) 경쟁이 종착역이다.

활동 시스템 설계
(Mapping your Activity System)

포터는 '활동 시스템 지도'라는 도구를 만들었다. 기업의 주요 활동, 활동과 가치 제안의 관계, 각 활동의 관련성을 도표로 그린 것이다.

활동 시스템 지도를 그리려면 먼저 가치 제안의 핵심요소에 대한 확인으로부터 시작할 수 있다. 이케아의 경우, 독특한 디자인, 낮은 가격, 즉각적인 사용 3가지를 꼽을 수 있다. 그런 다음, 사업 시 해야 할 가장 중요한 활동인 고객가치 창조나 중요 비용을 발생시키는 데 가장 큰 영향을 미치는 활동들을 알아낸다. 독특한 활동 선택들을 단계별로 나열하라. 그럼 해당 기업과 경쟁자를 더 명확히 대비시키게 된다. 예를 들어 이케아의 가치사슬을 전통적인 가구점의 가치사슬과 간단히 비교해봐도 매장 내부 서비스와 배송 과정의 독특한 구성에 대해 잘 알 수 있다.

그 다음, 다음 그림처럼 활동 시스템 지도 위에 각 활동을 배치한다. 관련된 위치 즉, 활동이 가치 제안에 기여하는 곳 그리고 두 활동이 서로 영향을 미치는 곳에 연결선을 그린다. 이케아 활동 지도에서 보면 플랫팩은 낮은 가격과 즉각적인 사용에 도움이 된다. 낮은 가격과 즉각적인 사용은 고객 자가배송과 연결되고 계속 이런 식으로 활동들을 연결한다. 이케아의 활동

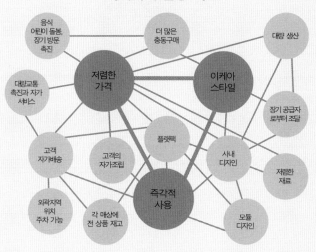

이케아의 활동 지도

을 완전히 그렸다면 결국 초고밀도로 복잡하게 얽힌 연결망이 될 것이다. 전략 면에서 이는 바람직하다. 반대로 선이 드문드문 연결된 지도는 강력하지 못한 전략의 신호일 수도 있다.

활동 지도는 각 활동이 전체적인 포지셔닝(타깃고객, 충족시키는 고객 니즈, 상대적 가격)을 얼마나 잘 받쳐주는지 아는 데 도움이 된다. 각 활동마다 전체적인 전략과 어떻게 더 잘 연결될 수 있는지, 속성상 일반적인 활동으로 보이는 주문처리나 물류 같은 활동조차 전략과 어떻게 더 잘 연결될 수 있는지 자문해보라. 포터가 지켜본 바에 따르면 대부분 조직에서 제대로 정렬이 이루어지지 않은 활동들이 있다. 그런 활동이 전략의 일부로 보이지 않았기 때문이다.

활동 지도는 적합성을 강화시키는 방법을 파악하는 데 도움이 될 수 있다. 각 활동에 대해 책임 있는 관리자들은 자신의 성과가 다른 활동들 때문에 발생하는 피해 여부를 말해줄 수 있다. 또한, 각 활동 사이의 적합성을 개선시킬 아이디어도 있다. 활동들 사이의 기본적인 수준의 일관성 그 이상을 보라. 각 활동을 강화시키고 하나의 활동이 다른 활동을 대체할 새로운 방법을 찾을 수 있는가?

활동 지도는 전략을 더 지속가능하게 만드는 방법에 대한 창의성의 원동력이 될 수 있다. 현재의 활동 시스템에서 비용이나 효과를 개선할 새로운 활동이나 이미 실행 중인 활동 향상 방안을 찾을 수 있는가? 이미 실행 중인 것들로 인해 경쟁자가 할 수 없는 서비스, 특성, 제품 다양성은 있는가? 이런 식으로 활동 시스템을 확장한다면 경쟁자가 모방하는 데 가장 큰 애로사항이 될 것이다.

일반적인 전략상 오류는 당신이 몸담고 있는 업계에서
모든 타 기업들과 똑같은 핵심역량을 선택하는 데 있다

적합성이란 전체가 개별적인 일부보다 중요하다는 것을 의

미한다. 그리고 많은 활동들이 가치를 함께 창조하는 것이지 몇 개 활동이 개별적으로 분리되어 가치를 만들지 않는다는 뜻이다. 예를 들어 자라의 성공을 어떻게 설명하겠는가? 자라의 패션감각과 재능 덕분인가? 유럽 내에서의 유연한 제조 덕분인가? 매장 위치 덕분인가? 물류 방법 덕분인가? 1~2개 핵심역량으로 답을 찾을 수는 없다. 답은 자라의 모든 가치창조 활동 사이의 적합성에 있다. 자라의 전략은 동시에 취한 여러 선택들에 내재되어 있다. 자라의 성공은 상호의존적 활동의 전체 시스템 덕분이지, 1~2개 강력한 활동 덕분이 아니다. 자라의 성공은 활동의 구성에서 실행한 트레이드오프뿐만 아니라 그 활동들이 서로 영향을 미치는 방법 즉, 적합성 덕분이다.

핵심은 유지하고 나머지는 외주로 돌려라? 다시 생각해보자

당신의 핵심역량은 무엇인가? 이것이 당신의 조직을 향해 던지는 질문이라면 맞춤, 트레이드오프, 적합성에는 관심을 덜 보일 것 같지 않은가? 극히 일부 요소만 경쟁에서 중요하다면 다른 많은 것들은 전혀 중요하지 않다는 의미가 된다. 핵심역량 논리는 많은 기업들이 전략적 파급효과를 생각하지 않고 아웃소싱을 추구하도록 만들었다. 기업이 핵심활동에 집중해야 한다는 생각은 지금까지 정설이었다. '핵심'이 아닌 활동들은 더 효율적인 공급자에게 아웃소싱할 수 있다는 것이다.

그러나 적합성의 역할에 대한 진가를 알게 된다면 외주에 대해 더 곰곰이 생각해볼 것이다. 핵심활동이 무엇인지 판단하기 위해 노력하는 대신 포터는 다른 질문을 던진다: 어떤 활동이 일반적이고 맞춤형인가? 기업의 전략적 위치와 의미 있게 연결될 수 없는 일반적인 활동은 더 효율적인 공급자들에게 안전하게 아웃소싱할 수 있다. 그러나 포터는 전략과 연계되어 맞추어져 있거나 맞출 수 있는 활동 특히 다른 활동들과 강력한 보완관계가 있는 활동은 외주가 위험하다고 주장한다.

아웃소싱하고 그 결과로 기업 가치사슬 내부에 남아 있는 요소들이 적을수록 맞춤, 트레이드오프, 적합성을 확장할 기회도 점점 줄어든다.

초기 아웃소싱 결정은 대부분 단기적인 비용절감 효과가 있다. 하지만 비용과 경쟁적 수렴에 대한 장기적 시사점을 생각한다면 마음이 편치 않다. 잘못하면 아웃소싱은 회사의 전략에서 독특성과 적합성 기회를 제한할 뿐만 아니라 그 결과, 모든 기업이 같은 방식으로 경쟁해 전체 산업을 더 심각한 균질화 (Homogenization) 속으로 밀어넣을 수도 있다.

적합성은 개별 활동들의 경쟁적 가치, 관련 기술, 역량, 자원이 시스템이나 전략으로부터 분리될 수 없다는 의미다. 사우웨스트항공, 자라, 홈 디포, 로우스, 엔터프라이즈, 집카, 인 앤 아웃 버거, 에드워드 존스, 넷플릭스 등 어느 기업이든 가치는 '핵심역량' 하나에서 오지 않는다. 가치는 핵심역량이 기업 포지셔닝에 어떻게 전개되는가에 달려 있다.

✤ 적합성은 전략을 더 지속가능하게 만든다

적합성은 가치를 향상시키거나 비용을 낮춤으로써 경쟁우위를 증폭시킬 뿐만 아니라 그 경쟁우위를 더 지속가능하게 만든다. 5장에서 트레이드오프는 경쟁자가 전략을 성공적으로 복제하는 것을 어렵게 만든다고 설명했다. 적합성은 그런 모방을 더 어렵게 만든다. 모방으로 혜택을 보려면 상호의존적인 활동 시스템 전체를 복제해야 한다. 포터는 적합성이 여러 방법으로 경쟁자의 모방을 막아준다고 주장한다.

첫째, 경쟁자들은 무엇을 모방해야 하는지 알아내는 데 어려움을 겪게 된다. 예를 들어 자라(Zara)를 복제하고 싶다면 정확히 무엇을 복제할 것인가? 그들의 제품 디자인 방법인가? 매장 구성인가? 제조 운영법인가? 그들이 운영하는 트럭선단인가? 가치활동 사이의 기본적인 일관성은 경쟁자가 쉽게 파악할 수 있다. 하지만 해당 기업의 포지셔닝이 복잡하게 구성된 적합성에 더 의존할수록 경쟁자는 그들이 복제하려는 것이 정확히 무엇인지 알아내기 더 어렵다. 기업 내부자가 아니라면 무슨 일이 벌어지는지 파악하는 일은 여간 어렵지 않다.

둘째, 경쟁자가 관련 있는 상호연관성을 인식할 수 있더라도 그것을 모두 복제하기는 쉽지 않다. 적합성을 이룬다는 것은 조직적으로 받쳐주어야 하는 어려운 일이기 때문이다. 제품 특성이나 특정 영업사원들의 활동 방법을 복제하는 것은 쉬울 수도 있다. 그러나 전체 시스템에 활동을 일치시키는 것은 완전히 다른 얘기다. 그것을 위해 조직 내 업무 그룹, 부서, 기능 사이의 의사결정과 액션들이 서로 박자를 맞추어야 하기 때문이다.

적합성은 모방자의 길을 따르는 경쟁자의 도전을 여러 방법으로 방해함으로써 전략복제의 확률을 낮춘다. 이것을 확실히 이해시키기 위해 포터는 간단한 수학적 논거를 사용한다. 경쟁자의 한 가지 활동을 모방할 확률이 90%라고 가정해보자. 따라서 2가지 활동으로 이루어진 시스템을 따라가려면 성공 확률은 81%(0.9×0.9)다. 만약 모방해야 할 활동이 4가지라면 성공 확률은 66%(0.9×0.9×0.9×0.9)가 된다. 활동이 많을수록 모방 확률은 낮아진다.

이제 이케아나 자라를 성공적으로 복제할 방법을 생각해보자. 전략을 상호의존적 선택에 대한 시스템으로 볼 때(그림

6-1) 훌륭한 전략을 모방할 확률이 얼마나 급격히 떨어지고 그 전략의 지속가능성이 높아지는지 알 수 있을 것이다. 더욱이 적합성이 성공적인 모방 확률을 낮추는 만큼 모방자 실패의 대가도 증가시킨다. 한 가지 활동에서의 미비점은 다른 모든 활동에 부정적 파급효과를 미치기 때문이다. 이것은 영국항공이 경험한 저가항공사 '고(GO)' 사업의 실패 사례에서 이미 보았다.

모방자의 길을 따르는 경쟁자의 도전을
여러 가지 방법으로 방해함으로써 적합성은
전략 복제의 확률을 낮춘다

방금 언급한 이 속성 때문에 미묘하지만 필연적 결과가 있다. 포터에 의하면 강력한 적합성을 지닌 기업들은 일반적으로 '전략과 실행' 모든 영역에서 탁월하므로 모방자들에게 호감을 줄 가능성이 애당초 매우 낮다. 이유는? 서로 영향을 미치는 활동 중 한 가지에 결점이 있으면 전체적인 성과를 손상시키기 때문이다. 따라서 약점을 더 선명하게 드러내 고칠 수 있게 해주기 때문이다. 즉, 적합성을 이해하고 전략을 구사하는 기업은 운영상 약점을 계속 고쳐야 하는 필요성을 알고 그렇게 해야 한다는 압력을 받기 때문에 더 강해지는 것이다. 그 결과, 모방은 더

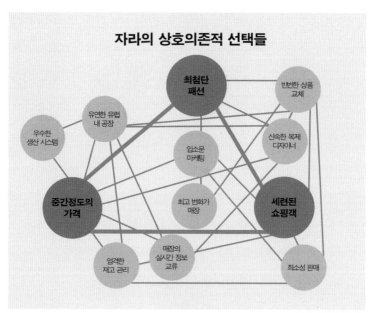

그림 6-1

어려워지고 회사는 더 강해지는 것이다.

우리는 4장에서 맞춤형 가치사슬(경쟁자와 다른 활동들로 구성된)이 모방을 방어하는 제1선임을 살펴보았다. 5장에서는 트레이드오프가 방어의 제2선을 구축한다는 것을 강조했다. 맞춤형 가치사슬과 트레이드오프는 경쟁자가 그것을 모방하려면 양다리를 걸치거나 포지셔닝을 아예 바꾸도록 만들어 훌륭한 전략을 '기존*' 경쟁자가 모방하는 것을 막아준다. 경쟁자가 다시 구축해야 하는 활동이 많으면 많을수록 그들의 현재 위치는 더 많은 손상을 입게 된다. 마지막으로 적합성은 가장 결단력

---

* 신규 진입자는 처음부터 백지 상태에서 모방하면 되므로

있는 새로운 진입자에 맞서 경쟁우위를 지속시키는 방법도 설명해준다. 처음부터 새로운 진입자가 우리의 전략을 모방하면 그것은 '최고가 되기 위한 경쟁'이 되고 모방은 쉬울지 모르지만 경쟁우위는 일시적인 것이 된다. 기업이 독특함으로 경쟁할수록 모방에 덜 노출되고 경쟁우위는 장기간 지속가능해진다. 위대한 전략은 모든 부분이 빈틈없이 매끄럽게 연결된 복잡한 시스템과 같다. 기업이 실행하는 모든 활동이 다른 활동의 가치를 증폭시킨다. 그것이 바로 경쟁우위와 연속성을 상승시킨다. 포터는 "적합성은 가장 견고한 고리만큼 강력한 가치사슬을 만들어 경쟁자를 막아준다."라고 말했다.

7장

연속성
전략의 조력자

:: 이제 5번째이자 전략의 마지막 검증 항목에 이르렀다. 바로 시간을 초월한 연속성이다. 지금까지의 내용을 요약하면 처음 2가지 검증 항목인 독특한 가치 제안과 맞춤형 가치사슬은 전략의 핵심부품이다. 3번째 검증 항목인 트레이드오프는 경제적 연결고리다. 가격과 비용 차이를 만들고 지속 가능하게 한다. 4번째 검증 항목은 적합성이다. 이것은 증폭제로 경쟁우위의 핵심인 비용과 가격 차이를 향상시키고 경쟁자가 자신의 전략을 복제하기 어렵게 만든다. 마지막 항목인 연속성은 전략의 조력자다. 전략의 다른 모든 요소들(가치 제안, 맞춤형 가치사슬, 트레이드오프, 적합성)은 개발하는 데 일정한 시간이 걸린다. 연속성이 없으면 조직이 경쟁우위를 개발하는 것은 애당초 가능성이 낮다.

현세대 비즈니스 리더들은 '변화'라는 화두에 사로잡혀 있

당신의 경쟁전략은 무엇인가?

훌륭한 전략의 5가지 검증 항목

1. 독특한 가치 제안:
선택한 고객집단에게 적절한 상대가격으로
독특한 가치를 제공하고 있는가?

2. 맞춤형 가치사슬:
가치 제안을 전달하는 최상의 활동들이
경쟁자들이 실행하는 활동과 다른가?

3. 경쟁자들과 다른 트레이드오프:
하지 말아야 할 일을 분명히 구분해 선택한 가치 유형을
가장 효율적이고 효과적으로 전달할 수 있는가?

4. 가치사슬 전체를 아우르는 적합성:
활동들의 가치가 다른 활동에 의해 향상되는가?

5. 시간을 초월한 연속성:
전략의 핵심이 충분히 안정성이 있어 조직이 하는 일을 점점 더
잘하고 가치사슬 맞춤, 트레이드오프, 적합성을 계속 발전시킬
시간을 줄 수 있는가?

그림 7-1

다. 오늘날 경영에는 점점 빨라지는 변화의 속도에 대응하는
방법, 변화에 대한 저항 극복 방법, 큰 변화를 일으키는 방법 등
의 조언으로 넘쳐난다. 관리자들을 목표로 하는 수많은 변화의
문헌들은 동기유발을 강조한다. 조직에 뜨거운 불을 지피는 방
법들 말이다. 하지만 이런 변화에 대한 지나침은 훌륭한 전략
을 약화시키는 과열된 수사법을 만들어 내기도 했다. 이제 모
든 변화는 '파괴적'인 것으로 언급된다. 느리거나 갑작스런 것
은 문제가 아니다. 변화의 영향이 너무 미미하거나 큰 것도 관

심사가 아니다. '끊임없는 재창조'와 '급진적 변화'와 같은 문구를 얼마나 자주 들었는지 생각해보라.

그렇다. 경쟁은 역동적인 것이지 고정된 것이 아니다. 그리고 기업이 활동하는 환경은 끊임없이 변한다. 고객의 니즈는 계속 움직인다. 항상 새로운 경쟁자들이 나타난다. 오래된 기술들은 진화하고 끊임없이 신기술들이 창조된다. 변화를 다루는 것은 전략의 주요 분야다. 한때 잘나가던 기업들이 변화의 필요성을 예상하지 못하거나 효과적으로 실행하는 데 실패해 몰락한 경우를 들 수 있다. 그러나 연속성은 별로 재미없게 들릴지 모르지만 역시 필수 검증 항목이다. 사람들의 관심은 너무 변하지 않는 기업에게 더 자주 향하지만 포터는 너무 많이 잘못된 방향으로 변하는 것도 똑같은 큰 실수라고 지적한다. 그리고 전략을 갖는다는 것(즉, 선택과 한계 설정)이 변화 능력을 손상시키지 않는다고 주장한다. 오히려 올바른 형태의 혁신을 촉진시킨다고 한다.

✦ 연속성이 왜 필수인가?

지금까지 보아왔듯이 전략은 시장에 대한 접근과 관련된 조직의 모든 측면들을 내포한다. 따라서 본질적으로 전략은 복잡하다. 고객을 이해하고 고객에게 서비스하고 고객을 위해 진정한 가치를 창조하는 데 무엇이 필요한지 생각해보라. 조직, 공급자, 파트너 연결에 대해 생각해보라. 기업이 실행하는 수백 가지 활동에 대해 생각해보라. 그리고 그것들이 가치 제안과 가치사슬 사이에서 어떻게 잘 맞추어져 조정되어야 하는지 생각해보라. 이 모든 것이 수백 가지 행동이나 그 일을 하는 수십만 명을 조정해야 한다는 점을 기억하라.

요리를 예로 들겠다. 전략은 스터 프라이(Stir Fry: 간단한 볶음요리)가 아닌 스튜(Stew: 서서히 끓인 국물요리)다. 즉, 재료들을 단순히 섞는 것이 아니라 완전히 녹아 다른 요리가 되도록 해야 한다. 맛과 식감을 내는 데 시간이 필요하다. 시간이 지나면서 기업의 모든 이해관계자들(내부적, 외부적)은 기업이 자신들에게 무엇을 제공할 수 있는지, 자신들은 기업에게 무엇을 제공할지에 대한 이해가 더 깊어진다. 그 결과, 전체적인 활동들은 전략에 하나씩 더 잘 맞추어지고 활동들 사이의 정렬도 더 잘 이루어진다. 연속성이 어떻게 경쟁우위를 가능하게 만드는지 다음 경우들을 생각해보자.

- **연속성은 브랜드, 평판, 고객 관계 등을 구축해 기업 정체성을 강화시킨다.**

인 앤 아웃 버거는 이 원리를 잘 이해했다. 이 회사는 오늘날 지나칠 정도로 민감하고 상대보다 유행에 밝은 것이 좋다는 사업문화에서 보면 분명히 예외적이다. 그들은 구시대적 메뉴(신선한 고기, 진짜 감자, 진짜 아이스크림이 들어간 쉐이크)와 오래된 가치(직원을 가족처럼 여기는)를 자랑스럽게 여긴다. 열광적인 충성고객들은 인 앤 아웃 버거 매장을 찾기 위해 얼마나 먼 거리를 직접 운전해오고 새로운 지역에서 개장할 때는 얼마나 긴 줄을 서서 기다렸는지 자랑스럽게 말한다. 그들은 웹사이트에 관련 내용을 정확히 언급한다. "시간이 흘러도 인 앤 아웃 버거는 거의 변하지 않는다. 1948년 이후 고객들이 계속 즐겨온 똑같은 것들을 오늘도 발견할 것이다."

BMW, 이케아, 디즈니는 훨씬 많이 변했다. 하지만 고객들은 그들의 정체성이 무엇인지, 그들이 충족시킬 수 있는 니즈와 그렇지 않은 것을 잘 알고 있다. 달리 말하면 그들은 핵심가치 제안과 주요 트레이드오프를 알고 있는 것이다. 훌륭한 전략은 오랫동안 고객과의 반복 상호작용을 통해 일관되게 유지됨으로써 브랜드에 힘을 실어준다.

- **연속성은 공급자, 유통채널, 타 외부 협력자들이 기업 경쟁우위에 기여할 수 있게 도와준다.**

이것이 바로 조정과 맞춤이다. 예를 들어 전략의 연속성은 1990년대와 2000년대 초 델 컴퓨터가 그들의 니즈에 더 잘 맞는 핵심 납품업체들과 상생관계를 구축하도록 만들었다. 텍사스주 오스틴은 델이 수백 군데 공급자들에게 창고와 생산시설을 가까운 장소에 구축하도록 설득해 공급자 거점이 되었다. 관련업체들의 클러스터를 형성한 결과, 반도체와 전자제조업체, 소프트웨어업체, 기술 컨설팅과 서비스업체들이 그 안에 함께 있었다(클러스터는 경쟁에서 특별한 역할을 한다. 추가 내용은 부록의 용어 설명을 참조하라). 외부 파트너업체와 더 오래 일할수록 기업의 목적과 방법을 더 잘 이해할 수 있다.

혜택은 양쪽 모두 얻을 수 있다. 연속성 덕분에 스위스 식품업계의 거인 네슬레(Nestle)는 인도 시장의 유제품 비즈니스를 위해 현지 농부들을 위한 훌륭한 공급 기반을 만들었다. 지난 1960년 네슬레는 단 180여 명의 농부들로 시작해 우유집하장으로 쓸 냉장유제품 제조시설을 만들었다. 시간이 지나면서 그 제조시설에서 농부들에게 기술지원, 연수교육, 물품공급을 제공했다. 결과적으로 농부들은 생산성을 크게 높여 번창했다. 네슬레와 함께 일하는 농부 수는 7만 5천 명을 넘었다.

전략의 연속성에 의해 다른 공급 원천인 노동시장에도 비슷한 혜택을 준다. 엔터프라이즈와 사우스웨스트항공은 기업 전략에 적합한 직원들의 매력을 끈다. 또한 지속성은 개발에 시간이 필요한 유통채널과의 관계를 개선시킨다. 도요타가 프리미엄 자동차 렉서스(Lexus)를 출시했을 당시 수년 동안 엄청난 물량을 투자해 판매망을 새로 구축했다. 만약 도요타가 이 전략을 오랫동안 밀고 나가지 않았다면 그 투자는 부적절했을지도 모른다.

- **연속성은 개별 활동 사이의 적합성을 개선시킨다. 연속성으로 인해 조직은 전략에 맞추어진 독특한 역량과 스킬을 구축할 수 있다.**

예를 들어 아라빈드(Aravind) 안과의 전략적 지속성은 인도에 안질환을 치료하는 대규모 숙련된 의료진의 공급율을 끌어올렸을 뿐만 아니라 병원 내 스태프용 맞춤형 연수프로그램을 개발했다. 오늘날 아라빈드의 '교육 과정'은 안과를 위한 전문의 프로그램부터 기기 유지·관리, 기술인력용 비의료 교육 과정까지 폭넓게 구성되어 있다. 사우스웨스트항공과 포시즌스 호텔도 생각해보자. 두 기업은 서비스의 독특한 스타일로 인해 타 기업들과 구별된다. 두 기업은 오랜 세월 직원 채용 관행을 갈고 닦았다. 회사 전략에 적합한 스킬과 태도를 갖춘 직원을 더 효과적으로 가려낼 수 있었다. 그것은 오랜 시간 기업이 일관된 전략 추구로 전략에 특화된 많은 자산들을 개발할 수 있는 방법이기도 하다. 기업문화를 포함해 이런 구체적 자산은 경쟁자가 따라오기 어렵게 만든다.

연속성으로 인해 조직 전체 구성원이 회사 전략을 이해하고 전략에 기여할 가능성을 높이게 된다. 그들이 더 많이 이

당신의 경쟁전략은 무엇인가?

해할수록 전략을 강화시키고 확장하는 의사결정을 내릴 가능성도 더 높아진다. 또한 관리자들도 다른 방향으로 작동하던 활동들을 조정할 가능성이 높아진다. 여기서 요점은, 스킬 개발과 조정은 하룻밤 사이에 일어나지 않는다는 점이다.

연속성이 가치 있는 그 이유 때문에 기업들은 잦은 전략 교체로 큰 대가를 치른다. 전략 변화에는 활동의 재구성과 전체 시스템의 재조정이 필요하다. 고객들과 가치사슬 파트너들은 지금 기업이 하려는 것에 대한 재교육을 받아야 한다. 전략 변화는 일반적으로 브랜드와 이미지에 거대한 재투자가 필요한 활동이다.

예를 들어보자. 1980년대 초 시어즈(Sears)는 당시 유행에 따라 전략을 계속 바꾸는 시도를 했다. 그것은 고객이 기대하는 기업 특성을 외면한 행동이었다. 수년 동안 가정용 공구와 가전제품 판매업체로 알려져 있었는데 갑자기 금융서비스 업체와 패션 소매업체로 변신을 시도했다. 그리고 별로 설득력없는 슬로건 '주식에서 양말까지(Stocks to Socks)'를 내세우며 원스톱 쇼핑 경험을 제공하려고 했다.

시어즈는 이 화두에서 저 화두로 계속 이동했다. '미래 매장'에서 '상시 저가 판매', '브랜드 중심' 나아가 '더 부드러운 시어즈'와 '최상의 실내 활동'에 이르기까지 시어즈의 한 관리자는 다음과 같이 말했다. "우리는 본사로부터 아이디어를 얻었다. 각 아이디어들은 왔다가 실패하고 사라졌다. 6개월 후 본사로부터 또 다른 아이디어가 내려왔다. 얼마 후 그 아이디어들을 믿지 않게 되었다."

새로운 전략을 실행하는 데는 대개 수 개월이 아닌 수 년이 걸린다. '원 포드(One Ford)'를 생각해보라. 그것은 CEO인 앨런 멀러리(Alan Mulally)의 경영 아래 포드 자동차의 전략적 리포지셔닝 당시 붙은 슬로건이다. 2006년 포드 자동차는 보잉에서 근무하던 그를 영입할 때까지 10년 넘게 발버둥치고 있었다.

멀러리는 전임자들이 조립해놓은 전략인 '브랜드의 집(House of Brands)'을 중단시켰다. 재규어, 랜드로버, 애스톤마틴, 볼보를 매각했다. 포드 로고에만 집중하면서 트럭과 SUV에서 벗어나 작고 더 친환경적인 자동차들을 중시했다. 전 세계 고객의 니즈와 취향이 수렴된다는 흐름에 베팅했다. 특정 시장에 맞추어 자동차를 특별히 디자인하는 것은 바람직하지 않다는 것이다. 2012년 출시된 포커스(Focus)는 포드가 최초로 내놓은 진정한 '글로벌 카'다.

이제 직원 20만 명의 기업에서 이런 전략 변화를 위해 필요한 것이 무엇인지 생각해보자. 새로운 구조, 시스템, 처리 과정에서 이전 방식은 없애고 잊어버리는 것이다. 제품 개발은 새로 디자인되어야 했다. 생산량은 감축되어야 했다. 노동계약도

재협상해야 했다. 마케팅은 개조되어야 했다. 그 과정에 4년이라는 시간을 쏟았고 멀러리는 포드 제품 중 80%가 글로벌 플랫폼을 구축하려면 3년이 더 필요할 것으로 예상했다.

전략을 바꾸는 데 필요한 경영상 도전은 엄청나다. 포터의 간단한 수학적 설명을 상기해보자. 전략 복제는 왜 최상의 성과에 도달하지 못하는가? 각 활동을 제대로 따라할 확률이 1보다 작다면 4~5가지 활동을 신속히 수행할 확률은 더 떨어진다($0.9 \times 0.9 \times 0.9 \times 0.9 \times 0.9 = 0.59$). 똑같은 논리로 빈번한 전략 변경이 성과에 중요한 장애가 되는 것을 알 수 있을 것이다. 일부 활동, 관행, 스킬, 태도는 절대로 새로운 전략을 따라가지 못하고 문제를 일으킬 것이다.

⚜ 무엇이 연속성에 수반되는가?

전략의 연속성은 조직이 계속 그 자리에 있어야 한다는 의미가 아니다. 핵심가치 제안에 안정성이 있는 한, 가치 전달 방법에서는 거대한 혁신이 있을 수 있고 있어야만 한다. 사실 성공을 거둔 기업 전체가 스스로 바뀔 이유가 거의 없는 것은 그들이 지속적으로 방법을 바꾸기 때문이다. 그들은 항상 일을 개선해나간다. 계속 더 많은 가치를 창출하는 방법과 파이를 더 크게 만드는 방법을 모색한다.

전략의 연속성은 조직이 계속 그 자리에
있어야 한다는 의미가 아니다. 핵심가치 제안에
안정성이 있는 한, 가치 전달 방법에서는 거대한
혁신이 있을 수 있고 있어야만 한다

1850년 폴 줄리우스 로이터(Paul Julius Reuter)는 시장참여
자들에게 글로벌 재무정보를 신속히 공급하는 기발한 방법을
찾아냈다. 새로운 기술은 바로 '전령 비둘기'였다. 로이터가 창
업한 기업은 오늘날에도 존재한다. 비둘기는 전신으로 시작
해 인터넷으로 정점을 찍는 기술혁신에 자리를 내주면서 로이
터는 신속한 금융시장 관련 정보를 원하는, 변화하지 않는 고
객 니즈에 지속적으로 서비스해오고 있다. 비록 현재 활동들은
150년 전과 비교해 매우 다르지만 말이다.

오늘날 인도 아라빈드 안과를 살펴보자. 전반적인 안구질환
치료 서비스를 제공하는 크고 복잡한 조직임을 알 수 있을 것
이다. 그들은 지역사회 리더들과 파트너 관계를 유지한다. 그리
고 안구 무료검진 서비스를 통해 농촌마을에서 연간 230만 명
이상을 치료해주고 교육시킨다.

1992년 아라빈드의 안구수술 건수는 급증했기 때문에 가장
비싼 공급물품 중 하나인 렌즈 생산을 후방통합했다. 제조사업

부인 오로랩(Aurolab)은 안과수술에 사용되는 타 소모품뿐만 아니라 백내장 수술용 인공 안구내 렌즈도 만든다. 1976년 열악한 조건에서 3명의 의사와 11개의 침대로 시작한 아라빈드의 규모와 범위는 엄청난 변화를 겪었다. 하지만 값싼 안과치료와 관련해 계속되는 고객 니즈에 지속적으로 서비스해왔다.

오늘날 월마트 매장은 할인소매점이 설립된 1962년 당시 모습과 전혀 달라 보인다. 월마트 1호 매장은 타 할인점이 영업하지 않는 미국의 작은 시골 고객들에게 서비스했다. 현재는 전 세계를 상대로 모든 규모 시장에서 영업 중이다. 샘 월튼이 당초 판매를 꿈도 꾸지 않은 제품 영역에서도 업계 선두주자가 되었다.

예를 들어 오늘날 월마트는 미국 최대 식료품 판매업체가 되었다. 1980년 후반에야 비로소 진입한 사업이다. DVD는 1999년 진입해 어느 소매점보다 더 많이 판매한다. 50년 동안 취급상품의 극적 변화, 매장 형태와 시스템 변화, 지속적인 생산성 향상에도 불구하고 기본적인 가치 제안 등은 변하지 않았다. 월마트는 유명상표 제품을 고객에게 매일 최저가에 계속 제공한다.

이런 각 사례에서 변화는 방향성의 연속성 덕분에 가능했다. 그것이 바로 안정성이 가장 중요한 이유다. 기업이 만족시켜야 할 고객 니즈와 상대적 가격으로 구성된 기본적인 가치 제안에서 말이다.

불확실성 하의 연속성

경영자의 삶에서 가장 어려운 사실 중 하나는 불확실한 환경 하에서 의사결정을 내리는 것이다. 그리고 불확실성이 높은 환경에서 기업을 운영한다면 다음과 같은 잘못된 3단 논법에 빠져들기 쉽다.

1. 나는 미래를 예측할 수 없다.
2. 전략은 미래에 대한 예측이 필요하다.
3. 따라서 나는 전략에 대해 확신할 수 없다.

지금부터 3~5년은 고사하고 다음 분기에 무슨 일이 발생할지 예측할 수 없다면 아마도 유연성을 유지하고 더 열심히 달리고 잠은 더 짧게 자는 것이 좋을 것이다. 이런 논리는 최소한 지난 10년 동안 또는 그 이상 경쟁에 대한 논쟁에서 주요 자리를 차지해왔다.

하지만 포터는 2번째 전제에 결함이 있다고 주장한다. 위대한 전략은 특별히 구체적이거나 완벽한 미래 예측을 토대로 구축되는 경우가 드물다는 것이다. 예를 들어 월마트 스스로 소매점 혁명의 중심에 있었지만, 월마트가 전략을 세우는데 그 혁명이 어떤 방향으로 진행될지를 예측할 필요는 없었다.

1948년 인 앤 아웃 버거 출시 이후 음식이 생산, 준비, 소비되는 방법에서 엄청난 혁명이 도래했다. 하지만 인 앤 아웃 버거의 전략은 그 거대한 변화들을 예측하는 능력에 의존하지 않았다. BMW의 전략은 자동차업계 전체를 뒤흔든 오일쇼크에서 전 세계적으로 가장 급 성장하는 시장인 중국의 등장까지 여러 사건에 대해 특별한 예지력이 필요없었다.

위대한 전략은 특별히 구체적이거나 완벽한 미래 예측을 토대로 구축되는 경우가 드물다

필요한 것은 어떤 고객과 니즈가 5~10년 후 상대적으로 강해질 것이라는 매우 광범위한 감각이다. 전략은 그 선택된 고객이나 고객 니즈(그들의 니즈를 적절한 가격에 충족시키기 위한 필수불가결한 트레이드오프)가 지속될 것이라는 예측에 베팅하는 것이다. 그런 점에서 어떤 가치 제안은 다른 가치 제안보다 더 강력한 것으로 드러난다.

델 컴퓨터의 직접판매 비즈니스 모델은 일부 고객들이 그들에게 조언과 정보를 제공하는 재판매상과 같은 소매점이나 중개인을 원하지 않았거나 필요하지 않았다는 사실에 기초한다. 개인용 PC 초창기 고객들이 컴퓨터와 친숙해지면서 중간자를 원하지 않는 고객 수가 증가하면 증가했지 줄어들진 않을 것이라는 사실에 착안한 데 이 전략적 포지셔닝의 기발함이 있다.

델은 다른 전략을 선택했을 때보다 더 많은 성장 기회를 줄 수 있는 전략으로 포지셔닝했다. 그런 의미에서 델은 최소한 수 년 전까지 제대로 된 예측을 했다고 볼 수 있다.('전략을 언제 바꾸어야 하는가?' 참조)

전략은 언제 바뀌어야 하는가?

오랫동안 전략이 성공적일수록 전략을 무력화시키는 위협요인을 알아차리는 것이 더 어려울 수 있다. 연속성이 현실 안주를 뜻하진 않지만 경영자들도 인간이므로 자칫 방심하면 그럴 위험도 있다. 훌륭한 전략에는 지속력이 있지만 전략을 바꾸어야 할 때도 분명히 있다. 포터는 기업들이 말하는 변곡점을 경험할 경우는 비교적 드물고 기존의 전략을 금방 포기하는 경향이 있다고 말한다. 따라서 새로운 전략으로 반드시 바꾸어야 할 조건을 아는 것이 중요하다.

첫째, 소비자 니즈가 변하면 기업의 핵심 가치 제안도 자연스레 빛이 바랠 수 있다. 기업은 소비자 니즈가 바뀔 때 변하는 경우도 많지만 항상 그렇진 않다. 고객의 특정 기존 니즈가 완전히 사라졌다면 문제는 심각해진다.

1976년 설립된 패션 브랜드 '리즈 클레이본(Liz Claiborne)'

은 1세대 전문직 여성들이 등장하면서 새로 떠오른 니즈를 잘 맞추어냈다. 리즈 클레이본은 성공한 여성에게 잘 어울리는 옷을 골라 입을 수 있다는 안정감을 선사했다. 이런 새로운 니즈를 기회삼아 급성장과 수익의 발판을 마련할 수 있었다. 그들은 1980년대 내내 뛰어난 성과를 거두었다. 그러나 1990년대 초에 접어들면서 여성들 사이에 직장과 안 어울리는 옷을 선택할지도 모른다는 불안감이 줄어들었다. 10년 동안 리즈 클레이본을 패션 조언자로 삼은 여성들은 자신들의 선택에 자신감이 생기고 다양성에 대한 관심도 커졌다. 동시에 직장여성의 드레스코드도 점차 자유로워졌다. 리즈 클레이본이 잘 충족시킨 소비자 니즈가 급감함에 따라 1991~1994년 클레이본의 이익은 2억 2,300만 달러에서 8,300만 달러로 줄었다.

인구통계와 사회변화 외에도 많은 요인이 소비자 니즈를 바꿀 수 있다. 예를 들어 일반적으로 규제 정책의 큰 변화는 구매자 가치와 기업비용의 관계를 변화시킨다. 산업규제는 고객 니즈를 임의로 규정함으로써 산업을 인위적인 균형 상태로 유지할 수 있다. 반면, 규제완화는 억눌린 경제적 요인을 해방시켜 새로운 니즈가 나타나게 할 수 있다. 그리고 산업의 중대한 구조적 변화는 대부분 새로운 전략적 포지션을 요구한다.

둘째, 모든 유형의 혁신은 전략이 의존하는 중요한 트레이드오프를 무력화시킬 수 있다. 상대적으로 저렴한 PC 구매욕구를 충족시킨 델의 전략은 그들만의 직접판매 모델을 통한 비용우위를 토대로 했다. 그 전략은 약 20년 동안 효과 있었지만 '대만 ODM(Original Design Manufacturers; 원천개발제조업체들)'의 등장으로 휴렛 패커드와 같은 경쟁업체들이 디자인과 제품 조립을 아웃소싱할 수 있게 되자 델의 비용우위는 완전히 사라졌다. 또한 PC 판매처가 기업에서 개인소비자로 이동하고 유통업체를 통한 판매 비중 증가 현상도 델을 고전하게 만들었다.

이런 변화는 델의 가장 중요한 트레이드오프를 무력화시켰다. 1990년대 후반 내가 마이클 델(Michael Dell)을 인터뷰할 당시 그는 자사 '모델'이 모든 문제를 해결하는 만능 전략인 것처럼 생각하는 사람들을 우려했다. '세상에 절대적인 것은 없다'는 사실을 알기 때문에 무서운 일이었다. 결국 그의 우려는 예언이 되었다. 독특한 가치 제안을 경쟁업체들보다 더 잘 전달하도록 가치사슬이 원만히 작동하지 않을 때 기업은 새로운 전략이 필요하다.

셋째, 기술이나 경영상 획기적 방법이 기존 가치 제안을 완전히 뛰어넘는 경우가 있다. 전략을 위협하는 모든 요인 중 기술보다 더 주목받는 것은 없다. 신기술이 게임의 법칙을 바꿀 때도 있지만 그렇지 않을 때가 더 많다. 진정 파괴적인 기술은 현재 업계 선두주자들의 자산을 무력화시킬 것이다. 디지털 사진기술은 필름 사진기술 선두주자였던 코닥에게 파괴적인 기술이었다. 디지털 사진은 대부분 용도에서 필름보다 우수하다. 코닥이 보유한 필름기술의 자산가치는 100년 동안 이어져왔지만 결과적으로 완전히 허물어졌다. 하지만 그렇게 극적인 상황에서도 코닥은 과감한 투자로 새로운 디지털 기술 분야의 전문성을 쌓을 수 있을 것이고 여전히 가치 있는 브랜드를 비롯한 여러 자산으로 새로운 미래를 구축할 수 있을 것이다.

기술이 진정 파괴적인지 여부는 기업의 기존 가치사슬에 통합될 수 있는지, 기업의 현재 활동을 강화시켜주는 쪽으로 맞춤화가 가능한지 여부를 확인해봐야 알 수 있다. 포터는 현실적으로 진짜 파괴적 기술은 극히 드물다고 말한다.

AOL의 전략은 델의 판박이다. 수백만 명에게 인터넷을 소개하는 일을 도왔다. 그 경험을 사용자친화적으로 만들고 그 과정에서 프리미엄 가격을 책정했다. 그런데 그 포지셔닝 선택은 내재적인 취약점이 있었다. 고객들이 온라인 이용에 점점 익숙해지면서 AOL이 구성해 제공하는 서비스의 필요성을 덜 느끼게 되었다. 필연적으로 고객들은 간단한 웹페이지와 친절한 안내로부터 더 깊은 기능성과 빠른 속도로 갈아타게 되어 있었다. 또는 불필요한 것을 뺀 기본적인 인터넷 서비스를 더 낮은 가격에 제공하는 회사로 변화하게 되었다.

전략은 이렇게 선택된 니즈가 지속될 것이라는 근본적인 베팅을 넘어 포터가 '영웅적 예측'이라고 부르는, 미래 예측력을 필요로 하진 않는다. 사우스웨스트항공은 고객들이 계속 낮은 비용, 편리한 운송수단을 원할 것이라고 예상했다. 테러리즘에 대한 증가하는 관심이나 항공기 연료비, 기타 항공업계에 영향을 미치는 많은 변수들을 예측할 필요는 없었다.

인 앤 아웃 버거가 예측해야 했던 것은 일부 고객이 간단하지만 신선한 버거와 프라이를 계속 원할 것이라는 점뿐이었다. BMW는 디자인, 운전 성능, 고급스러운 평판에 대한 니즈가 지속될 것이라고 예상하는 것으로 충분했다.

포드의 앨런 멀러리는 전 세계 고객들이 자동차에 대해 원하는 것이 점점 비슷해진다는 간단한 예측을 기초로 포드의 미래를 구축했다. 이 전략은 전기자동차 보급률이 얼마나 가파르게 상승하는가와 상관 없다. 물론 그것이 정말 현실이 된다면 잠재적으로 블록버스터급 기술 파괴자가 되겠지만 멀러리는 "이것이 전략의 모든 것이다. 미래에 대한 관점과 그것에 기초한 의사결정이 핵심이다. 당신이 저지를 수 있는 최악의 실수는 자신만의 관점이 없는 것이고 의사결정하지 않는 것이다"라고 말했다. 포터 자신도 이보다 더 잘 설명하진 못할 것이다.

앞에서 말한 잘못된 3단 논법으로 돌아가보자. 경영전문가들의 영향으로 많은 기업의 임원들은 유연성을 전략의 대안으로 받아들였다. 하지만 경쟁우위의 경제적 본질을 적용해보면 이런 접근법의 결점을 곧바로 찾을 수 있다. 생각해보라. 유연성과 탁월한 성과의 연관성은 어디 있는가? 유연성이 소비자 니즈에 날카롭게 초점을 맞춘 전략보다 효과적일까? 대충 이것저

것 시도해 어떤 활동을 선택하는 것에 대한 위험을 분산시키는 것으로 과연 가격을 올리고 비용을 낮출 수 있을까? 포터는 전략을 유연성으로 대체하는 한, 조직은 결코 무엇을 대표하거나 탁월해질 수 없다고 말한다. 유연성은 이론상 좋게 들리지만 조직이 수행하는 구체적인 활동을 살펴보면 전략 없는 유연성이 탁월함을 보장하지 못하는 이유를 알 수 있다. 맞춤화는 형편없고 트레이드오프는 아예 존재하지도 않고 적합성도 불가능해진다. 이 모든 것은 기업이 방향성을 유지할 때 가능해진다.

무엇을 바꿔야 하는가?

전략은 고정된 지점이 아니라 목표를 향해 가는 길이다. 효과적인 전략은 역동적이어야 한다. 목표를 이루는 데 필요한 모든 수단이 아니라 바람직한 시장성과 자체를 정의해준다. 방향의 연속성은 전략에 필수적이지만 경쟁우위 유지에 절대적으로 중요한 변화도 있다.

첫째, 운영효과성에서 계속 앞서나가야 한다. 그렇지 않으면 전략은 소용없다. 전략이나 전략에 필수적인 트레이드오프와 충돌하지 않는 모범사례들을 계속 받아들이고 자기것으로 소화시켜야 한다. 운영효과성을 따라잡지 못하면 비용상 불이익이 발생해 다른 경쟁우위마저 집어삼킬 것이다.

전략을 유연성으로 대체하면 조직은 결코
무엇을 대표하거나 탁월해질 수 없다

1990년대 중반 BMW는 비슷한 난관에 처했다. 타 자동차 제조업체들이 과감히 모범사례에 투자한 반면, BMW는 뒤처져 있었다. 그래서 상품개발 부문의 경우, 6개월이 소요되는 자동차개발 시간이 비효율적임을 깨닫고 절반으로 줄이려고 했다. 그 과정에서 운영효과성(OE)과 관련된 여러 개선책을 찾아내 교정했다. 특정 전략과 상관없이 모든 자동차 제조업체의 생산성을 높일 모범사례들을 받아들인 것이다. 예를 들어 몇 가지 활동을 동시에 수행함으로써 기존 설계작업의 선형적 순서를 단축시켰다. 충돌 시뮬레이션은 실물 원형이 아닌 컴퓨터로도 가능했다. 고급 세단 생산업체든 기본적인 가족용 밴(VAN) 생산업체든 상관없이 활용할 수 있는 확실한 모범사례들이었다.

하지만 BMW는 자사만의 고유한 특징에 영향을 미칠 수 있는 변화에는 선을 그었다. 한 가지 예로 컴퓨터 지원 스타일링(CAS)시스템을 도입해 약 80%의 디자인 작업을 컴퓨터로 해결했다. 그러나 BMW만의 스타일을 추구하기 위해 나머지는 실물 모델을 활용했다. 이처럼 BMW의 바뀐 새로운 디자인 프로세스는 CAS의 시간적 우위와 점토와 수작업 스타일링의 질

당신의 경쟁전략은 무엇인가?

적 우위가 합쳐진 혼합체였다.

새로운 기술이나 경영혁신 중 일부는 모두가 채택해야만 하는 모범사례다. 나머지는 전략적 파급효과가 있으므로 신중한 분석이 필요하다. 혁신에 대한 질문은 간단하다. 전략을 강화시켜 줄 것인가, 전략의 고유함을 위태롭게 만들 것인가?

둘째, 가치 제안을 확장하거나 더 나은 실행 방법이 있을 때마다 변화를 추구해야 한다. 이런 변화들은 전략에 특화되어 있으므로 모든 기업에게 똑같은 혜택을 주진 않는다. 혁신할 기회가 생긴다는 것은 애당초 어느 정도 전략이 있기 때문이다. 넷플릭스의 CEO 리드 헤이스팅스는 DVD 우편 렌탈 사업을 시작하던 날부터 인터넷 기반 솔루션을 찾아나섰다. 넷플릭스는 고객 PC로 비디오를 직접 스트리밍 하는 방안이 가능하다는 것을 알아냈다. 그것은 당초 넷플릭스의 전략을 구축한 소비자 니즈를 더 효과적으로 처리해 주었다. 통신판매는 넷플릭스의 '직접' 모델을 실행하는 한 가지 방법이었다. 스트리밍은 시간뿐만 아니라 DVD를 보내고 받는 물류비까지 줄일 수 있었다.(2010년 당시 DVD 우편렌탈에 따른 왕복 비용은 1달러였고 스트리밍은 단 5센트였다.) 편리한 대여점 위치를 기반으로 전략을 구축한 코인스타의 레드박스 같은 경쟁업체들에게는 당장 연관성이 적은 변화였다.

대부분의 자동차 제조업체들과 달리 BMW는 전기자동차를 가치 제안의 확장 방법으로 인식하는 듯하다. 다른 회사들 모두 기존 자동차 플랫폼을 이용해 전기차시장으로 돌진한 반면, BMW 엔지니어들은 자신들만의 게임을 선택하고 있다. 그들은 BMW만의 성능과 스타일링을 달성하는 유일한 방법은 처음부터 완전히 새로운 차량을 설계하는 것이라고 생각한다. 좌석을 비롯해 여러 구역의 탄소섬유 구성은 자동차 배터리의 가중된 무게를 상쇄해줄 것이다. BMW의 디자인 부문 책임자 애드리언 밴 후이동크(Adrian van Hooydonk)에 따르면 '가능하면 저렴한 자동차를 구입하겠다는 청빈 선언'을 하지 않고서도 '환경의식이 있는 것처럼 보이고 싶은 수많은 도시 운전자들'을 겨냥한 '고급스러운 친환경'이 BMW의 포지셔닝이 될 것이다.

✤ 전략은 점진적으로 완성되고 진화한다

포터는 모범 전략 사례로 사우스웨스트항공이나 이케아처럼 완전히 개발된 전략을 보유한 기업들을 선택한다. 만약 노벨상 부문에 비즈니스 전략이 있다면 수상받을 만한 기업들이다. 이 위대한 모범기업들은 전략의 모든 검증 항목들을 당당히 통과할 것이다. 그들은 대부분의 관리자들이 꿈만 꿀 수 있는 수십 년 동안의 탁월한 성과도 이루었다(그림 7-2 참조).

포터는 그런 기업들을 사후에 자세히 살펴보고 질문을 던진

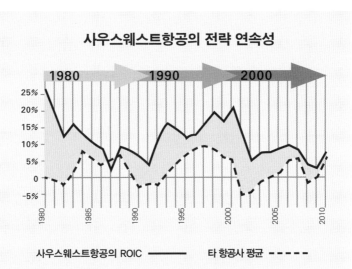

사우스웨스트항공의 전략 연속성

사우스웨스트항공의 ROIC ——— 타 항공사 평균 - - - - -

사우스웨스트항공의 전략 연속성은 지속적인 경쟁우위에서 잘 나타난다. 1980~2010년 30년 넘게 사우스웨스트항공의 평균 ROIC는 11.4%인 반면, 업계 평균은 3.1%였다. 사우스웨스트항공의 경쟁우위는 1980~1990년대 가장 두드러졌다. 지난 10년 동안 더 낮은 인건비로 전략을 모방하는 경쟁업체들이 등장한 이유로 약해졌다. 동시에 성장압박 때문에 일부 핵심 트레이드오프에 대한 집중이 늦춰지기도 했다. 예를 들어 한때 단거리 노선만 운항했지만 현재는 아니다. 트레이드오프 완화에는 경제적 파급효과(손실)가 뒤따른다.

그림 7-2

다. 그들의 성공을 어떻게 설명할 것인가? 항상 답은 똑같다. 각 기업들은 복잡한 비즈니스 시스템을 특정 산업 맥락에서 특정 가치를 창출하도록 설정했다는 점이다. 나는 그들이 복잡하게 얽힌 그런 시스템을 갈고 닦는 데 수십 년을 투자했다는 점을 강조하고 싶다. 이것이 포터의 5가지 검증 항목에 연속성이 들어 있는 이유이고 그것을 '조력자'라고 부르는 이유다.

포터가 다음 3가지 단계를 이용하면 누구나 하루아침에 사우스웨스트항공이나 이케아 같은 전략을 만들 수 있다고 주장한다고 생각할 만큼 순진한 사람은 없을 것이라고 믿는다.

1. 이런저런 분석을 한다(5가지 세력, 가치사슬, 상대적 비용과 가치).
2. 현재 경쟁업체들의 전략적 포지션을 나타내는 산업 지도를 그린다.
3. 시장에서 아직 아무도 차지하지 않은 포지션을 선택한다.

포터를 포함해 과연 누가 그렇게 복잡한 시스템을 미리 설계할 수 있는지 질문하는 관리자도 있을 것이다. 전략 분석이 시간낭비일 수도 있다면서 말이다. 차라리 내면의 기업가정신을 발휘해 이런저런 실험을 해보고 어떤 전략이 효과적인지 지켜보는 것이 낫겠다고 말이다.

포터는 전략을 분석적으로 설계하는 것과 전략이 나타날 때까지 시도하고 실험하는 것 사이에서 올바른 균형을 어떻게 찾아야 한다고 말하는가? 그가 전적으로 '설계'를 지지할 것이라고 생각할 수도 있지만 반드시 그렇지만은 않다. 좋은 분석은 필수이지만 전략이 사전에 모두 완벽히 정의되어야 한다는 생각은 오산이라고 주장한다. 이유는 간단하다. 너무 많은 변수와 불확실성 때문에 모든 것을 완벽히 예측하는 것은 어렵기 때문이다. 조직은 오랜 시간 소비자 니즈를 충족시키고 경쟁자들과 경쟁하는 과정에서 전략에 대한 중대한 통찰을 얻는다. 시간이 지날수록 새로운 기회도 떠오른다.

연속성은 조직이 전략을 깊이 이해하는 데 필요한 시간을 준다. 다시 말해 어떤 전략을 고수하면서 조직 스스로 창조하는 가치에 대한 이해를 높이고 더 탁월해질 수 있다. 전략은 절대 처음부터 완벽한 상태로 만들어지지 않는다. 사우스웨스트항공은 창립 후 첫 비행을 시작할 때까지 4년이 걸렸다. 이케아 설립자 잉그바르 캄프라드(Ingvar Kamprad)는 1943년 창업했지만 1958년이 되어서야 비로소 매장을 열 수 있었고 1960년대 중반에 이르러서야 전매특허인 셀프서비스 매장 디자인을 시험할 수 있었다.

전략은 발견 과정을 통해 나타나는 경우가 많다. 기업이 포지셔닝을 시험하면서 가장 좋은 포지셔닝 방법을 찾을 때까지 수 년 동안 시행착오를 겪기도 한다. 정반대 관점에서 포터는 조직이 모든 부서 내의 연계성 없는 실험을 통해 우연히 전략을 찾을 수 있다는 생각은 하지 말라고 경고한다. 전략은 부분이 아닌 전체다. 모든 기업에는 처음 사업을 시작하게 만든 안정적이고 핵심적인 뭔가가 있을 것이다. 그렇지 않다면 적어도 가치를 어떻게 창조하고 자신의 몫을 어떻게 가져올지에 대한 가설이라도 있을 것이다.

전략은 2~3가지 핵심적인 선택으로 시작하는 경우가 많다. 시간의 흐름과 함께 전략이 좀 더 분명해지면서 추가 선택들이 기존 선택을 보완하고 확장시킨다. 앞에서 살펴보았듯이 사우스웨스트항공은 초창기 항공기 3대와 편리한 저가 서비스라는 단순한 가치 제안으로 시작했다. 항공기 도착 후 이륙 때까지의 시간 단축이 사우스웨스트항공의 경쟁우위에서 얼마나 중요한 역할을 했는지도 살펴보았다. 하지만 사우스웨스트항공 설립자들이 처음부터 그것을 알았던 것은 아니다.

초창기 CEO 라마르 뮤즈(Lamar Muse)는 텍사스주 외부로의 전세기 서비스 제공 기회를 포착했다. 그래서 네 번째 항공기를 사들였다. 이는 사우스웨스트항공의 정규 노선 운항 횟수를 늘려주었고 그 덕분에 편의성도 향상되었다. 그런데 연방법원에서 사우스웨스트항공이 텍사스주 밖으로 운항할 수 없다는 판결을 내렸다. 이 항공기는 돌연 경제적 부담으로 돌아왔다. 뮤즈는 해당 항공기를 매각했지만 늘어난 운항 스케줄을 계속 유지하고 싶었다. 도착 후 이륙 때까지의 소요시간을 10분으로 유지해야만 가능한 일이었다. '필요는 발명의 어머니'라고 했던가. 당시 사우스웨스트항공 지점 매니저로 일했던 사람의 말이다. "우리는 대부분 항공업계 경력이 없어 그것이 불가능하다는 것을 몰랐고 그렇다보니 어떻게든 해냈다."

사우스웨스트항공이나 이케아처럼 정말 훌륭한 전략은 전체가 매우 복잡하고 일관적이며 경제적 논리가 분명하고 설득력도 있다. 그래서 모든 것이 처음부터 미리 계획된 것이라고 생각할 수 있지만 그렇지 않다.

델의 경우를 살펴보자. 초창기 델이 사용한 전략의 핵심은 분명했다. 직접판매(재판매업자 마진 제거)와 외부에서 구매한 부품을 사용한 주문제작(내부 기술개발 및 부품 제조비용 제거)을 중심으로 이루어졌다. 마이클 델이 처음에는 알지 못했던 전략의 내재된 가능성이 서서히 드러났고 그 핵심을 토대로 계속 개발하고 변화시켰다.

한 가지 예로 델은 초창기 자사의 가치 제안이 중소기업 소비자들보다 내부에 IT 부서를 갖춘 대기업 소비자들에게 더 매력적이라는 것을 알아냈다. 또한 대기업 고객들은 대량주문을 했기 때문에 델은 그들의 니즈를 충족시키는 데 규모의 경제를 발휘할 수 있다는 사실도 알게 되었다. 그래서 초창기에는 기업고객들에게 집중했다. 당시 수익성이 없던 개인고객시장은 타 컴퓨터 제조업체들이 상대하도록 놔두었다.

시간이 흐르면서 델은 직접판매와 고객주문 제작이 또 다른 중요한 경쟁우위를 만들어준다는 것을 알게 되었다. 주기가 단축되고 재고 수준이 낮아져 부품가격이 급락하던 시기에 델은 상대적 비용우위를 손에 넣을 수 있었다. 경쟁업체들은 더 오래되고 값비싼 부품으로 만든 컴퓨터를 유통채널에 밀어넣고 있었다. 또한 델은 고객과의 직접적인 관계를 통해 경쟁업체들보다 미래 수요정보를 더 많이 얻을 수 있었고 결과적으로 공급사슬 관리가 개선된다는 것을 알게 되었다. 그것은 2000년대 초까지 델의 비용우위와 고객들에게 윈도우-인텔 기술을 저가에 제공하는 능력의 핵심을 차지했다.

이처럼 델이 자사 전략의 경제적 힘을 완전히 이해하는 데는 수 년이 걸렸다. 재고가 가치 제안에서 차지하는 중요성을 알게 될수록 델은 모든 조직 구성원이 재고를 줄이는 새로운 방법을 제안하는 데 집중하도록 만들 수 있었다. 타 PC 제조업체들은 매출 총액에 집중했지만 델은 재고관리를 강조하는 평가 기준인 ROIC(투하자본수익률)에 집중했다. 그리고 실수를 통해 교훈도 얻었다. 1980년대 성장세가 둔화되자 델은 판매업자를 통한 판매를 시도했다. 하지만 2가지 포지션에 '양다리 걸치기'는 이익보다 손실이 훨씬 크다는 것을 깨닫고 즉시 방향을 바꾸었다.

포터의 핵심 포인트는 이렇다. 처음부터 무엇이 중요할지 모두 파악하는 것은 거의 불가능하다. 그렇다면 변화는 불가피하며 변화역량이 매우 중요하다. 하지만 방향의 연속성은 변화를 더 효과적으로 만들 수 있다. 특정 기업들이 거둔 탁월한 성공에는 뜻밖의 행운이 작용한 경우도 있음을 부인할 수 없다. 하지만 포터의 질문처럼 당신은 운에 의존하는 '전략'을 내세우는 사람에게 투자하고 싶겠는가?

성공에는 창의성과 뜻밖의 우연도 작용하므로 분석을 통해서만 전략을 만들어가는 것이 어려울 수도 있다. 하지만 전략의 필수적인 사항들을 이해한다면 성공을 향한 길에서 더 나은 결정을 내릴 가능성이 훨씬 높아진다.

당신의 경쟁전략은 무엇인가?

⚜ 연속성의 역설

변화를 이끄는 능력은 1990년대부터 탁월한 CEO의 전형적인 특징이 되었다. 하지만 연속성의 원리는 모든 변화가 바람직한 것은 아니고 지나친 변화는 나쁠 수 있으며 모든 변화가 전략 변화까지 요구하는 것은 아님을 상기시켜 준다. 전략에서 연속성의 역할을 제대로 파악한다면 변화 자체에 대한 생각이 바뀔 것이다. 역설적으로 전략의 연속성은 실제로 환경변화에 적응하고 혁신하는 조직 능력을 향상시킨다.

역설적으로 전략의 연속성은 실제로 환경변화에
적응하고 혁신하는 조직 능력을 향상시킨다

왜 그럴까? 변화 과정은 엄청난 양의 정보를 면밀히 확인하고 분석하여 기업이 취할 필요가 있는 행동에 관심을 집중시키는 것과 관련 있다. 이자와 환율은 변동폭이 크다. 소셜미디어는 기하급수적으로 성장한다. 일부 새로운 소매 형태가 등장한다. 중국이 X를 하면 인도는 Y를 한다. 요즘 젊은세대는 부모세대와 다른 가치와 업무습관을 보여준다. 실리콘 칩은 대단한 회로집적도를 이루어냈다. 하지만 포터는 이 사건들과 수백 가지 다른 일들이 모든 기업에게 반드시 중요하진 않다는 데 주목한다.

전략이 없다면 모든 것을 중요하게 여길 수 있다. 전략은 중요한 것을 결정하는 데 도움을 준다. 서비스 대상이 누구인지, 어떤 니즈를 만족시켜야 하는지, 가치사슬을 차별적으로 구성해 올바른 가격에 해내야 한다는 것을 알기 때문이다. 이 요소들은 중요하거나 중요하지 않은 것을 정리해주며 이것은 기업에게 기본이 된다. 전략은 우선순위를 더 분명히 한다. 더욱이 사람들이 이해하는 목적이 조직 내에 분명히 있다면 그들의 변화 의지와 긴박감을 더 높일 것이다.

개인적으로 자신이 누구이고 무엇을 대표하는지 안다면 변화는 더 쉽다. 하지만 그것들을 모른다면 변화는 무척 어렵다. 새로 등장하는 모든 니즈를 충족시켜야 한다고 느끼거나 새로운 모든 기술을 수용해야 한다고 생각하는 조직은 마비 상태에 빠질 것이다. 하지만 조직 내 모든 사람이 가치 제안을 이해한다면 조직은 새로운 트렌드를 놓치지 않고 고객 니즈를 충족시키는 데 더 독특해질 수 있다. 기업이 당면한 변화의 바다를 꼼꼼히 살펴 추려내고 관련된 것들을 신속히 파악할 수 있게 한다. 이케아의 주요 고객 기반은 유행에 민감하고 교육도 많이 받은 사람들이다. 2010년 이케아의 카탈로그는 플랫팩의 환경 친화성을 강조하고 있다. 이케아는 수십 년 동안 시행해오고 있고 자사의 저가 전략에 일관된 접근법으로 마케팅함으로써 항상 새롭고 중요한 기업으로서의 상태를 유지할 수 있다.

의도적이고 명시적인 전략 수립은 어느 때보다 변화와 불확실성 시대에 더 중요하다

조직은 복잡하다. 그들이 선택한 가치를 전달하는 데 진정 능숙해지는 데는 시간이 필요하다. 처음에는 역설적인 의미로 포터는 "의도적이고 명시적인 전략 수립은 그 어느 때보다 변화와 불확실성 시대에 더 중요하다."라고 주장했다. 그러나 전략이 명확한 방향을 제시함으로써 경영자들을 정신없게 만드는 많은 것들을 걸러내준다는 점을 생각하면 더 이상 역설이 아니다. 전략은 고객가치와 비용 사이의 간극에 초점을 맞춤으로써 맹목적으로 유행을 추종하는 경향을 경계하도록 해준다.

:: 나는 마크 트웨인의 농담을 소개하면서 이 책을 시작했다. 그는 모두가 고전을 읽길 원하지만 아무도 읽지 않는다고 다소 익살스럽게 말했다. 이제 책의 마무리 시점에 오면서 나는 마크 트웨인이 던진 농담의 핵심을 이해하게 되었다. 고전은 결코 어려워서 읽지 않는 것이 아니다. 우리가 너무 게으르고 자신에게 너무 적은 것을 요구하기 때문은 아닐까?

포터 교수가 경영자들에게 요청하는 것은 간단하면서도 매우 어려운 내용이다. 단순히 의사결정과 성과 사이에 분명한 조준선을 설정하라는 것이다. 그러나 눈속임하면 안 되고 정확하고 엄격히 하라고 말한다. 대부분의 경영 관련 저자들과 달리 포터는 특정한 일을 구체적으로 하라고 말하지 않는다. "나는 경영자들에게 본질적인 프레임워크와 모든 상황에 적용할 수 있는 범용 이론을 제시한다. 기업은 각자 창의적인 일을 하고 있기 때문에 자신만의 독특한 답을 찾아야만 한다."라고 말한다.

경영 관련 책들은 모두 일시적 유행을 좇는다. 올해 신기원을 이룬 아이디어들은 3년, 5년, 10년 후에는 거의 사용되지 않는다. 그러나 이탈로 칼비노(Italo Calvino) 작가의 문구를 빌리면 진정한 고전은 "해야 할 말이 결코 끝나는 법이 없고" 나아가 "다시 읽을 때마다 처음 읽는 것처럼 수많은 탐구의 항해를 하게 해준다."

내 경우도 마찬가지다. 다음 요약을 통해 포터의 저서를 탐독하면서 발견한 시사점들을 짧은 목록으로 추려보았다. 이 '경쟁과 전략의 10가지 시사점' 목록은 쉽게 진부해질 수 있다. 그러나 포터의 핵심사상을 제대로 이해했다면 각 시사점들이 포터가 구축해놓은 어느 토대로부터 나왔는지 추측할 수 있을 것이다.

✤ 10가지 포터 사상의 실무적 시사점들

1. 최고가 되기 위한 경쟁은 직관적이지만 경쟁으로 인해 자신을 파괴시키는 방법이다.

2. 만약 수익성이 없다면 기업 규모나 성장률은 아무 의미가

없다. 경쟁은 이윤을 위한 것이지 시장점유율이 아니다.

3. 경쟁우위는 경쟁자에 대항해 싸우는 것이 아니다. 고객을 위해 독특한 가치를 창출하는 것이다. 경쟁우위가 있다면 그 내용은 손익계산서에 나타나야 한다.

4. 독특한 가치 제안은 전략 수립에 필수적이다. 그러나 전략은 마케팅 그 이상이다. 가치 제안이 그것을 전달하는 맞춤형 가치사슬을 특별히 필요로 하지 않는다면 전략적인 역할을 못한다.

5. 모든 고객에게 '기쁨'을 주겠다는 생각을 하지 말라. 훌륭한 전략의 징표는 특정 고객을 행복하게 만들지 않을 수 있다는 의지에서 나타난다.

6. 조직이 하지 말아야 할 것이 분명하지 않으면 전략은 의미가 없다. 트레이드오프는 경쟁우위를 가능하게 만들고 지속시키는 연결고리다.

7. 훌륭한 실행의 중요성을 과대평가하거나 과소평가하지 말라. 실행이 지속가능한 경쟁우위의 원천이 될 가능성은 낮지만 실행 없이는 가장 눈부신 전략도 탁월한 성과를

당신의 경쟁전략은 무엇인가?

낼 수 없다.

8. 훌륭한 전략들은 하나가 아닌 많은 선택 사이의 적절한 연결성에 달려 있다. 핵심역량만으로 지속가능한 경쟁우위를 달성하는 경우는 거의 없다.

9. 불확실성에 직면했을 때 유연성은 좋은 아이디어처럼 들리지만 당신의 조직이 정체성이 없거나 제대로 아무것도 못한다는 의미다. 전략에서 너무 많은 변화나 너무 적은 변화는 재앙과 같다.

10. 전략을 세우고 악착같이 실행해나간다는 것이 엄청난 미래 예측을 필요로 하는 것은 아니다. 오히려 명확한 전략에 집중하는 것은 혁신하고 격변기에 적응하는 능력을 향상시킨다.

감사의 말

:: 내가 아는 마이클 포터는 무엇보다 재능이 뛰어난 최고의 스승이다. 이 책이 독자에게 포터의 생각을 충분히 이해시킬 수 있다면 순전히 그의 지원과 격려 덕분이다. 인내심을 발휘해 경쟁과 전략이론을 설명해준 포터 교수에게 감사드린다. 그는 집필이 진행되는 동안 별도의 시간을 할애해 예리하고 정확한 지적으로 모든 내용을 주의 깊게 검토해주었다.

포터의 주장과 생각을 설명하기 위해 이 책에서 사용한 기업의 실제 사례는 포터 교수의 저서 및 연구뿐만 아니라 다른 학자들이나 경영 관련 저술가들의 논문이나 저서에서도 인용했다. 출판물을 참고할 경우, 자료원을 주석에 표시했다. 아직 출판되지 않았지만 좋은 내용을 인용할 수 있도록 해준 하버드 경영대학원의 '전략과 경쟁력 연구소(ISC)'의 훌륭한 연구원들 특히 앤드류 펀더버크(Andrew Funderburk)에게 감사의 말을 전한다.

많은 동료와 친구들이 이 책 초안에 대해 유용한 조언을 아끼지 않았다. 그 중 다음 3명은 자기 일을 제쳐놓고 책 내용을 가다듬는 데 앞장서 주었다. 하버드 경영대학원에서 전략을 가르치고 있는 잔 리브킨(Jan Rivkin)은 어려운 내용을 대충 설명하지 않도록 하는 데 많은 도움을 주었다. 엘린 멕콜건(Ellyn McColgan)은 경험이 풍부한 고위 경영자로 포터의 이론이 기업관리자들에게 무슨 의미가 있는지 끊임없이 질문해주었다. 성공한 출판인이면서 책에 남다른 애정을 쏟는 폴라 더피(Paula Duffy)도 이 프로젝트의 모든 측면에서 귀중한 의견을 제시해주었다. 아울러 레지나 파지오, 마루카와 엘리스, 하워드의 도움에도 감사한다. 베이커도서관의 크리스 앨런, ISC의 리디아 그라함, 그리고 하버드 비즈니스 리뷰의 엘리슨 피터의 지원에 진심으로 감사한다.

우리 모두는 훌륭한 카운슬러와 치어리더를 필요로 한다. 레이프 사가린과 시릴리 고린은 처음으로 이 책을 쓰도록 격려하고 집필을 시작하는 데 도움을 아끼지 않았다. 메린다 메리노는 완벽한 편집자였다. 그녀의 판단력과 지원 덕분에 더 좋은 책이 될 수 있었다.

끝으로 나의 남편 빌 마그레타에게 특별히 감사한다. 배우자로서 마지못해 하는 인사치레가 아니다. 빌은 예나 지금이나 변함없이 항상 나의 비밀병기이다. 그는 내게 가장 총명한 독자로 손색이 없다.

부록 1

마이클 포터 인터뷰

:: 이 인터뷰는 2011년 봄학기 수업을 진행하는 동안 하버드 경영대학원에서 이루어졌다. 인터뷰 준비를 위해 포터 교수의 연설 원고를 검토하고 질문과 답변시간에 관리자들이 가장 많이 물어보는 질문에 특별히 주의를 집중했다. 그 질문들이 여기 반영되었다.

1. 일반적인 오해와 장애물들

- **마그레타:** 당신이 알고 있는 가장 일반적인 전략상 오해는 무엇인가?

- **포터:** 우선 가장 큰 오해는 최고가 되려고 경쟁하는 것이다. 모든 사람들과 똑같은 길을 걸으며 어떻게든 더 나은 결

당신의 경쟁전략은 무엇인가?

과를 얻을 수 있다는 믿음이다. 그것은 이기기 힘든 경주를 하는 것이다. 따라서 많은 경영자들은 전략을 운영효과성과 혼동하고 있다.

다른 일반적인 오해는 마케팅을 전략과 혼동하는 것이다. 전략이 고객과 고객니즈에 집중하는 데서 시작하는 것은 자연스런 일이다. 따라서 많은 기업들은 전략을 가치 제안을 중심으로 입안한다. 이는 수요-공급 관계에서 수요만 보는 것이다. 그러나 강력한 전략은 공급측면인 맞춤형 가치사슬도 필요하다. 그것은 가치를 전달하는 활동의 독특한 구성과 설계를 말한다. 전략은 가치사슬(공급)상 독특한 선택과 함께 수요 측면의 선택과도 연결되어 있다. 두 가지 중 하나라도 없으면 경쟁우위는 불가능하다. 다른 실수는 조직의 '강점'을 과대평가하는 것이다. 많은 조직에서 외부가 아닌 내부만 바라보는 편향이 있다. 고객서비스를 강력한 분야로 인지할 수도 있다. 따라서 고객서비스는 전략 구축을 시도할 때 '강점'이 된다. 그러나 전략적인 목적을 위한 진정한 강점은 기업이 그 어느 경쟁자보다 더 잘하는 그 무엇이 되어야 한다. 여기서 '더 잘한다'는 것은 단순히 같은 일을 더 잘하는 것이 아니라 경쟁자와 다른 활동들을 하기 때문에 더 잘한다는 것이고 활동들을 경쟁자와 다른 조합과 배열로 수행하기 때문에 더 잘한다는 말이다.

일반적인 또 다른 오해는 기업이 비즈니스나 지리적 범

위를 잘못 정의하는 것이다. 수십 년 전 테오도어 레비트(Theodore Levitt)의 영향력 있는 연구 결과가 나온 이후 산업을 폭넓게 정의하는 경향은 오랫동안 있어왔다. 그의 유명한 사례로 철도산업이 운송사업 분야에 속한다는 것을 알지 못해 트럭과 항공기에 의한 위협을 간과했다는 것이다. 그러나 비즈니스가 운송이라고 정의할 때의 문제는 철도산업이 뚜렷이 구별되는 경제성과 가치사슬을 가진, 분명히 구분되는 산업이라는 점이다. 철도산업에서 효과를 발휘할 건전한 전략이라면 이런 차이점을 고려해야 한다. 철도를 운송업으로 정의하는 것은 위험할 수 있다. 만약 그런 정의가 철도경영자들에게 운송 분야에서 다중적인 형태로 경쟁할 수 있도록 항공화물 업체 인수가 필요하다고 부추긴다면 말이다. 마찬가지로 국내에 국한되거나 일부 이웃국가를 아우르는 데 그치는 산업을 글로벌산업이라고 정의하는 것도 문제다.

글로벌화에 뒤처지지 않으려는 기업들은 자신들의 비즈니스가 어떻게 돌아가는지에 대한 명확한 이해도 없이 국제화하려고 한다. 가치사슬은 경쟁의 지리적 경계를 정하는 주요 도구로 해당 비즈니스가 국내용인지, 글로벌용인지 결정해준다. 지역적인 비즈니스에서는 각 지역이 별도의 자기완결형 가치사슬이 필요하다. 다른 한 쪽의 극단으로 보면 글로벌산업은 가치사슬의 중요한 활동이 모든 국가들 사이에서 공유될 수 있다는 것이다.

그러나 내 경험상 가장 최악의 일반적인 오해는 결국 기업에게 전략이 없다는 것이다. 대부분의 경영자들은 실제로 전략이 없으면서 있다고 착각한다. 그들에게는 최소한 엄격하고 경제성에 기반한 정의를 만족시키는 그 어떤 전략도 없다.

최악의 가장 일반적인 오해는 결국 기업에게
전략이 없다는 것이다. 대부분의 경영자들은
실제로 전략이 없으면서 있다고 착각한다

- **마그레타:** 왜 그런가? 왜 극소수 기업들만 진정 탁월한 전략을 갖는가? 훌륭한 전략의 가장 큰 걸림돌은 무엇인가?

- **포터:** 예전에는 대부분 전략상 문제가 제한적이거나 잘못된 데이터 또는 산업과 경쟁자에 대한 빈약한 분석 때문에 발생한다고 생각했다. 즉, 문제의 본질은 경쟁에 대한 잘못된 이해에서 비롯된다고 생각했다. 그런 경우가 확실히 있긴 하다. 그러나 이 분야를 연구할수록 명확한 전략적 사고를 가로막는 미묘하고도 구석구석 퍼져 있는 장애물이 있다

는 것과 기업들이 오랜 시간 전략을 유지하는 것이 얼마나 어려운지를 인식하게 된다.

경영자들이 명확한 전략 선택을 못하도록 주의를 분산시키고 다른 길로 이끄는 수많은 장벽들이 있다. 가장 심각한 장벽 중 일부는 기업 내부 시스템, 조직 구조, 그리고 의사결정 과정에 박혀 있는 수많은 보이지 않는 편견에서 나온다. 예를 들어 전략적으로 사고하는 데 필요한 비용정보는 얻기 힘들다. 또는 기업 인센티브 시스템이 전략과 맞지 않는 잘못된 것을 보상하는 경우도 있다. 나아가 인간의 본성이 트레이드오프를 대단히 어렵게 만들고 한 번 트레이드오프를 선택하더라도 밀고나가기 어렵게 만든다. 전략에서 트레이드오프가 반드시 필요하다는 사실은 경영자들에게 매우 거대한 벽으로 작용한다. 대부분의 관리자들은 트레이드오프를 싫어한다. 뭔가 포기해야 한다는 사실 자체를 받아들이길 싫어한다. 그들은 더 많은 고객과 비즈니스를 하기 위해 노력하고 더 많은 제품 특성을 제공하려고 한다. 그런 접근이 더 큰 성장과 수익을 가져온다는 믿음에 맞설 엄두를 내지 못한다.

나는 많은 기업들이 전략을 스스로 약화시킨다고 믿는다. 다른 누군가에 의해서가 아니라 그들 스스로 그렇게 만든다. 결국 전략은 내부요인 때문에 실패한다.

아울러 외부환경에도 전략을 고사시키는 사람들이 여럿

있다. 산업전문가, 정부규제 공무원, 재무분석가들이다. 그들은 모두 내가 이름붙인 '최고를 위한 경쟁' 쪽으로 기업을 내모는 경향이 있다. 모든 기업들이 현재 시장에서 가장 바람직하다고 여기는 똑같은 모습을 갖추길 원하는 애널리스트, 업계의 모든 경쟁자들을 벤치마킹하도록 도와주는 컨설턴트, 모든 고객을 만족시킬 수 있다는 아이디어처럼 뭔가 큰 한 방이 있다고 밀어부치는 사람들이 있다.

마지막 아이디어를 예로 들어보자. 모든 고객의 목소리를 듣고 그들의 요구를 모두 실행한다면 전략이 없는 것이다. 관리자들에게 판매된 수많은 아이디어처럼 그것에는 어떤 측면에서 맞는 내용도 있다. 그러나 미묘한 차이는 놓치게 된다. 전략은 모든 고객을 행복하게 해주는 것이 아니다. 전략가라면 어떤 고객과 니즈를 만족시키려는지 분명히 결정해야 한다. 다른 고객들과 다른 니즈에 대해선 그들을 실망시킬 것이라는 사실을 받아들이고 이겨내야 한다. 사실 그렇게 하는 것이 기업이나 고객 모두에게 좋기 때문이다.

나는 또한 자본시장이 끼어들었을 때 전략에 점점 유해한 존재가 된다고 믿고 있다. 단기적 성과로 측정되는 주주가치에 대한 외골수적 추구는 전략과 가치창출을 엄청나게 파괴해왔다. 경영자들은 잘못된 목표를 쫓고 있다.

이제까지 말한 것들은 장애물의 일부일 뿐이며 점점 증
가하고 있다. 처음부터 제대로 된 전략을 갖는 것은 쉽지
않다.

- **마그레타:** 자본시장이 전략에 어떻게 영향을 미치는지 자
  세히 설명해달라.

- **포터:** 그것은 다면적인 문제다. **첫째,** 재무분석가와 투자자
  들이 기업을 평가하는 방법부터 논의해보자. 특정 산업 분
  석가들은 몇 가지 관련 지표에 따라 성과를 평가하는 경향
  이 있다. 예를 들어 소매산업에서는 모두 동일 매장 매출
  (same-store sales)로 본다. 다른 산업이라면 1인당 매출이
  될 것이다. 물론 해당 기업에서 뭐가 어떻게 돌아가고 있는
  지 알려주는 측정법을 찾아내려고 애쓰는 것은 좋은 일이
  다. 그러나 같은 지표들이 동종산업의 모든 기업에게 적용
  된다는 점은 전략상 문제가 된다. 전략에 대한 중요한 교훈
  중 하나는 기업이 다른 포지셔닝을 추구하면 그에 따른 다

른 평가지표가 적용되어야 적합하다는 사실이다. 만약 모든 기업에게 같은 지표상 개선을 보여달라고 압박한다면 유사성을 부추기고 전략적 독특성을 약화시키는 결과를 초래한다.

둘째, 자본시장 참가자들은 항상 주어진 시점에서 '승자'를 찾아내려는 경향이 있다. 이때 승자란 성과가 좋아보이는 기업인데 다른 기업들보다 성장이 좀 더 빠르거나 지난 몇 분기의 수익성이 다른 기업들보다 더 좋았던 회사들이다. 애널리스트에게는 이 승자 회사가 글로벌 스탠다드가 되고 동종업계 모든 회사들은 이 '엄친아' 회사가 하는 것을 따라하라는 압력을 받게 된다. 그런 기업이 화이자(Pfizer)이고 화이자가 어떤 기업을 인수하게 되면 해당 산업의 다른 모든 기업들도 화이자를 따라 다른 기업을 인수해야만 하는 압력을 받는다.

실제로 당시 잘나갔던 기업이 지금은 한물간 경우가 종종 있다. 그렇지만 분석가들이 모든 기업을 이미 같은 길로 내몬 후에야 그 사실을 알게 된다. 물론 전략에서는 최고의 길은 어디에도 없다. 전략의 핵심은 나름대로 자신의 길을 만드는 것이다. 자신만의 차별적 종착지에 다다르기 위한 자신만의 행보 말이다. 당신만의 종착지란 스스로 가치를 만들어내기 위해 선택하는 방법이다. 어쨌든 자본시장은 이런 식으로 최고가 되기 위한 경쟁 사고방식을 강화시킨다. 그리고 스스로 무엇이 '최고'인지 판단하는 결정권자로 자리 잡았다.

셋째, 자본시장에서는 활동 비중이 장기투자보다 단기거래로 간다. 사람들은 주식시장을 재빨리 드나들며 작은 차이와 순간의 변화로부터 수익을 얻으려고 한다. 그러나 전략은 더 장기적인 시간이 필요하다. 시장에서 독특한 위치를 구축하려면 장기적이고 연속적인 투자가 필요하다. 그렇다면 이런 부조화의 결과는 무엇인가? 기업을 직접 운영해 수익을 내는 데 몇 년이 걸리는 것을 다른 회사를 인수함으로써 몇 개월 만에 해결할 수 있다면 더 빠른 길을 선택하지 않을 이유가 있을까? 특히 인수 후 사라져버릴 무형자산에 신경 안 써도 된다면 인수는 더 매력적이다. 즉, 기업인수에 대해선 상당히 강한 편견이 있다.

따라서 자본시장이 처음 얘기한 똑같은 지표로 모든 기업을 평가하는 것과 두 번째 얘기한 최고를 위한 경쟁 압력보다 전략에 광범위하게 악영향을 미치는 것은 단기적 성과에 대한 자본시장의 초점과 전략적 위치를 구축하는 데 필요한 투자를 뒷받침할 장기적 시야 사이에 부조화가 있다는 사실이다.

지난 수십 년 동안 주주가치에 대한 전반적인 강조는 경영자들에게 장기적으로 경제적 가치를 지속적으로 창출하는 데 초점을 맞추어야 할 때 잘못된 것에 집중하도록 만들었다. 자본시장은 기업들이 운영효과성(OE)을 개선하도록 몰아부치는 데 뛰어나고 효율성과 수익성을 개선하도록 압력을 가하고 돈을 더 효율적으로 쓰도록 능력을 발휘한다. 그런 면에서는 자본시장이 긍정적인 영향을 미친다. 그러나 그런 시장이 전략에 피해를 주는것은 분명하다. 영향이 미묘하고 대부분 눈치챌 수 없더라도 말이다.

2. 성장: 기회와 함정

- **마그레타:** 자본시장은 경영자들에게 성장 압력을 가한다. 그러나 당신은 그런 압력이 전략에 왜곡된 영향을 미칠 수 있다고 보았다. 전략을 약화시키지 않으면서 사업을 성장시킬 방법은 무엇인가?

- **포터:** 매우 중요한 문제다. 성장 압력은 전략의 가장 큰 위협에 속한다. 여기서 말하는 성장은 다각화를 통한 성장이 아니라 기존의 비즈니스를 더 성장시키는 것을 의미한다. 두 가지 모두 도전적인 과제다. 기업들은 내용과 상관없이 성장은 무조건 좋은 것이라고 너무 오랫 동안 믿어왔다. 경영자들은 성장을 위해 전략의 독특성을 희석시키고 전략의 초점을 타협하고 전략활동들 간의 적합성을 저해하는 제품 라인, 세분시장, 지역들을 지나치게 확장하게 된다. 그것은 궁극적으로 경쟁우위를 무너뜨린다.

성장 압력은 전략의 가장 큰 위협에 속한다

나는 전략적 포지션을 너무 넓혀 결국 이도저도 아니게 만들지 말고 포지션을 더 깊이 파고들어 확장하는 데 집중하라고 조언한다. 전략을 손상시키지 않은 채 수익성 있는 성장을 하는 방법에 대해 잠시 말하겠다.

첫째, 절대로 다른 회사를 모방하지 말라. 기업은 항상 새로운 제품, 새로운 서비스, 인접고객에게 옮겨갈 수 있는 기회와 직면한다. 이것을 어떻게 생각해야 하는가? 만약 경쟁기업에게 좋은 아이디어가 있다면 배워라. 그런 혁신이 어떻게 이루어졌는지 생각해보라. 그러나 단순히 모방하지는 말라. 오히려 자신의 현재 전략을 강화시키는 데 그런 아이디어를 어떻게 조정하고 적용할 수 있는지 알아내라. 우리 회사가 만족시키려는 니즈와 연관 있는가? 나를 독특하게 만들어주는 뭔가를 더 강화시켜주는 데 활용할 수 있는가? 모든 트렌드에 달려들 필요는 없다. 그러나 트렌드가 자신의 전략과 관련 있다면 전략에 맞추어 변형시켜 활용하라.

둘째, 전략적 위치를 넓히지 말고 심화시켜라. 일반적으로 기업은 성장 가능성은 높지만 독특한 포지션을 구축할 수 없는 곳을 밀고 들어가기보다 독특한 곳에서 니즈와 고객을 뚫고 들어감으로써 더 빠르게 훨씬 더 높은 수익을 올릴 수 있다. 따라서 성장을 위해 가장 먼저 신경써야 할 곳은 핵심 타깃고객을 더 깊게 뚫고 들어가는 것이다. 일반적인 오류는 80%를 성취할 수 있는 목표 세분시장에서 50%만 차지하고 만족하는 것이다. 고객 대상이 전체 산업이 아니라 당신의 전략이 가장 잘 만족시킬 고객과 니즈들에 의해 잘 정의될 때 진정한 리더십이 생긴다. 더 깊이 파고들어야 그 과정에서 모든 우위를 활용할 수 있고 새로운 투자 대신 기존 우위를 활용하기 때문에 수익성도 높일 수 있다. 이런 방법으로 전략적 위치를 깊이 파고들기 위해선 기업활동을 더 차별화시키고 적합성을 강화하고 독특한 활동으로 분명한 혜택을 보는 고객들과 전략적 소통을 더 원활히 해야 한다. 경쟁우위가 없는 다른 세분시장에서 10% 시장점유율을 얻으려다가 수익성이 훼손되는 경우가 종종 발생한다.

셋째, 지역적 범위를 확대하되 집중화된 방법으로 하라. 본국에서 전략적 기회를 모두 파고들었다면 그 다음은 해외 다른 지역에서도 사업을 성장시킬 기회가 있게 된 것이다.

- **마그레타:** 해외시장 진출을 위한 특별한 조언은 무엇인가?

- **포터:** 해외시장에 진출할 때 모든 시장을 상대로 사업하려고 해선 안 된다. 현재 하는 일에 가치를 느끼는 세분시장을

찾아야 한다. 따라서 스페인에 진출할 때는 현지 스페인 기업들과 같은 방법으로 경쟁하려고 하지 말라. 우리 회사의 스윗 스팟* 내에 있는 고객을 찾아 나서라. 처음에는 그런 고객이 적을 수 있다. 그러나 시간이 지나면서 시장을 개발할 수 있다. 지리적 확장의 긍정적 측면은 기존 전략으로 성장이 가능하다는 점이다. 해외시장에서 우리 회사가 잘 만족시킬 수 없는 니즈를 가진 고객을 대상으로 사업할 필요는 없다.

그러나 그 경우, 정말 집중해야 한다. 해외시장에 진출하면서 자주 빠지는 함정은 새로운 시장과 기존 시장의 차이점에 너무 연연한다는 것이다. 그런 모든 차이점에 맞추려고 애쓰기보다 지금 하는 것에 반응하는 새로운 시장의 일정 분야를 찾아보라.

성공적인 국제화의 또 다른 핵심은 고객과 직접 접촉하는 것이다. 다른 누군가의 유통채널을 통해 사업하는 것은 어렵다. 그리고 고객니즈를 절대로 이해하지 못한다. 자신을 차별화하고 뚜렷이 구분시킬 수도 없다. 다른 누군가가 당신의 제품 판매를 대행해주고 고객의 목소리를 대신 듣는다면 어떻게 전략을 가질 수 있겠는가?

그리고 인수합병할 때는 특히 주의하라. 스페인 기업을 인수하면 "스페인에서는 이렇게 한다"라는 소리만 계속 들

---

* 스윗 스팟(Sweet Spot): 경쟁자는 고객이 원하는 것을 제공할 수 없지만 우리 회사 역량으로 채울 수 있는 부분

을 것이다. 20년 동안 경제학자들이 기업 인수합병을 연구한 결과, 인수자가 아닌 피인수자들이 대부분의 가치를 차지한다는 사실을 밝혀냈다. 해외인수는 피인수자의 전략이 더 훌륭한 것이 아니라면 지속하면 안되고 인수자인 당신 회사의 전략을 중심으로 강제로라도 변환시켜야 한다.

그러나 새로운 시장으로의 확장은 제대로만 한다면 전략을 활용하고 성장시킬 강력한 방법이 될 수 있다.

- **마그레타:** 앞에서 언급한 전근방법들 중 아무 것도 실현가능하지 않다면 어떡하겠는가?

- **포터:** 너무 많은 경쟁자들이 피하고 싶어 하는 중요한 질문이다. 어떨 때 그 답은 현재 전략으로는 도저히 급성장할 기회나 수익성을 내면서 성장할 기회가 거의 없다는 것으로 연결된다. 즉, 현재 경쟁공간에서의 포지션은 강력하지만 획기적으로 확장시킬 좋은 방법이 없는 경우다. 그럴 때 가장 큰 실수는 현실을 부정하고 납을 금으로 바꾸는 것처럼 불가능한 시도를 하는 것이다. 차라리 높은 투하자본이익률(ROIC)을 만들어내고 배당금을 높이거나 다른 방법으로 투자금을 돌려주고 가치와 부의 창출을 그냥 즐겨라.

나는 더 많은 기업들이 전략과 산업 구조 수용력을 초과하는 성장을 시도하느라 엄청난 위험을 떠안기보다 더 높은 배당금을 지불해야 한다고 생각한다. 자신을 실패의 위험 속으로 밀어넣지 말라. 배당금 지급은 수 년 전부터 선호도를 잃었다. 이는 경영팀이 상상력이 없다는 신호로 받아들여졌다. 그리고 그것이 바로 AOL-타임워너(Time Warner) 합병과 같은 너무 많은 가치파괴적 계획과 인수합병 딜을 낳게 된다. 배당금의 이점은 경제적 가치에 연계되어 있다는 것이다. 경제적 가치를 만들어내지 못하면 배당금을 지급할 수 없다. 그리고 그것은 경쟁 방법에 관한 한, 실제로 현명한 선택을 하고 있다는 신호다.

3. 전략과 혁신

- **마그레타:** 요즘 산업 경계가 급변하는 듯하다. 산업이라는 개념은 여전히 중요한가?

- **포터:** 그 질문에 2가지 답이 있을 수 있다. 하나는 순전히 실증적인 답이다. 산업수익성 데이터를 살펴보면 산업 간 상대적 수익성의 차이는 매우 오랫동안 지속되었다. 5년, 10년, 15년에 걸친 데이터를 보면 산업별 수익성 순위에 큰 변화가 없음을 알 수 있다. 예를 들어 항공산업은 수십 년 동안 하위권을 맴돌고 있다. 반면, IT 소프트웨어산업은 상위권을 계속 유지해왔다. 이처럼 산업 부문과 수익성 관

계는 매우 안정적으로 나타난다. 즉, 산업 간 구조적 차이의 변화 속도가 매우 느리다는 것은 수치 데이터로 알 수 있다.

하지만 알다시피 특정 산업이 구조적 변화를 겪는 경우도 있고 수익성에 영향을 미치는 방향으로 산업 경계와 구조를 변화시키는 불연속성이 나타나기도 한다. 충분히 일어날 수 있는 일이지만 그런 것들은 흔치 않아 예외에 속한다. 또한 그런 변화는 발생하더라도 비교적 천천히 전개된다. 인터넷은 산업 경계와 일부 산업 부문의 구조를 바꾸는 변혁적인 결과를 가져왔다. 하지만 대다수의 산업이 인터넷을 수용한 후 예전대로 각자의 길을 갈 수 있었다. 유지, 보수, 물류 등 인터넷이 매우 중요한 정보집약적산업 부문에서도 경쟁자들은 변하지 않았고 근본적인 구조도 변화가 없었다.

'산업이 중요한가?'라는 질문의 두 번째 답은 이렇다. 산업 경계가 변화하는 부문에서도 변화의 중요성 분석에는 똑같은 도구가 사용되고 있다. 따라서 5가지 세력요인(Five Forces)은 여전히 유효하다. 우리는 그동안 규제완화와 세계화, 기술진보 시기를 거쳐왔다. 경계가 모호해지거나 변한 산업도 있다. 하지만 산업마다 고유 구조가 있으며 5가지 요인의 구성이 산업 경쟁의 본질을 좌우한다는 사실에는 변함이 없다.

알다시피 5가지 요인 중 1~2가지는 다른 것들의 큰 영향을 받았다. 예를 들어 구매자 쪽의 변화, 공급자 쪽의 변화,

진입장벽의 불연속성 등이다. 따라서 언제든 똑같은 도구
가 적용된다. 앞으로 어떤 산업 부문에서 어떤 트렌드가 중
요해질지 알려면 그 트렌드가 산업 구조의 근본적인 측면을
어떻게 바꿀지를 보아야 한다.

산업 구조가 더 이상 중요하지 않다고 생각하는 사람은
기술이나 경영혁신이 전부 '파괴적'이라고 생각하는 사람일
가능성이 높다. 그러나 그것은 데이터에 의해 뒷받침되지
않는 관점이므로 주의가 필요하다.

- **마그레타:** 그렇다면 파괴적 기술이란 무엇인가? 그것이 전
  략에 대한 당신의 생각과 어떤 관계가 있는가?

- **포터:** 파괴적 기술은 매우 유용하고 흥미로운 개념인데 무
  조건 경쟁적 위협을 가리키는 쪽으로 곡해하여 잘못 사용되
  고 있다. 관리자들은 진정으로 산업 판도를 바꾸는 지극히
  제한적인 상황에서만 '파괴적'이라는 용어를 사용해야 한
  다. 그런 기술은 결코 흔하지 않다.

  파괴적 기술은 새로운 기술 모두를 의미하는 것이 아니
  다. 새로운 기술의 대다수는 파괴적이지 않다. 파괴적 기술
  은 거대한 기술적 도약이 아니다. 대부분의 도약은 파괴적
  이지 않다. 파괴적 기술은 가치사슬 구성과 제품 구성을 무
  효화시켜 한 기업이 다른 기업을 훨씬 앞서게 만드는 것 또

는 기존 기업이 현재 자산으로 따라가거나 대응하기 힘든 것이다. 따라서 파괴적 기술은 중요한 경쟁우위를 무효화시키는 기술이라고 말할 수 있다. 전형적인 예로 인터넷이 있다. 인터넷은 정보 전달 메커니즘이 제품이나 서비스의 기본이 되는 산업 부문 즉, 전달 메커니즘이 비즈니스 자체인 부문에 파괴적으로 작용했다. 여행사나 음원 비즈니스가 그 예다. 하지만 다른 부문에는 그렇지 않았다. 단순히 고객이나 공급자와 새롭게 소통하는 경로가 됐을 뿐이다. 그런 경우, 최고 제품군과 브랜드를 갖춘 기존 기업들은 단순히 인터넷이라는 새로운 기술을 자신들의 사업에 통합만 하면 되었다. 그들의 사업과 모순되지 않았기 때문이다. 파괴적 기술인지 아닌지 알려주는 2가지 질문이 있다. 첫째, 기존의 중요한 경쟁우위를 어느 정도까지 무효화시키는가? 둘째, 기존 기업들이 부정적 결과를 심각하게 초래하지 않고 어느 정도까지 수용가능한 기술인가? 이 2가지 질문을 떠올려보면 파괴적 기술이 그리 흔치 않다는 사실을 알 수 있을 것이다. 예를 들어 지난 10년을 돌아보면 전체 경제를 구성하는 수백 가지 산업 중 파괴적 기술의 영향을 받은 것은 약 5~10% 미만에 불과하다.

물론 관리자들은 잠재적인 파괴적 변화를 주시해야 한다. 그런데 그들은 한 가지 형태의 파괴에만 집중하는 경향이 있다. 저비용의 단순 기술이 현재 고비용의 복잡한 기술이 충족시켜주던 니즈를 채울 수 있을 정도로 개선되는 형태의 파괴 말이다. 그래서 대부분의 관리자들은 위가 아니라 아래 즉, 신경쓸 필요 없다고 묵살해버린 신흥기업들이 초래하는 위협을 주시한다. 그들은 대부분의 고객들에게 그런 신흥기업이 제공하는 제품과 서비스만으로 충분하다는 사실을 알고 경악한다. 내가 가치 제안을 설명할 때 쓰는 용어를 빌리면 '구기술'이 소비자의 니즈를 과다 충족시킨 경우다. 반면, '신기술'은 소비자의 니즈를 적정 가격에 적정 수준으로 충족시킨다. 아래로부터의 파괴는 집중화 전략의 사례다. 다양하고 부가적인 기능 없이 기본 기능만 필요로 하는 고객을 공략하면 교두보를 마련할 수 있다. 파괴적 기술을 보유한 채 특정 소비자층에 집중하면 해당 산업으로 진입해 중요한 위치까지 성장할 수 있다. 저가항공사인 사우스웨스트항공 사례가 여기 해당한다.

하지만 전략에 영향을 미치는 파괴에는 또 다른 형태도 있다. 즉, 위에서 위협이 올 수도 있다. 높은 수준의 성과를 가능하게 해주는 진보된 기술이나 고비용 접근법을 단순화 또는 능률화함으로써 훨씬 낮은 비용으로 덜 복잡한 니즈를 충족시킬 수 있다. 위에서의 파괴와 아래에서의 파괴 중 어느 쪽이 더 일반적인지 확실한 증거는 없지만 어쨌든 둘 다 존재한다. 파괴적 기술은 흥미로운 비유이지만 관리자들은 파괴를 만드는 것이 무엇인지 철저히 분석할 필요가 있다.

가치사슬에 어떤 영향을 미치는가? 상대적 가격은? 상대
적 비용은? 여기에는 당연히 전략의 기본이 적용된다.

- **마그레타:** '비즈니스 모델'이라는 용어는 언론에서 특히 새
  롭고 혁신적인 비즈니스 맥락에서 큰 관심을 받는다. 그렇
  다면 비즈니스 모델은 전략과 똑같은가?

- **포터:** '비즈니스 모델'이라는 용어는 널리 사용되고 있지만
  정확히 정의가 이루어지지 않았다. 아쉽게도 '전략'이라는
  용어처럼 비즈니스 모델도 사람들마다 다른 뜻으로 쓰인다.
  하지만 비즈니스 모델 개념이 유용하게 쓰일 수 있는 곳이
  있다. 새로운 사업의 성공에 확신이 없을 때 가장 기본적인
  질문에 집중하도록 해준다. 돈을 어떻게 벌 것인가? 비용은
  어떻게 될까? 매출을 어디서 올릴 것인가? 수익을 어떻게
  낼 수 있는가? 비즈니스 모델 관점에서 수익을 올리고 비용
  을 관리하는 여러 방법을 탐구할 수 있다.
  하지만 비즈니스 모델은 경쟁우위 개발이나 평가에는 도

움이 안 된다. 그것은 전략의 역할이다. 전략은 '돈을 벌 수 있는가?'처럼 기업의 존속가능성을 묻는 기본적인 질문에서 한 발 나아간다. 전략은 좀 더 복잡한 질문을 한다. 경쟁자보다 돈을 어떻게 더 많이 벌 수 있는가, 탁월한 투자수익을 어떻게 올릴 수 있는가, 경쟁우위를 어떻게 계속 지킬 수 있는가 같은 질문이다. 비즈니스 모델은 수익과 비용의 관계를 강조한다. 전략은 거기서 한 걸음 더 나아간다. 상대적 가격과 상대적 비용, 그리고 그것의 지속가능성을 본다. 즉, 수익과 비용을 경쟁자들과 비교해보는 것이다. 그리고 가치 사슬 활동이나 손익계산서, 대차대조표에도 연결해준다.

따라서 비즈니스 모델은 기업의 존속 능력을 생각하는 가장 기본적인 단계로 사용할 때 가장 유용하다. 존속가능한 것만으로 만족한다면 거기서 멈추어도 된다. 하지만 탁월한 수익성을 달성하고(또는 낮은 수익성을 피하고) 이를 계속 유지하고 싶다면 내가 정의한 전략이 한 단계 높은 수준으로 올라갈 수 있도록 도와줄 것이다.

• **마그레타:** 완전히 새로운 시장에서 시작하는 기업가라면 5가지 요인을 어떻게 분석해야 하는가? 기존 산업이 존재하지 않거나 아직 변동성이 강해서 식별가능한 산업 구조나 직접적인 경쟁자가 없는 상황이라도 전략이 중요한가?

비즈니스 모델은 기업의 존속 능력을 생각하는 가장
기본적인 단계다. 존속가능한 것만으로 만족한다면 거기서
멈추어도 된다. 하지만 탁월한 수익성을 달성하고 싶다면
내가 강조하는 전략에 의해 다음 단계로 나아갈 수 있다

- **포터**: 전략은 어떤 조직이든 어느 단계에 머물러 있든 모두 유효하다. 경쟁우위를 어떻게 개발하고 지속할 것인가는 성공을 원하는 모든 기업이 답해야 하는 질문이다. 신흥산업에서는 많은 실험이 이루어진다. 제품은 결국 어떤 모습을 띨 것인가? 유통시스템은 어떻게 될 것인가? 제품이나 서비스 범위가 독립적인 산업을 만들어낼 것인가 아니면 기존 산업의 일부가 될 것인가?

  형태는 불확실성이 따르지만 기본적으로 5가지 세력 분석은 똑같다. 그러나 큰 예외가 있다. 이미 존재하는 것을 분석하는 것이 아니라 예측하는 것이다. 5가지 세력 중 4가지는 잘 알지만 1가지는 모를 수 있다. 타깃고객도 안다. 그들은 가격에 민감한가? 공급자가 누구이고 누가 될지도 안다. 공급자가 얼마나 강력해질 것인지도 안다. 대체재를 알고 진입장벽을 파악하고 있다. 하지만 아직 실제 경쟁자는 없다. 여기서 누가 경쟁자가 될 수 있을지 생각해보아야 한

다. 경쟁자가 인접산업에서 나올 가능성은 큰가? 아니면 해외 기존 기업들? 아니면 스타트업 기업들이 경쟁자가 될 것인가? 잠재적 경쟁자들은 각자 어떤 방식으로 경쟁할 것인가? 당신은 새로운 시장을 만들 때도 이미 5가지 요인에 대해 생각보다 많이 알고 있을 것이다.

이런 분석이 중요한 이유는 정말 가치 있는 뭔가를 만들어낸다면 모방하는 사람이 없을 것이라고 착각하면 안 되기 때문이다. 경쟁이 상관없어진다면 좋겠지만 그런 시장은 없다. 혁신이 경쟁을 무시하게 해준다는 것은 비현실적인 생각이다. 따라서 일단 새로운 산업이 생긴다면 앞으로 어떤 모양새를 취할지 가설을 세워야 한다.

초기에는 산업의 진화 방향이나 선택권이 다양하다. 이 모두가 앞으로 얼마나 매력적인 산업이 될지에 영향을 미친다. 하지만 시간이 갈수록 기업들이 내리는 결정들이 경제학의 기본적인 원칙과 맞물리면서 산업 구조를 정의하는 변동성이 떨어진다. 따라서 초기 여러 진화 방향을 파악하고 5가지 세력에 대한 기본적인 질문을 떠올려 해당 산업이 최선의 방향으로 나아가도록 해주는 선택을 해야만 한다.

4. 특수 사례: 매력적이지 않은 산업, 개발도상국의 기업, 비영리조직

- **마그레타:** 매력적이지 않은 산업인 경우는 어떤가? 5가지 세력 요인에 묶여 있어야 하는가? 아니면 특정 기업에 유리한 방향으로 형태를 바꿀 수 있는가?

- **포터:** 모든 산업 구조는 몇 가지 기본적인 경제원칙의 큰 영향을 받는다. 항공산업의 수익성을 파괴한 실제 요인은 낮은 진입장벽과 높은 퇴출장벽이라는 매우 드문 조합이었다. 그것은 매우 드문 구성의 경쟁요인이다. 항공사를 창업하기는 어렵지 않지만 회사문을 닫아도 항공기는 그대로 남는다. 항공기는 대체가능 자산이다. 즉, 어느 항공사든 어느 노선이든 언제든 사용할 수 있다. 소유주가 바뀔 수 있지만 문자 그대로 산산조각나기 전까지 항공기들은 시장을 절대로 떠나지 않는다. 항공사를 창업하고 항공기를 마련하고 직원들을 채용하고 비행 일정을 세운 후 고정비용은 엄청나게 높고 변동비용은 낮다. 따라서 좌석을 채워야 한다는 압박감과 그것을 위해 가격을 내려야 한다는 압박감이 상당하다.

  이런 요인들은 항공산업의 기본 경제학을 정의하고 산업 구조에도 반영된다. 대형 항공기일수록 승객당 운영비가 낮다면 업계는 당연히 더 큰 항공기를 선호할 것이다. 이는 기본적인 경제학이다. 기본적인 경제학은 바뀌기도 한다. 새로운 유형의 항공기 엔진이 발명되어 기본적인 경제학이 바뀌거나 소형 항공기 운항에 대한 불이익이 줄었다고 가정해보자. 그럼 경제적 제약이 완화될 것이다. 기본 경제학을 뒤집는 신기술이 등장할 때 생기는 일이다. 하지만 산업 구조의 일부분은 업계 리더들이 내리는 선택의 방향에 의해 만들어진다. 항공사들은 최대한 좌석을 채우는 수율관리(Yield Management)를 모두 수용했는데 같은 비행기 내의 똑같은 좌석인데도 고객이 항공권을 구매한 시기에 따라 가격을 천차만별로 책정했다. 그것은 좌석을 가득 채워주는 현명한 방법처럼 보이지만 실제로는 항공업계에 재앙을 불러왔다. 끝없는 가격경쟁을 부추겨 수익성을 파괴했다. 소비자는 최저가에 항공권을 구매하도록 훈련되었고 우후죽순 생겨난 항공권 판매 사이트들이 도우미 역할을 했다. 항공산업은 수익을 잡아먹는 괴물을 기른 셈이다. 수율관리는 항공사들의 선택이지 산업 경제학에서 나온 불가피한 결과는 아니었다. 한마디로 산업 구조의 면에서 내재적인 것과 선택에 따른 것을 구분할 필요가 있다. 선택은 업계 리더들에 의해 바뀔 수 있다.

이것은 미묘한 핵심이므로 집중할 필요가 있다. 산업 구조를 바꾸려면 산업 전체를 특정 방향으로 이끌어야 한다. 경쟁우위를 추구할 때는 남들과 달라지려고 하지만 산업 구조를 바꾸려고 할 때는 모두 따라오도록 만들어야 한다.

식품유통업을 바꾼 시스코(Sysco)를 예로 들어보자. 식품유통업은 고객은 세분화된 데다 대부분 대기업 식품회사인 강력한 공급자들로 이루어진 산업이었다. 진입장벽은 낮았다. 역사적으로 이 업계의 경쟁은 가격에 의해 이루어졌는데 유통업체들이 똑같은 제품을 유통한 탓이었다. 좋지 못한 산업 구조였다. 그러나 시스코 같은 일부 업계 리더들은 다른 유형의 경쟁을 원했다. 공급자의 영향력을 줄이기 위해 자체 브랜드(Private Label)를 사용하기 시작했다. IT 투자도 늘렸다. 그것은 투자 능력이 없는 영세 유통업체에게 진입장벽 역할을 했다. 시스코는 메뉴와 영양 계획, 재고 관리, 그리고 재고담보 금융거래 등 고객에게 가치를 더해준 서비스를 제공하기 시작했다. 그 결과, 가격만으로 이루어지던 경쟁 방향이 바뀌었다. 여기서 모방은 바람직한 현상이었다. 다른 업체들도 시스코를 모방했고 식품유통업은 더 매력적인 산업이 될 수 있었다.

- **마그레타:** 개발도상국 기업들에게도 전략이 중요한가? 전략의 기본은 똑같이 적용되는가?

- **포터:** 일반적으로 개발도상국 기업들은 임금 같은 요소비용이 낮아 운영효과성에서 뒤처지거나 상품이 특별하지 않

더라도 해외 경쟁업체들과 경쟁이 한동안 가능할 수 있다. 그러나 요소비용의 경쟁우위는 시간이 갈수록 감소하는 경향이 있어 결국 개발도상국 기업들은 다음 2가지 사안을 해결해야 하는 상황에 놓인다.

첫째, 운영효과성 격차를 줄여야 한다. 직원들의 기술 수준과 테크놀로지, 경영역량의 부족을 극복해야 한다. 열악한 물리적 인프라와 복잡한 규제 등의 장애물로 가득한 비즈니스 환경에서는 운영효과성이 최고 수준에 도달하거나 비용과 품질을 개선하기 어렵다.

둘째, 실질적 전략을 구축해야 할 것이다. 개발도상국 기업들은 결국 다국적기업들과 경쟁해야만 한다. 그러나 현지 기업이 운영효과성 한 가지만으로 이기는 것은 매우 어렵다. 이것은 과테말라 치킨 전문업체 '뽀요 깜뻬로(Pollo Campero)'가 가슴에 새긴 교훈이기도 하다. 뽀요 깜뻬로는 중미 패스트푸드시장에서 맥도날드와 버거킹, 피자헛 같은 거인들과 성공적으로 경쟁하고 있다. 자사의 가치 제안과 가치사슬을 중미 시장의 니즈에 따라 조정한 덕택이다. 나아가 미국 내에서 덩치가 점점 커지는 히스패닉 시장을 공략하기 위해 확장도 했다.

개발도상국 기업들은 반응적이고 기회주의적 방식에서 전략적 방식으로 바꾸어 독특한 포지션과 시장에서 뭔가 특징적인 것을 만드는 데 집중해야 한다. 경쟁우위를 비용에만 의존하지 말고 가치 측면으로 옮겨야 한다는 뜻이다. 즉, 시장에서 독특한 가치를 만들기 위해 노력해야 한다.

지리적 범위도 중요한 사안이다. 터키 데이터를 살펴보면 터키시장은 성장하고 있지만 너무 국내적이고 계속 자국 시장에만 집중한다. 국제적이 되어야 한다. 글로벌 기업으로의 발돋움은 우선 터키의 역내 지역들을 둘러보는 데서 시작한다. 현지 기업들이 독특한 위치를 차지할 수 있는 역내 시장은 막대한 기회를 제공하는 경우가 많다.

개발도상국이나 신흥국의 문제는 유럽과 미국 시장에만 집중하고 역내 시장의 판매 기회는 보지 않는다는 것이다. 과거에 불가능했다는 사실이 이유인 경우가 많다. 이전에는 역내 시장이 닫혀 있었고 모든 국가가 보호정책을 시행해 선진국이 유일한 수출 경로였다. 하지만 지금은 바뀌고 있다. 오늘날 신흥국 기업들이 글로벌 기업으로 발돋움할 수 있는 기회가 있다. 역내 시장을 뚫고 들어갈 수 있다면 선진국 시장만 뚫으려고 애쓸 필요가 없어진다.

또 다른 문제는 기업들이 다각화를 너무 많이 한다는 것이다. 여전히 많은 기업들이 연관성 없는 완전히 다른 시장에서 경쟁한다. 언제 다각화 모델을 내려놓고 사업 구조를 초점이 더 있는 쪽으로 움직일지 아는 것이 중요하다. 즉, 서로 시너지 있는 사업들을 모으고 경쟁우위를 향상시키고 회사의 포지션을 더 독특하게 만들 수 있는 방향 말이다. 신흥국 기업들이 잠재력을 완전히 실현하고 싶다면 반드시 거쳐야 할 중요한 변화다. 바뀌어야 하는 것은 사람의 수준이 아니라 사고방식이다. 비즈니스를 구축하는 방법 즉, 전략에 대한 생각이 바뀌어야 한다.

트레이드오프를 만드는 것은 비영리조직 관리자들에게 더 어려운 경우가 많다

- **마그레타:** 그렇다면 비영리조직도 전략이 필요한가? 비영리조직은 주로 모금이나 사명이나 고객을 섬기는 데 집중하고 전략에는 별로 시간을 쓰지 않는다. 전략에 관심을 기울여야 할까? 비영리조직에게 전략이란 무엇인가?

- **포터:** 전략은 고객을 상대하거나 니즈를 충족시키기 위해 존재하는 모든 유형의 조직에 필수적이다. 어떤 조직이든 좋은 전략은 적절한 목표를 정의하는 데서 출발한다. 회사의 기본적인 목표는 높은 투자수익률을 지속하는 것이다. 해당 목표에 대한 성과는 과연 조직이 가치를 창조하고 있는지 말해준다. 비영리조직의 경우, 비교를 위한 평가지표가 없으므로 직접 마련해야 한다. 모든 비영리조직이 마주

하는 난제는 조직이 추구하는 사회적 혜택과 관련된 목표를 정의하는 일이다. 그리고 나서 달성한 결과와 거기에 들어간 비용을 비교해보는 가치 평가 기준을 마련해야 한다.

목표를 분명히 파악한 후 전략의 나머지 원칙이 모두 적용된다. '고객'은 누구인가? 조직이 제공하는 독특한 가치는 무엇인가? 어떤 니즈를 충족시켜야 하는가? 가장 효과적인 니즈 충족을 위해 가치사슬을 어떻게 맞춤화해야 하는가? 대안과의 트레이드오프 상태를 유지하고 있는가? 조직이 하지 말아야 할 일이 무엇인지 아는가?

트레이드오프를 만드는 것은 비영리조직 관리자들에게 더 어려운 경우가 많다. 지침이 될 확실한 가치 기준이 없으면 조직이 하는 모든 일이 '선'에 기여한다고 생각하기 쉽다. 비영리조직의 경우, 고객은 자금 제공자가 아니므로 자금 마련과 조직 가치가 어긋날 수 있다. 기업들은 고객들로부터 돈을 받으므로 조직이 추구하는 가치와 단단히 연결되어 있지만 비영리조직은 그렇지 못하다. 실제로 자금 제공자들이 방해 원인을 제공한다. 자금 제공자들이 기존 사업을 확장하는 것이 아니라 새로운 프로그램이나 프로젝트를 지원하고 싶은 경우, 비영리조직은 쉽게 방향을 바꾸게 된다. 비영리조직들은 이런 전략적 난제에 자주 부딪힌다.

5. 조직 인솔

- **마그레타:** 전략 기획 프로세스에 대한 당신의 조언은 무엇인가?

- **포터:** 나는 자주 전략적 사고와 전략 기획의 차이에 대한 질문을 받는다. 전략 기획은 전략적 사고를 위한 프로세스가 되어야 한다는 것이 내 답이다. 그러나 실제로 시간소모가 큰 의례적인 일로 결국 전략적 사고에는 실제적 도움이 전혀 안 되는 경우가 많다.

전략 기획은 전략적 사고를 위한 프로세스가
되어야 한다는 것이 내 답이다. 그러나 실제로
시간소모가 큰 의례적인 일로 결국 전략적 사고에는
실제적 도움이 전혀 안 되는 경우가 많다

성공적인 전략 기획에는 몇 가지 핵심요인이 있다고 생각한다. 첫 번째, 기업은 특정 사업을 책임지는 전체 팀을 모으고 그들이 계획을 함께 짤 필요가 있다는 점이다. 그 일을 나누고 마지막에 함께 모아 붙이려고 하면 안 된다. 전략

은 기업 전체에 대한 것이지 전체 기업을 구성하는 개별적인 부분에 대한 것이 아니다. 이것은 좋은 전략의 근본적인 원리다. 훌륭한 마케팅 전략이란 존재하지 않는다. 단지 전체적인 전략의 맥락 내에서만 있을 뿐이다. 직원에게 자신들의 기능적 계획을 만들라는 지시의 위험성은 그런 방법이 일목요연한 전략이 아니라 서로 연관성이 떨어지는 '모범사례' 나열로 끝난다는 점이다. 그것이 바로 전략 기획에 전체 경영팀이 함께 산업, 경쟁자들, 기회, 가치사슬에 대해 생각해보고 포지셔닝과 방향성에 대해 궁극적인 선택을 해야 하는 이유다. 그런 후 팀은 해당 전략이 각자 맡은 기능에 어떤 시사점을 주는지 생각해야 한다.

나는 공식적인 전략 기획 프로세스가 유용하다고 믿는다. 그렇지 않다면 비즈니스하면서 생기는 매일 해야 할 일들로 인해 전략이 밀려날 것이기 때문이다. 매년 또는 격년으로 이런 프로세스가 필요하고 분기별 검토도 있어야 한다. 그러나 예산작업이나 이듬해 성장률을 추측하는 시간이 되어선 안 된다. 기획은 전략적 사고를 지원해야지 몰아내선 안된다.

- **마그레타:** 어떻게 모든 조직 구성원들이 전략에 대해 정상적으로 이해하도록 만들 수 있나?

- **포터:** 전략을 알려주는 의사소통이 매우 중요하다. 만약 조

직 구성원 중 아무도 전략이 무엇인지 모르거나 전략이 비밀에 가려져 있다면 그런 전략은 유용성이 없다. 전략의 목적은 조직 내 모든 구성원의 행동이 전략과 일관된 방향으로 가도록 하고 그들 스스로 결정해야 할 때 올바른 선택을 하도록 돕는 것이다. 그런 선택은 매일 발생한다. 영업사원이 누구를 방문하고 무슨 말을 해야 할지 결정하거나 제품 개발부서 사람들이 어떤 새로운 아이디어를 찾아볼지 결정할 때가 그 예다. 사람들은 매일 무언가를 선택해야만 하는 상황에 직면한다. 당신은 그들이 회사 전략에 적합한 선택을 하길 원한다. 따라서 전략에 대해 소통해야 한다.

어떻게 소통하겠는가? 전략을 설명할 간단하고 기억하기 쉬운 방법을 찾아야 한다. 진정 훌륭한 리더는 가치 제안을 상대적으로 간략하게 구체화시킨다. 그리고 각 부서에게 자신들이 해야 할 활동에서 전략이 어떤 의미를 갖는지 해석하도록 도와준다. 훌륭한 리더는 항상 전략을 가르쳐준다는 의미에서 전략담당 교수와 같다. 그들은 전략에 대한 수많은 짧은 이야기를 한다. 또한 미팅 때마다 가치 제안의 핵심을 수없이 반복하며 회의를 시작한다. 그런 다음 미팅 주제로 나아간다. 직원들의 대화는 항상 '우리 회사는 무엇을 하는 회사인가?', '무엇이 우리를 구별하는가?', '우리는 어떻게 독특한가?' 그리고 거기서 한 발 더 나아간다. 일관되게 반복하고 직속 부하를 자극해 그들이 자신의 부서에서 같은 말을 하도록 만든다. 당신이 고위경영자라면 직속부하가 전략을 설명하려는 미팅에 가끔 참석해야 한다. 그리고 전략을 어떻게 설명하는지 듣는다. 사람들이 전략을 제대로 이해하는지 확인하기 위해서다.

전략에 대한 이해와 동의가 피상적인 조직들을 수없이 보아왔다. 매우 높은 수준에서는 모든 사람이 전략에 동의하지만 더 구체적으로 들어가면 전략을 실제로 이해하지 못하고 동의하지 않고 있음을 알게 된다. 그들은 목적에 상반되는 행동을 한다. 따라서 사람들이 진짜 생각하는 방법을 이해하고 쟁점에 맞서는 기회를 만드는 방향으로 가야 한다.

또한 전략을 고객, 공급자, 유통채널, 자본시장과도 소통해야 한다고 믿는다. 기업이 탁월해지려는 방법과 기업을 파악하는 데 어떤 지표를 사용해야 하는지, 무엇보다 해당 기업이 얼마나 탁월한지, 전략상 진전이 어떻게 되어가는지 자본시장 관계자가 이해하도록 도와주어야 한다. 증권시장 분석가들이 스스로 그것을 알아낼 것이라고 추측하지 말라. 당신이 그들에게 알려줘야 한다.

전략에 대해 말하는 것을 경쟁자가 듣는다면 더없이 좋은 경우다. 트레이드오프와 선택이 있는 분명한 전략이 있다면 당신이 전략에 헌신하고 있다는 점을 경쟁자가 더 잘 알수록 좋다. 이길 수 없는 전면적인 경쟁을 피하기 위해 경쟁자가 당신과 다른 어떤 방법을 선택할 것이기 때문이다. 궁극적으로 폭넓은 의사소통만이 유일한 방법이라고 생각한다. 경쟁자에게 구입 예정인 기기에 대해 말해주고 신제품 출시가 언제인지 알려줄 필요는 없다. 그들에게 당신을 힘들게 할 모든 구체적인 정보를 말해줄 필요는 없다는 것이다. 그러나 당신이 지향하는 기본적인 방향은 또 다른 얘기다. 어쨌든 경쟁자는 그것을 알아낼 것이다. 따라서 당신도 전략을 자신만의 언어로 분명히 소통하는 것이 낫다.

마지막으로 조직 내에 전략을 수용하지 못하는 사람들이 있고 전략적 방향으로 함께 가길 거부하는 사람들이 있다면 그들은 더 이상 회사에서 지속적인 역할을 맡을 수 없는 사람들이다. 그것은 '나가달라'라는 정중한 표현이다. 전략에 대해 조직 내에서 너무 오래 논쟁할 수는 없다. 현실적으로 그렇게 할 수 없다. 전략은 의지가 강한 경영진이 있더라도 잘 실행되기가 너무 어렵다. 나는 반대자들을 기업에 그대로 내버려두는 경우를 너무 많이 보아왔다. 그 결과 초래되는 부정적인 에너지와 혼란, 시간낭비는 전략에 상당한 손상을 입힌다. 사람들이 반대 의견을 내는 것은 바람직하다. 자신의 주장을 내세우거나 마음을 바꿀 기회가 관리자들에게도 주어져야 한다. 그러나 논의를 끝내야 하는 시간이 있다. 전략은 민주주의나 의견일치 또는 모두를 행복하게 만드는 일이 아니다. 근본적으로 전략은 조직의 방향을 정하고 모든 구성원이 그 방향에 대해 진정으로 신이 나게 만드는 것이다.

당신의 경쟁전략은 무엇인가?

부록 2

마이클 포터의 전략 용어 해설

◈ **활동(Activities)**: 영업팀 운영, 제품 개발, 고객물류 등 구분되는 경제적 과정을 말한다. 활동에는 일반적으로 사람, 기술, 고정자산이 수반되고 때로는 운전자본과 다양한 정보도 필요하다. 기업이 수행하는 활동이 경쟁우위의 기본 단위가 되는 이유는 상대적 비용과 고객을 위한 차별화 수준의 궁극적 원천이기 때문이다.

◈ **진입장벽(Barriers to Entry)**: 신생기업이 특정 산업에 진입하기 위해 극복해야 할 장애물이다. 낮은 진입장벽(진입하기 쉬운 산업)은 해당 산업의 평균수익성을 낮춘다. 신규 진입자의 위협은 5가지 세력(Five Forces) 중 하나다.

◈ **모방장벽(Barriers to Imitation)**: 산업 내에서 다른 기

당신의 경쟁전략은 무엇인가?

업의 전략을 모방하기 위해 다른 포지셔닝으로 움직이려는 경쟁자가 직면하는 장애물이다. 모방장벽은 경쟁적 수렴(모방을 통해 유사해지는 현상)의 진행을 늦춘다.

◈ **클러스터(Clusters)**: 해당 산업과 관련된 기업, 공급자, 관련 산업, 학교, 그리고 전문화된 연구기관들이 한군데 모인 지리적 집중을 의미한다. 예를 들어 할리우드(엔터테이먼트), 실리콘밸리(기술)나 인도의 수라트(다이아몬드 가공) 등을 들 수 있다. 클러스터는 경쟁에서 중요한 역할을 한다. 관련 기업과 연구소, 주변 기반시설은 기업생산성에 영향을 미치기 때문이다. 시간에 민감한 서비스를 제공하는 효과적인 지역공급자가 있다면 기업을 더 효율적으로 운영할 수 있을 것이다. 클러스터는 공교육, 물리적 기반시설, 청정수, 공정경쟁법, 품질 기준, 투명성 등의 지역 자산과 기관들에 의존한다. 클러스터는 성공적이고 성장하는 모든 경제의 주요 특징이자 경쟁력과 기업가정신, 새로운 비즈니스 성장의 핵심 동인이다. 클러스터에 대한 추가 내용은 포터의 저서 〈경쟁론〉(2008)의 '클러스터와 경쟁' 부분을 참조하라.

◈ **경쟁(Competition)**: 일반적으로 경쟁자와 경쟁 정도를 언급하는 데 쓰이는 용어다. 그러나 포터에게 이 정의는 너무 협소하다. 포터가 말하는 경쟁이란 직접적인 경쟁자들

뿐만 아니라 기업과 고객, 공급자, 대체재, 잠재적 신규 진입자 사이에서 발생하는 이윤 획득을 위한 줄다리기다.

◈ **경쟁우위(Competitive Advantage):** 이 용어는 일반적으로 "우리의 경쟁우위는 기술이다"또는 더 막연히 "우리 기업의 경쟁우위는 사람에게 달려 있다"처럼 '조직이 잘한다고 생각하는 모든 것'을 의미하곤 한다. 하지만 엄격히 말해 포터의 정의는 경쟁의 경제성과 연관되어 있다: 수익성이 경쟁자보다 지속적으로 높다면 경쟁우위가 있다고 본다. 여기서 더 파고들어가면 경쟁우위가 경쟁사보다 높은 가격에서 오는지, 더 낮은 비용에서 오는지, 또는 2가지의 조합에서 오는지 이해할 수 있다. 상대적 가격과 상대적 비용의 차이는 기업이 수행하는 활동상 차이에서 온다.

◈ **경쟁적 수렴(Competitive Convergence):** 기업이 서로 모방하고 다른 기업의 움직임을 모방하며 최고가 되기 위해 경쟁할 때 발생하는 현상이다. 시간이 흐르면서 모든 기업의 차이점은 하나씩 퇴색되며 점점 비슷해진다. 경쟁자들이 표준화된 제품이나 서비스로 모여들기 시작하면 고객은 가격적인 요인만으로 선택해야 한다. 주류 경제학은 항상 이런 '완전경쟁' 시장이 가격을 낮춤으로써 고객에게 혜택을 준다고 강조해왔다. 하지만 포터는 그것을 다르게 본

다. 수렴(유사성)은 선택을 제한하기 때문에 실제로 고객에게 피해를 준다는 것이다.

◈ **국가나 지역의 경쟁력(Competitiveness):** 이 용어는 낮은 인건비나 가치있는 천연자원 이용과 같은 전통적 비교우위를 가진 지역이나 국가를 표현할 때 사용된다. 포터의 관점에서 보면 낮은 비용 투입에의 집중 즉, '비교우위'는 과거에 비해 경쟁력과의 관련성이 훨씬 낮아졌다. 포터는 기업 자본뿐만 아니라 인력이나 천연자원을 사용할 때 생산성 면에서 지역경쟁력을 정의한다. 즉, 경쟁력은 해당 지역에서 투입물을 사용해 가치있는 재화와 용역을 얼마나 잘 생산하는가에 따라 높아지는 것이지 해당 지역의 투입물 자체 때문이 아니다. 경쟁력은 원래 보유한 자원이 아니라 선택에 의해 만들어진다. 나아가 포터는 주어진 지역에서 성취가능한 생산성과 번영은 기업이 특정 산업에서 경쟁하는 것이 아니라 경쟁하는 방법에 달려 있다고 주장한다. 정책결정자나 최고 경영층은 기업의 경쟁 방법과 경쟁력에 영향을 미치는 비즈니스 환경을 여러 가지 선택을 통해 만든다. 이 주제에 대한 추가 자료는 포터의 저서 〈경쟁론〉(2008)의 '국가 경쟁우위' 편을 참조하라.

◈ **경쟁자 분석(Competitor Analysis):** 기업이 경쟁자의 의

도와 역량을 평가함으로써 경쟁의 다이내믹스(동태성)에 대응할 수 있도록 해주는 정보 수집과 분석을 말한다. 이 주제에 대한 추가 자료는 포터의 주요 저서 〈경쟁전략〉(1980)의 3장을 참조하라.

◈ **연속성(Continuity)**: 포터는 이 용어를 핵심가치 제안의 안정성을 설명할 때 사용한다. 연속성은 좋은 전략 여부를 검증하는 마지막 5번째 항목이다. 전략은 최종 목적지가 아니라 목적지로 가는 경로다. 회사가 특정 경로를 벗어나지 않고 따라간다고 해서 변화하지 않는다는 뜻은 아니다. 그것은 전략을 특정한 '고정' 또는 변화를 허용하지 않는 것으로 잘못 생각하는 사람들이 자주 오해하는 차이점이다. 전략의 다른 4가지 요소들(가치사슬을 가치 제안에 맞춤, 트레이드오프 확대, 활동들 사이의 적합성 확보)은 개발하는 데 시간이 필요하다. 방향성의 연속성이 없다면 기업이 경쟁우위를 개발하고 심화시키는 것은 불가능하다.

◈ **기업 전략(Corporate Strategy)**: 복수 산업에서 다각화된 사업으로 구성된 기업의 전체 전략이다. 경쟁 전략과 다르다. 경쟁우위는 개별 비즈니스 수준에서 승리하거나 실패하는 요인이다. 따라서 기업 전략의 목표는 각 사업단위들의 경쟁우위를 향상시키는 것이다. 그러나 기업은 각 사

업 단위보다 높은 위치에서 힘과 통찰력이 있기 때문에 실무에서는 기업 전략과 경쟁 전략의 차이점이 자주 혼동된다. 각 산업 단위에서 경쟁우위를 발휘할 수 있는 경쟁 전략을 개발하고 그런 사업들을 통합하는 기업 전략이 아니라 '시너지' 명목으로 먼저 사업들을 확장하는 앞뒤가 바뀐 결정을 내리는 경우가 많다. 그러다보니 '시너지'라는 용어는 부정적으로 받아들여진다. 이 주제에 대한 추가 자료는 포터의 저서 〈경쟁론〉(2008)의 '경쟁우위에서 기업 전략으로' 편을 참조하라.

◈ **원가 동인(Cost Driver):** 비용에 영향을 미치는 요인들이다. 기업의 비용 포지션을 분석할 경우, 어떤 요인들이 활동상 비용에 영향을 미치는지 알아보기 위해 구별되는 활동들을 보라. 이 중요한 주제에 대해선 포터의 저서 〈경쟁우위〉(1985)에서 50페이지 분량을 할애하고 있다.

◈ **다이아몬드 이론(Diamond Theory):** 이 책에서는 다루지 않았지만 포터의 주요 프레임워크로 해당 산업에서 특정 국가나 지역이 다른 곳에 비해 탁월한 성공을 거두는 원인을 설명한다. '비교우위'는 저비용 노동력이나 가치 있는 천연자원 보유로 인해 특정 지역이 성공하는 경우를 자칭한다. 포터는 대조적으로 높은 생산성과 혁신을 통해 성취하

는 '경쟁우위'의 역할을 강조한다. 다아아몬드 이론에 따르면 경쟁우위는 지역환경이 가장 진보적이고 역동적이고 도전적일 때 증가한다.

◈ **차별화(Differentiation)**: 이 용어는 단순히 '다르다'라는 의미로 가장 많이 사용된다. 마케팅에서는 두 가지 제공품을 비교해 어떤 포지셔닝을 취하는지 설명할 때 사용된다.(즉, 더 높은 품질이나 특성을 제공하든지 더 낮은 가격에 판매하는 경우를 모두 지칭). 그러나 포터는 범위를 좀더 좁혀 경쟁업체보다 높은 가격을 받을 수 있는 기업 능력을 설명하는 데 '차별화'를 사용한다. 이때의 제공품은 고객의 지불의사를 높여야 한다. 포터가 이렇게 더 좁고 정밀한 정의를 사용하는 것은 경쟁우위의 2가지 구성요소(가격과 비용)를 혼동하지 않는 것이 핵심이라고 믿기 때문이다.

◈ **다각화(Diversification)**: 다른 비즈니스 영역으로의 사업 확장이다. 다각화에 대한 포터의 생각은 가치사슬과 관련된 활동과 직접 연결되어 있다. 포터는 너무 자주 모호하게 정의된 핵심역량이 실제로 관련도 없는 다각화를 위한 합리적 설명으로 둔갑한다는 사실을 알게 되었다. 다각화의 도전 과제는 새로운 비즈니스와 공유될 수 있는 활동이나 활동시스템을 파악하거나 특정 활동들을 관리하는 독보

적인 기술이 이전될 수 있는 사업을 찾는 것이다. 그것이 바로 가치있는 자원이나 핵심역량을 활용할 수 있는 방법이다. 이 주제에 대한 추가 자료는 포터의 저서 〈경쟁론〉(2008)의 '경쟁우위에서 기업 전략으로' 편을 참조하라.

◈ **실행(Execution)**: '운영효과성(Operation Effectiveness)'을 참조하라.

◈ **적합성(Fit)**: 하나의 활동으로 인한 가치와 비용이 다른 활동들이 실행되는 방법의 영향을 받는 경우다. 좋은 전략을 검증하는 5가지 기본 항목 중 하나다. 적합성은 비용을 낮추거나 고객의 지불의사 금액을 증가시키는 독특한 가치를 생성함으로써 경쟁우위 가치를 증폭시킬 수 있다. 또한 적합성은 여러 활동이 복잡하게 얽혀 전략을 작동시킴으로써 경쟁자가 우리 회사의 전략을 이해하거나 모방하기 어렵게 만들기 때문에 전략의 연속성도 증폭시켜준다.

◈ **5가지 핵심세력(Five Forces)**: 산업 구조를 분석해 어느 산업에서나 경쟁을 평가하기 위한 포터의 가장 유명한 프레임워크다. 이 프레임워크로 산업 간 수익성의 차이가 크고 지속적인 이유를 설명한다. 5가지 세력 분석은 전략과 자신에게 유리한 방향으로 세력을 이동시키는 데 대해 생

각해보는 첫 번째 단계다. 그리고 독특한 위치를 어디서 구축할 수 있는지 알아볼 수 있다. 이 프레임워크의 폭넓은 응용을 위해 포터의 저서 〈경쟁론(2008)〉의 '전략을 형성하는 5가지 경쟁 세력'과 '전략과 인터넷' 편을 참조하라.

❖ **프레임워크(Frameworks):** 이 용어는 포터가 전통적 경제 모델로부터 그의 접근법을 구별하기 위해 사용한다. 공식적인 모델은 단지 수학적으로 나타내고 풀 수 있는 경쟁 요소들만 포함한다. 따라서 고려해야 할 변수 개수를 엄격히 제한할 필요가 있다. 포터의 프레임워크에서 경쟁이란 너무 복잡해 공식적으로 모델링할 수 없다는 점을 인정한다. 경영자가 경쟁의 관련된 면을 고려하도록 도와주는 전문가 시스템과 더 비슷하다.

❖ **본원적 전략(Generic Strategies):** 전략적 포지셔닝의 핵심 주제들을 광범위하게 설명한다. 집중화 전략은 기업이 타깃고객과 타깃 니즈의 범위를 제한하는 선택을 한다. 차별화 전략은 기업이 프리미엄 가격을 책정할 수 있도록 해준다. 비용우위 전략은 상대적으로 낮은 가격으로 경쟁할 수 있도록 해준다. 본원적 전략 아이디어는 포터가 저서 〈경쟁전략〉(1980)에서 최초로 소개한 중요 개념으로 이후 많은 경영자들이 폭넓게 수용했다. 일반적으로 효과적인 전략은 다

양한 전략적 요소들을 독특한 방법으로 통합한다. 예를 들어 특별한 유형의 차별화된 가치가 저비용과 상충되지 않는한, 기업은 어느 정도까진 차별화와 저비용을 동시에 추구해볼 수 있다. 어중간한 전략(Stuck in the Middle) 참조.

◈ **지리적 범위(Geographic Scope):** 전략에서 해당 산업의 지리적 범위를 정확히 그려보는 것은 매우 중요하다. 글로벌 비즈니스인가? 국내 비즈니스인가? 역내 비즈니스인가? 특정 지역에 국한된 비즈니스인가? 지리적 범위 설정에따라 5가지 세력이 유의미하게 다르다면 완전히 다른 산업이라는 뜻이다. 포터에 의하면 국가나 지역마다 산업 구조가달라 각각 다른 전략을 써야 하는 상황에서도 많은 기업들은그냥 글로벌 비즈니스라고 정의해버리는(따라서 한 가지 전략만 구사하는) 경우가 많다. 포터의 저서 〈경쟁론〉(2008)의'지역을 가로지르는 경쟁: 글로벌 전략을 통한 경쟁우위 강화' 편을 참조하라.

◈ **글로벌 전략, 글로벌화:** '지리적 범위'를 참고하라.

◈ **산업 구조(Industry Structure):** 산업에서 경쟁판도를형성하는 근본적인 경제적, 기술적 특성으로 그 안에서 전략이 수립되어야 한다. 산업 구조 분석은 해당 산업의 잠재

적 수익뿐만 아니라 경쟁환경을 이해하는 출발점이다. '5가지 세력'을 참고하라.

◈ **운영효과성(Operational Effectiveness)**: 일반적으로 경영자들은 '모범사례' 또는 '실행'이라고 부른다. 포터에게는 기업이 비슷하거나 같은 활동을 경쟁자보다 더 잘해내는 능력을 의미하는 포괄적 용어로 사용된다. 운영효과성(OE)은 주어진 자원을 활용하여 기업이 더 큰 성과를 이끌어내도록 하는 여러 실행 사례들을 포함한다. 기업의 모든 기능적 영역에는 주어진 시점에서 나름대로 모범사례가 있다: 공장 운영 모범사례, 영업사원 교육 모범사례 등. 기업 간 운영효과성 차이는 광범위하고 그로 인한 상대적 수익성으로 차이점을 일부 설명할 수 있다. 운영효과성은 실행상 탁월함의 성취를 의미하므로 성과의 중요 요인이지만 전략과 다르다. 이 주제에 대한 추가 자료는 포터의 저서 〈경쟁론〉(2008)의 '전략이란 무엇인가' 편을 참조하라.

◈ **아웃소싱(Outsourcing)**: 기업 내부에서 하던 활동을 제3자로부터 구입하는 의사결정이다. 사람들이 알고 있는 통념으로 '핵심' 활동은 기업 내부에 유지하고 나머지는 외주를 주라는 것이다. 그러나 포터는 외주 결정을 경쟁우위의 경제성과 직접 연결시켜 다른 각도에서 보아야 한다고 주

장한다. 즉, 전략과 연결된 맞춤형 가치사슬에 해당하는 기능은 보유하고 전략과 연결가능성이나 관련성이 거의 없는 일반적인 것들은 외주로 돌리는 것이다.

◈ **포터 가설(Porter Hypothesis)**: 기업이 발생시키는 환경오염이 종종 경제적 낭비의 신호라는 포터의 주장에 대해 환경공동체에서 붙인 이름이다. 비효율적으로 사용된 자원, 낭비된 에너지, 버려졌지만 가치있는 원료물질 등이 해당된다. 환경성과를 개선시킴으로써 생산성을 끌어올릴 수 있고 환경개선 비용을 상쇄하기도 한다. 따라서 기업은 환경개선을 귀찮은 규제로 여기지 말고 생산성과 경쟁력을 증진시키는 필수 부분으로 간주해야 한다는 것이다. 포터는 스마트한 환경규제는 제품과 프로세스 혁신을 북돋운다고 주장한다. 그의 저서 〈경쟁론〉(2008)에 수록된 클라스 밴 더 린드(Claas van der Linde)와 함께 쓴 포터의 논문 '그린(환경보호)과 경쟁력: 교착 상태의 종말'을 참조하라.

◈ **포지셔닝(Positioning)**: 산업 내에서 관련성 있는 특정 경쟁자를 상대로 한 가치제안의 선택이다. 훌륭한 전략을 탐색한다는 것은 독특한 포지셔닝을 찾아낸다는 의미다. 즉, 해당 산업에서 기업이 원하는 '위치'를 말한다.

◈ **상대적 구매자 가치(Relative Buyer Value):** 고객이 경쟁업체의 제공품보다 당신의 재화나 용역에 기꺼이 지불하려는 금액을 말한다.

◈ **상대적 비용(Relative Cost):** 경쟁업체와 비교한 단위당 비용. 상대적 비용우위는 2가지 원천으로부터 나온다. 동일한 활동을 더 잘해내거나(최고를 위한 경쟁 또는 운영효과성) 다른 활동들을 선택(독특한 존재를 위한 경쟁)하는 것이다.

◈ **상대적 가격(Relative Price):** 경쟁업체와 비교한 단위당 가격. 상대적 가격우위는 구매자 가치를 생성시키는 차별화로부터 나온다. 좀 더 쉽게 말해 고객이 더 높은 가격을 기꺼이 지불하도록 만드는 뭔가 독특한 것을 만든다는 의미다.

◈ **투하자본수익률(ROIC):** 재무적 성과지표 중 하나로 해당 비즈니스에 투입된 자본 대비 해당 비즈니스가 창출하는 이윤을 비교한다. 포터에게는 비즈니스 성공을 측정하는 최고의 재무지표다. 기업이 경제적 가치를 생성하는 데 자원을 얼마나 효과적으로 사용했는지 잡아내기 때문이다.

◈ **전략적 경쟁(Strategic Competition):** 포터는 이 용어를 '포지티브 섬(Positive Sum) 경쟁'을 지칭할 때 사용한다. 즉, 기업의 승리(탁월한 수익성을 얻는 것)는 고객을 위한 독특한 가치창조에서 비롯된다. 이 방법이 윈-윈(Win-Win) 형태의 경쟁이 되는 이유는 고객과 기업이 함께 혜택을 얻기 때문이다.

◈ **전략(Strategy):** 일반적으로는 특정한 중요 목표나 계획의 의미로 사용된다. 예를 들어 "우리의 전략은 해당 산업에서 1등하는 것이다" 또는 "우리의 전략은 인수를 통한 성장이다" 등을 들 수 있다. 이와 달리 포터는 전략을 "경쟁 상황에 있는 기업이 탁월한 성과를 낼 수 있는 방법을 정의하는 통합된 선택의 모음이다"라고 말한다. 전략은 목표(1등)나 구체적 행위(인수)가 아니다. 목표를 성취하도록 포지션(위치)을 선택하는 것이다. 구체적인 행위는 해당 포지셔닝을 현실화하기 위해 가야 하는 경로다. 나아가 포터가 전략을 정의할 때 진정 말하고 싶은 것은 산업평균보다 높은 ROIC(투하자본수익률)를 가져다줄 '좋은 전략'의 구성요소다.

◈ **어중간한 상태(Stuck in the Middle):** 포터가 만든 용어중 빠르게 전략 분야의 주요 어휘가 된 문구로 기업이 트레이드오프를 거부하고 모든 고객에게 모든 것을 제공하는

기업이 되려고 할 때 빠지는 전략적 함정을 설명한다. 모든 고객을 대상으로 모든 일을 하려고 할 때 이런 상황에 직면한다. 문제는 모순적인 가치를 지닌 것을 동시에 제공하려고 할 때 발생한다. 이런 기업은 경쟁업체가 고객에게 독특한 가치를 전달하도록 하는 활동에 더 집중하면 분명히 실패할 수밖에 없다.

❖ **대체재(Substitute)**: 기업이 제공하는 제품서비스와 똑같은 니즈를 만족시키기 위해 고객이 선택할 수 있는 다른 범주의 제품들이다. 전통적인 시계 제조업체를 놀라게 만든 것 중 무선전화기는 특히 젊은 세대에게 손목시계의 대체재다. 대체재의 위협은 5가지 세력 중 하나다.

❖ **SWOT 분석**: 1960년대 전략 기획 회의를 위해 개발된 도구로 간단하면서도 널리 사용된다. 관리자는 기업의 강점, 단점, 기회, 위협요소를 열거해야 한다. SWOT는 해당 기업을 환경과 연계하지만 일반적으로 충분한 분석과 객관성 확보에는 미치지 못한다. SWOT는 포터 연구에서 얻는 통찰력 이전에 나온 것이다.

❖ **맞춤형 가치사슬(Tailored Value Chain)**: 포터는 '맞춤'이라는 용어를 특정한 가치 제안을 전달하도록 구체적으로

당신의 경쟁전략은 무엇인가?

설계된 활동을 설명하는 데 사용한다. 맞춤활동이란 일반적 활동의 반대 개념이다. 맞춤형 가치사슬은 포터의 훌륭한 전략을 검증하는 두 번째 검증 항목이다.

◈ **트레이드오프(Trade-offs):** 기업이 모순적인 전략적 포지셔닝 사이에서 선택해야 할 때 발생한다. 이런 선택은 비용과 가치 면에서 경쟁자 사이의 차별성을 만들어준다. 따라서 트레이드오프는 전략의 경제적 연결고리다. 트레이드오프는 훌륭한 전략을 위한 5가지 검증 항목 중 하나로 경쟁우위를 구성하는 비용과 가격 차별성에 기여한다. 또한 트레이드오프는 이미 다른 선택을 내린 경쟁자가 자신의 전략을 손상시키지 않고 당신이 하는 일을 복제하기 어렵게 만든다. 따라서 트레이드오프는 현존 경쟁자에게 전략의 모방을 불가능하도록 만들어 자사의 경쟁우위를 지속시킨다.

◈ **가치사슬(Value Chain):** 기업이 재화와 용역을 개발, 생산, 마케팅, 전달하기 위해 수행하는 모든 개별 활동들의 모음이다. 경쟁우위를 이해하는 데 필요한 기본 도구다. 모든 비용은 가치사슬 활동에 의해 발생하고 모든 차별화는 가치사슬에 의해 창출된다.

◈ **가치 창출(Value Creation):** 조직이 특정 투입물을 애당

초 투입물 합보다 가치가 큰 재화와 용역으로 변환시키는 과정이다. 이것은 경제적 가치를 창출하기 위해 존재하는 영리기업이나 구체적인 사회적 목적 이행을 위해 최상의 효율성을 추구하는 비영리조직 모두에게 성과의 궁극적인 원천이다. 전략이란 특정 조직이 선택받은 고객을 위해 독특한 가치를 창출하는 방법을 찾는 것이다.

◈ **가치 제안(Value Proposition):** 기업이 자신의 고객을 위해 창출하는 가치 유형을 정의하는 전략의 핵심요소다. 가치 제안은 다음 3가지 질문에 대한 답이다. 어떤 고객에게 봉사할 예정인가? 어떤 니즈를 충족시킬 예정인가? 어떤 상대적 가격을 청구할 것인가? 독특한 가치 제안은 훌륭한 전략의 첫 번째 검증 항목이다.

◈ **가치 시스템(Value System):** 최종고객을 위한 가치창조에 들어가는 시작부터 끝까지 모든 활동모음이다. 기업의 가치사슬은 전형적으로 상위(공급자)나 하위(유통채널) 또는 2가지 모두 포함하는 더 큰 가치사슬의 일부이다. 가치 창출에 대해 이런 시각은 해당 활동을 누가 실행하는가와 상관없이 기업들이 프로세스의 모든 활동에 관심을 갖도록 강제한다. 또한 각 활동을 비용 면에서만 고려하지 말고 최종제품이나 서비스를 완성하는 과정에서 특정 가치를 추가

하는 단계로 보라는 것이다. 따라서 가치사슬을 분석할 때 자신의 활동들이 공급자, 채널, 고객의 가치활동과 어떤 연결점이 있는지 아는 것이 중요하다.

◈ **제로 섬 경쟁(Zero-Sum Competition):** 승리하기 위해 누군가는 패배해야만 하는 경쟁 형태로, 패하는 상대방이 당신의 고객이나 공급자가 될 수 있다. 예를 들어 포터의 미국 의료 관련 경쟁 상황에 대한 설명이다. "비용은 다른 곳으로 이전해야 낮아진다. 의사들은 환자를 위해 보내는 시간을 엄청나게 많이 단축시켜 생산성을 높이라는 압력을 받고 있다. 의사의 승리는 병원으로부터 더 좋은 조건을 받아내는 것이다. 병원은 요금에 대한 협상력을 얻기 위해 대형 병원 그룹과 합병해야 승리할 수 있다. 의료보험은 서비스를 제한하고 의사들에게 더 낮은 급여를 받아들이도록 압력을 가함으로써 승리한다. 이런 상황에서 의료시스템의 각 이해관계자들은 환자를 위해 가치를 증진시키는 것이 아니라 누군가의 가치를 가져감으로써 승리하게 된다." JAMA에 수록된 포터와 티스버그의 논문 〈의사는 어떻게 의료의 미래를 변화시키는가(2007)〉를 참조하라.

발표 자료와 인터뷰등을 포함하는 포터의 저서에 관한 전체적인 참고자료는 전략과 경쟁력 연구소의 웹사이트(http://isc. hbs.edu.)를 보라. 독자들이 궁금해 하는 주제에 대해 찾아보도록 포터가 발표한 많은 저서를 참조하여 부록2에 정리해 놓았다.

서문

Porter described the intellectual divide he faced in the 1970s in a private conversation with me in the fall of 2010. His reflections on the origins of his frameworks appear in M. E. Porter, N. Argyres, and A. M. McGahan, "An Interview with Michael Porter," *Academy of Management Executive* 16, no.2 (2002): 43-52

1장 - 경쟁: 경쟁에 대한 올바른 이해와 사고방식

The airport seating example was suggested by Daniel Michaels,

"Hot Seat: Airport Furniture Designers Battle for Glory," *Wall Street Journal*, May 17, 2010. The hotel bed wars quote was reported by Christopher Elliott, "Detente in the hotel Bed Wars," *New York Times*, January 31, 2006. See also Youngme Moon, "The Hotel Bed Wars," Case 9-509-059 (Boston: Harvard Business School, 2009).

2장 - 5가지 세력: 이윤을 위한 경쟁

This chapter draws from and quotes Michael E. Porter's "The Five Competitive Forces That Shape Strategy," reprinted in *On Competition, Updated and Expanded Edition* (Boston: Harvard Business School Publishing, 2008).

The story of market power in the cement industry comes from Peter Fritsch, "Hard Profits: A Cement Titan in Mexico Thrives by Selling to Poor," *Wall Street Journal*, April 22, 2002. Sell also Pankaj Ghemawat, "The Globalization of CEMEX," Case 9-701-017 (Boston: Harvard Business School, 2004).

The "receipt and dispatch" work rule is described by Micheline Maynard, "More Than Money Is at Stake in Votes by Airline Unions," *New York Times*, April 29, 2003.

For an example of an extremely thorough and rigorous five forces analysis, see the posting on the ISC Web that covers the airline industry, at http://www.isc.hbs.edu/pdf/IATA_Vision_2050_Chapter_1.pdf. For help with doing your own industry analysis, see Jan Rivkin and Ann Cullen, "Finding Information for Industry

Analysis," Note 9-708-481 (Boston: Harvard Business School, 2010)

3장 - 경쟁우위: 가치사슬, 이윤과 손실의 요인

The Kelleher quote about profits comes from Kevin and Jackie Freiberg, *Nuts! Southwest Airlines' Crazy Recipe for Business and Personal Success* (Austin, TX: Bard Press, 1996), 49. This is an engaging, insightful account of the early history of Southwest that I draw upon again in later chapters.

My value chain template is a simplified version of Porter's classic graphic. For the original, see Chapter 2 of *Competitive Advantage: Creating and Sustaining Superior Performance* (New York: Free Press, 1985) and also "How Information Gives You Competitive Advantage," reprinted in *On Competition* (2008). For a great lesson in how to use value chain analysis, see Porter and Robert S. Kaplan, "How to Solve the Cost Crisis in Health Care," *Harvard Business Review*, September 2011.

I first learned about Whirlwind Wheelchair from the PBS Frontline/World documentary *Wheels of Change*, produced by Marjorie McAfee and Victoria Gamburg, reported by Marjorie McAfee. Whilwind's Executive Director, MarcKrizack, provided me with valuable insights about his organization in a series of private exchanges in April 2011.

Three excellent sources for help with the analytics of competitive advantage (topics such as relative cost, cost drivers, and willingness to pay) are the following:

- Pankaj Ghemawat and Jan W. Rivkin, "Creating Competitive Advantage," Note 9-798-062 (Boston: Harvard Business School, 2006).
- Hanna Halaburda and Jan W. Rivkin, "Analyzing Relative Costs," Note 9-708-462 (Boston: Harvard Business School, 2005).
- Tarun Khanna and Jan Rivkin, "Math for Strategists," Note 9-705-43 (Boston: Harvard Business School, 2005).

I have written about Dell, Honda, and Schwab in *What Management Is: How It Works and Why It's Everyone's Business* (New York: Free Press, 2002).

For the Nomacorc example, see Timothy Aeppel, "Show Stopper: How Plastic Popped the Cork Monopoly," *Wall Street Journal*, May 1, 2010.

Porter argues against confusing OE with strategy in "What Is Strategy?" reprinted in *On Competition* (2008).

For an analysis of Japan's competitive problems, see Michael E. Porter, Hirotaka Takeuchi, and Mariko Sakakibara, *Can Japan Compete?* (Cambridge, MA: Perseus Publishing, 2000).

4장 – 가치창조: 전략의 시발점

The Porter quotes and concepts in this chapter, as well as his analysis of Southwest Airlines, come from "What Is Strategy?" reprinted in *On Competition* (2008). The graphic depticting the value proposition is Porter's. derived from unpublished presentation materials.

Details of Southwest's early pricing and its expansion come from *Nuts!*, cited earlier.

I have written about Walmart, Enterprise, Southwest, and Aravind in *What Management Is* (2002), and on Walmart in "Why Business Models Matter," *Harvard Business Review*, May 2002.

For more on Aravind, see V. Kasturi Rangan, "The Aravind Eye Hospital, Madurai, India: In Service for Sight," Cse 9-593-098 (Boston: Harvard Business School, 2009).

My source for Progressive is John Wells, Marina Lutova, and Ilan Sender, "The Progressive Corporation," Case 9-707-433 (Boston: Harvard Business School, 2008).

A good article on Enterprise is Carol Loomis, "The Big Surprise Is Enterprise," *Fortune*, July 14, 2006.

For Edward Jones, I have used David J. Collis and Michael G. Rukstad, "Can You Say What Your Strategy Is?" *Harvard Business Review*, April 2008; and David J. Collis and Troy Smith, "Edward Jones in 2006: Confronting Success," Case 9-707-497 (Boston: Harvard Business School, 2009).

My source for the history of Grace Manufacturing is John T.Edge, "How the Microplane Grater Escaped the Garage," *New York Times*, January 11, 2011.

5장 – 트레이드오프: 전략의 핵심축

This chapter draws on unpublished research on McDonald's, British Airways' Go Fly, Home Depot, and Lowe's done by Andrew Funderburk, an alumuns of Porter's Institute for Strategy and Competitiveness. See also Stephanie Clifford, "Revamping, Home Depot Woods Women," *New York Times*, January 28, 2011.

Porter's analysis of IKEA comes from "What Is Strategy?" repritned in *On Competition* (2008). For the research showing that people value more highly something they build themselves, see Michael I. Norton, Daniel Mochon, and Dan Ariely, "The 'IKEA Effect': When Labor Leads to Love," working paper 11-091, Harvard Business School, Boston, 2011.

I first learned about In-N-Out Burger from Youngme Moon's *Different: Escaping the Competitive Herd* (New York: Crown Business, 2010). The company's history is nicely told by Stacy Perman, *In-N-Out Burger: A Behind-the-Counter Look at the Fast-Food Chain That Breaks All the Rules* (New York: Harper Collins, 2009).

6장 – 적합성: 경쟁우위의 증폭기

Porter writes about the types of fit in "What Is Strategy?" reprinted in *On Competition* (2008).

Two excellent sources on Zara are Kasra Ferdows, Michael A. Lewis, and Jose A. D. Machucam, "Rapid-Fire Fulfillment," *Harvard Business Review*, November, 2004; and Pankaj Ghemawat and

Jose Luis Nueno, "Zara: Fast Fashion," Case 9-703-497 (Boston: Harvard Business School, 2003).

The quotation from Reed Hastings about Netflix's matching problem comes from william C. Taylor and Polly LaBarre, *Mavericks at Work; Why the Most Original Minds in Business Win* (New York: HarperCollins, 2006).

Roger Martin blogged about AT&T's value destruction in "When Strategy Fails the Logic Test," November 24, 2010, http://blogs.hbr.org/martin/2010/11/i-pretty-much-knew-that.html.

7장 - 연속성: 전략의 조력자

Porter applies five forces thinking to the analysis of potentially disruptive technologies in "Strategy and the Internet," reprinted in *On Competition* (2008).

For Nestlé's milk business, see Porter and Mark R. Kramer, "Strategy and Society: The Link Between Competitive Advantage and Corporate Social Responsibility," reprinted in *On Competition* (2008).

The Sears story is told by Roger Hallowell and James I. Cash Jr, "Sears, Roebuck and Company (A): Turnaround," Case 898-007 (Boston: Harvard Business School, 2002)

Alan Mulally's remarks about Ford's transformation are reported by Bill Vlasic, "Ford's Bet: It's a Small World After All," *New York Times*, January 10, 2010.

This account of BMW's design process is from S. Thomke,

"Managing Digital Design at BMW," *Design Management Journal* 12, no.2 (2001).

Good sources for Netflix are Michael V. Copeland, "Reed Hastings: Leader of the Pack," Fortune, November 18, 2010; and Willy Shin, Stephen Kaufmann, and David Spinola, "Netflix," Case 9-607-138 (Boston: Harvard Business School, 2009).

For BMW's thinking on its electric car, see Jack Ewing, "Latest Electric Car Will Be a BMW, From the Battery Up," *New York Times*, July 1, 2010.

The story of how Southwest's fourth plane led to ten-minute gate turns is told in *Nuts!*, 33-34.

I have written about Dell in *What Management Is* (2002) and in "Why Business Models Matter," *Harvard Business Review*, May 2002; and I interviewed Michael Dell in "The Power of Virtual Integration," *Harvard Business Review*, March 1998. For more on Dell, see Jan W. Rivkin and Michael E. Porter, "Matching Dell," Case 9-799-158 (Boston: Harvard Business School, 1999).

Nicolaj Siggelkow has written about Liz Claiborne in "Change in the Presence of Fit," *Academy of Management Journal 44* (2001); 838-857.

The quote about the importance of strategy in turbulent times comes from Michael E. Porter and Jan W. Rivkin, "Industry Transformation," Note 701-008 (Boston: Harvard Business School, 2000).

찾아보기

당신의 경쟁전략은 무엇인가?

:: 조안 마그레타(Joan Magretta) 박사는 하버드 비즈니스 리뷰(HBR) 전략담당 편집자로 일을 시작할 때부터 거의 20년 동안 마이클 포터와 협업하고 있다. 마이클 포터가 수많은 논문과 저서를 낼 때 그의 옆에서 지원 역할을 했다. 전략 분야의 가장 영향력 있는 2개 논문인 〈전략은 무엇인가?〉와 〈전략을 형성하는 5가지 경쟁세력〉의 출간에도 관여했다. 최근 그녀는 하버드 경영대학원 소속인 '전략과 경쟁우위를 위한 포터 연구소'의 선임연구원으로 일하고 있다.

마그레타는 전략과 일반 경영서 저자로도 유명하다. 지난 1988년 매년 하버드 비즈니스 리뷰에 실린 최고 논문에 주어지는 맥킨지상을 수상했다. 역작인 〈경영이란 무엇인가: 경영은 어떻게 작동되고 왜 모든 사람의 일인가〉(2002)는 15개국 언어로 소개되었다. 그 책은 파이낸셜 타임스로부터 3대 경영서로 극찬받았고 이코노미스트지에 의해 그 해 최고의 책으로 선정되면서 "희소가치가 있는 경영서로 명쾌하고 재미있고 솔직하다"라는 평을 받았다. 비즈니스 위크는 그 책을 10대 필독 경영서로 선정하면서 "비즈니스의 기본으로 돌아가는 로드맵이다"라고 극찬을 아끼지 않았다.

마그레타는 '하버드 비즈니스 리뷰'에 오기 전 컨설팅업체 '베인 앤 컴퍼니(Bain&Co)'의 파트너로 일했다. 컨설턴트로 일하며 의료, 첨단 패션, 중공업, 고등교육기관까지 다양한 업계 최고 경영자들에게 활발한 자문 역할을 해왔다.

1983년 하버드 경영대학원에서 경영학 석사(MBA) 과정을 마치기 전까지 문학과 영화 과목을 강의하는 인문학 교수로 재직하기도 했다. 위스콘신대를 우등으로 졸업하고 컬럼비아대에서 석사, 미시간대에서 영문학 박사학위를 수여 받았다.

역자 소개

• 김 언수

　김언수 교수는 고려대 경영대학을 수석 졸업하고 미국 일리노이대에서 MBA 및 박사(전략경영 전공) 과정을 졸업하였다. 이스턴 일리노이대와 캘리포니아주립대 경영학과 교수를 거쳐 1995년부터 고려대 경영대학 교수로 재직 중이다. 한국 전략경영학회 회장을 역임했고 경쟁 전략, 전략적 변화 및 전략 실행, 혁신 등의 영역에서 주로 연구하며 군사전략과 경영전략의 접목 및 응용 분야에도 관심이 많다. 〈Top을 위한 전략 경영〉과 여러 종류의 관련 시리즈, 〈움직이는 전략〉, 병법을 경영과 접목시킨 〈전략〉 등 다수 저서와 역서를 펴냈고, 주요 기업체에서 교육과 자문 역할을 하고 있다. 또한 고려대에서 매 학기 최우수 강의에 수여하는 '석탑 강의상'을 17회 수상했으며 고려대 기업경영연구소 원장도 역임하였다.

• 김 주권

　김주권 교수는 미국의 메리마운트 대학과 조지워싱턴 대학에서 국제경영학 전공으로 학사와 MBA 그리고 뉴저지 주립인 럿거스 대학에서 국제경영학과 글로벌전략 전공으로 박사학위를 받았다. 텍사스 A&M-CC 경영대학 교수를 거쳐, 현재 건국대학교 경영대학 교수로 재직 중이다. 해외직접투자, 신흥국 글로벌기업들의 글로벌화 전략 및 중소기업의 글로벌 가치사슬 진입전략에 관한 연구를 하고 있다. 〈지속가능한 성장을 위한 기업과 사회〉, 〈한국 중소기업의 글로벌 가치사슬 진입전략 및 정책적 시사점 연구〉, 〈승리의 경영전략〉 등을 비롯한 다수의 저서와 역서가 있다. 삼성경제연구소 SERI의 초빙연구위원을 역임하였고, 인천경제자우구역IFEZ의 투자자문관과 신흥국 글로벌기업 연구소 소장으로 활동하였다. 현재 건국대학교 경영전문대학원 원장으로 봉사하고 있다.

• 박 상진

고려대학교 경영전문대학원 석사(MBA) 과정을 졸업하고 현재 진성과학(주) 대표이사로 재직 중이다. 1996년 창업한 ㈜진성메디텍은 '혁신형 중소기업'에 선정되었고 우리나라의 진단의료산업 발전에 기여했다. 고려대 경영대학원 졸업 컨설팅 프로젝트(ELITE) 최우수상, 서울대학교 인문학 최고위과정(AFP) 최우수 논문상을 수상하였다. 번역한 책으로 〈스마트 싱킹〉, 〈퍼스널 MBA〉(공역), 〈스피치 에센스〉, 〈탁월한 전략이 미래를 창조한다〉, 〈생각의 시크릿〉, 〈신제품 개발 바이블〉(공역) 등이 있다. 기업의 지속적 성공을 이끄는 데 필수적인 경영실무와 자기계발 관련 서적을 소개하고 있다. 국립암센터 국가 암퇴치 사업과 서울대학교병원 암병동 건립에 기부하는 등 CSR에도 적극적으로 동참하고 있다. 꾸준히 배움을 이어가고 있는 그는 대한민국이 하루 빨리 선진국이 되는 데 일조하길 꿈꾼다.

진성북스
도서목록

사람이 가진 무한한 잠재력을 키워가는 **진성북스**는
지혜로운 삶에 나침반이 되는 양서를 만듭니다.

도서목록

나의 잠재력을 찾는 생각의 비밀코트

지혜의 심리학
10주년 기념판

김경일 지음
340쪽 | 값 18,500원

10주년 기념판으로 새롭게 만나는 '인지심리학의 지혜'!

지난 10년간의 감사와 진심을 담은 『지혜의 심리학 10주년 기념판』! 수많은 자기계발서를 읽고도 목표를 이루지 못한 사람들의 필독서로써, 모든 결과의 시작점에 있는 원인(Why)을 주목했다. 이 책을 읽고 생각의 원리를 올바로 이해하고 활용함으로써 누구라도 통찰을 통해 행복한 삶을 사는 지혜를 얻을 수 있을 것이다.

- OtvN <어쩌다 어른> 특강 출연
- KBS 1TV 아침마당<목요특강> "지혜의 심리학" 특강 출연
- 2014년 중국 수출 계약 | 포스코 CEO 추천 도서
- YTN사이언스 <과학, 책을 만나다> "지혜의 심리학" 특강 출연

포스트 코로나 시대의 행복

적정한 삶

김경일 지음 | 360쪽 | 값 16,500원

우리의 삶은 앞으로 어떤 방향으로 나아가게 될까? 인지심리학자인 저자는 이번 팬데믹 사태를 접하면서 수없이 받아온 질문에 대한 답을 이번 저서를 통해 말하고 있다. 앞으로 인류는 '극대화된 삶'에서 '적정한 삶'으로 갈 것이라고. 낙관적인 예측이 아닌 엄숙한 선언이다. 행복의 척도가 바뀔 것이며 개인의 개성이 존중되는 시대가 온다. 타인이 이야기하는 'want'가 아니라 내가 진짜 좋아하는 'like'를 발견하며 만족감이 스마트해지는 사회가 다가온다. 인간의 수명은 길어졌고 적정한 만족감을 느끼지 못하는 인간은 결국 길 잃은 삶을 살게 될 것이라고 말이다.

젊음을 오래 유지하는 자율신경건강법

안티에이징 시크릿

정이안 지음
264쪽 | 값 15,800원

자율신경을 지키면 노화를 늦출 수 있다!

25년 넘게 5만 명이 넘는 환자를 진료해 온 정이안 원장이 제안하는, 노화를 늦추고 건강하게 사는 자율신경건강법이 담긴 책. 남녀를 불문하고 체내에 호르몬이 줄어들기 시작하는 35세부터 노화가 시작된다. 저자는 식습관과 생활 습관, 치료법 등 자율신경의 균형을 유지하는 다양한 한의학적 지식을 제공함으로써, 언제라도 '몸속 건강'을 지키며 젊게 살 수 있는 비결을 알려준다.

정신과 의사가 알려주는 감정 컨트롤술

마음을 치유하는
7가지 비결

가바사와 시온 지음 | 송소정 옮김 | 268쪽
값 15,000원

일본의 저명한 정신과 의사이자 베스트셀러 작가, 유튜브 채널 구독자 35만 명을 거느린 유명 유튜버이기도 한 가바사와 시온이 소개하는, 환자와 가족, 간병인을 위한 '병을 낫게 하는 감정 처방전'이다. 이 책에서 저자는 정신의학, 심리학, 뇌과학 등 여러 의학 분야를 망라하여 긍정적인 감정에는 치유의 힘이 있음을 설득력 있게 제시한다.

독일의 DNA를 밝히는 단 하나의 책!

세상에서 가장 짧은
독일사

제임스 호즈 지음 | 박상진 옮김
428쪽 | 값 23,000원

냉철한 역사가의 시선으로 그려낸 '진짜 독일의 역사'를 만나다!

『세상에서 가장 짧은 독일사』는 역사가이자 베스트셀러 소설가인 저자가 가장 최초의 독일인이라 불리는 고대 게르만의 부족부터 로마, 프랑크 왕국과 신성로마제국, 프로이센, 그리고 독일제국과 동독, 서독을 거쳐 오늘날 유럽 연합을 주도하는 독일에 이르기까지 모든 독일의 역사를 특유의 독특한 관점으로 단 한 권에 엮어낸 책이다.

- 영국 선데이 타임즈 논픽션 베스트셀러
- 세계 20개 언어로 번역

감정은 인간을 어떻게 지배하는가

감정의 역사

롭 보디스 지음 | 민지현 옮김 | 356쪽 |
값 16,500원

이 책은 몸짓이나 손짓과 같은 제스처, 즉 정서적이고 경험에 의해 말하지 않는 것들을 설득력 있게 설명한다. 우리가 느끼는 시간과 공간의 순간에 마음과 몸이 존재하는 역동적인 산물이라고 주장하면서, 생물학적, 인류학적, 사회 문화적 요소를 통합하는 진보적인 접근방식을 사용하여 전 세계의 정서적 만남과 개인 경험의 변화를 설명한다. 감정의 역사를 연구하는 최고 학자 중 한 명으로, 독자들은 정서적 삶에 대한 그의 서사적 탐구에 매혹당하고, 감동받을 것이다.

하버드 경영대학원 마이클 포터의 성공전략 지침서

당신의 경쟁전략은 무엇인가?

조안 마그레타 지음 | 김언수, 김주권, 박상진 옮김
368쪽 | 값 22,000원

이 책은 방대하고 주요한 마이클 포터의 이론과 생각을 한 권으로 정리했다. <하버드 비즈니스리뷰> 편집장 출신인 조안 마그레타(Joan Magretta)는 마이클 포터와의 협력으로 포터교수의 아이디어를 업데이트하고, 이론을 증명하기 위해 생생하고 명확한 사례들을 알기 쉽게 설명한다. 전략경영과 경쟁전략의 핵심을 단기간에 마스터하기 위한 사람들의 필독서이다.

● 전략의 대가, 마이클 포터 이론의 결정판
● 아마존 전략분야 베스트 셀러
● 일반인과 대학생을 위한 전략경영 필독서

비즈니스 성공의 불변법칙
경영의 멘탈모델을 배운다!

퍼스널 MBA
10주년 기념 증보판

조시 카우프만 지음 | 박상진, 이상호 옮김
832쪽 | 값 35,000원

"MASTER THE ART OF BUSINESS"

비즈니스 스쿨에 발을 들여놓지 않고도 자신이 원하는 시간과 적은 비용으로 비즈니스 지식을 획기적으로 높이는 방법을 가르쳐주고 있다. 실제 비즈니스의 운영, 개인의 생산성 극대화, 그리고 성과를 높이는 스킬을 배울 수 있다. 이 책을 통해 경영학을 마스터하고 상위 0.01%에 속하는 부자가 되는 길을 따라가 보자.

● 아마존 경영 & 리더십 트레이닝 분야 1위
● 미국, 일본, 중국 베스트 셀러
● 전 세계 100만 부 이상 판매

한국기업, 글로벌 최강 만들기 프로젝트 1

넥스트 이노베이션

김언수, 김봉선, 조준호 지음 | 396쪽 |
값 18,000원

넥스트 이노베이션은 혁신의 본질, 혁신의 유형, 각종 혁신의 사례들, 다양한 혁신을 일으키기 위한 약간의 방법론들, 혁신을 위한 조직 환경과 디자인, 혁신과 관련해 개인이 할 수 있는 것들, 향후의 혁신 방향 및 그와 관련된 정부의 정책의 역할까지 폭넓게 논의한다. 이 책을 통해 조직 내에서 혁신에 관한 공통의 언어를 생성하고, 새로운 혁신 프로젝트에 맞는 구체적인 도구와 프로세스를 활용하는 방법을 개발하기 바란다. 나아가 여러 혁신 성공 및 실패 사례를 통해 다양하고 창의적인 혁신 아이디어를 얻고 실행에 옮긴다면 분명 좋은 성과를 얻을 수 있으리라 믿는다.

인간에게 영감을 불어넣는 '숨'의 역사

호흡

에드거 윌리엄스 지음
황선영 옮김
396쪽 | 값 22,000원

호흡 생리학자가 엮어낸 호흡에 관한 거의 모든 지식!
우리 삶에 호흡이 왜 중요할까? 그건 바로 생존이 달려있기 때문이다. 지금까지 건강한 호흡 방법, 명상을 위한 호흡법처럼 건강으로 호흡을 설명하는 책들은 많았다. 하지만 호흡 자체의 본질적 질문에 답하는 책은 없었다. 저자는 "인간은 왜 지금과 같은 방식으로 숨을 쉬게 되었는가?"라는 질문에서 시작한다. 평생 호흡을 연구해 온 오늘날 현대인이 호흡할 수 있기까지의 전 과정을 인류역사, 인물, 사건, 기술, 문학작품을 통해서 생생하게 일러준다.

과학책에서 들었을 법한 산소 발견 이야기는 물론, 인종차별의 증거로 잘못 활용된 폐활량계, 제1차 세계대전에서 수많은 사상자를 남긴 유독가스, 오늘날에도 우리를 괴롭히는 다양한 호흡 장애와 몸과 마음을 지키는 요가의 호흡법 등, 이 책은 미처 세기도 어려운 호흡에 관한 거의 모든 지식을 총망라하며 읽는 이의 지성을 자극하고도 남는다. 인간에게 숨은 생명의 시작이면서 끝이고, 삶에 대한 풍부한 스토리를 내포하고 있다.

저자는 "평생 탐구해 온 단 하나의 물음인 '인간은 왜 지금과 같은 방식으로 숨을 쉬게 되었는가'에 대한 해답을 이 책에서 찾아보고자" 했다고 밝힌다. 하지만 호흡이라는 하나의 주제로 엮인 이 책을 통해 알 수 있는 것이 비단 호흡의 비밀만은 아니다.

우리는 수개월 동안 호흡 없이 뱃속에서 지내던 아이의 첫울음에 이루 말할 수 없는 감동을 느끼게 된다. 또한 인체에 대한 이해와 산소호흡기의 탄생 등 눈부신 발전을 이룩한 현대 의학의 이면에 숨은 수많은 연구자의 성공과 실패담을 읽으며 그 노고를 깨닫게 된다. 호흡이라는 주제로 얽히고설킨 깊고 넓은 지식의 생태계 속에서 여러분들은 인류의 번영과 고뇌, 무수한 학자들의 성공과 실패, 그리고 삶과 죽음이 녹아든 지혜를 선물 받을 것이다.

새로운 리더십을 위한 지혜의 심리학

이끌지 말고 따르게 하라

김경일 지음
328쪽 | 값 15,000원

이 책은 '훌륭한 리더', '존경받는 리더', '사랑받는 리더'가 되고
싶어하는 모든 사람들을 위한 책이다. 요즘 사회에서는 존경보
다 질책을 더 많이 받는 리더들의 모습을 쉽게 볼 수 있다. 저자
는 리더십의 원형이 되는 인지심리학을 바탕으로 바람직한 리
더의 모습을 하나씩 밝혀준다. 현재 리더의 위치에 있는 사람뿐
만 아니라, 앞으로 리더가 되기 위해 노력하고 있는 사람이라면
인지심리학의 새로운 접근에 공감하게 될 것이다. 존경받는 리
더로서 조직을 성공시키고, 나아가 자신의 삶에서도 승리하기를
원하는 사람들에게 필독을 권한다.

- OtvN <어쩌다 어른> 특강 출연
- 예스24 리더십 분야 베스트 셀러
- 국립중앙도서관 사서 추천 도서

UN 선정, 미래 경영의 17가지 과제

지속가능발전목표란 무엇인가?

딜로이트 컨설팅 엮음 | 배정희, 최동건 옮김 |
360쪽 | 값 17,500원

지속가능발전목표(SDGs)는 세계 193개국으로 구성된 UN에
서 2030년까지 달성해야 할 사회과제 해결을 목표로 설정됐
으며, 2015년 채택 후 순식간에 전 세계로 퍼졌다. SDGs의 큰
특징 중 하나는 공공, 사회, 개인(기업)의 세 부문에 걸쳐 널리
파급되고 있다는 점이다. 그러나 SDGs가 세계를 향해 던지는
근본적인 질문에 대해서는 사실 충분한 이해와 침투가 이뤄지
지 않고 있다. SDGs는 단순한 외부 규범이 아니다. 단순한 자
본시장의 요구도 아니다. 단지 신규사업이나 혁신의 한 종류도
아니다. SDGs는 과거 수십 년에 걸쳐 글로벌 자본주의 속에서
면면이 구축되어온 현대 기업경영 모델의 근간을 뒤흔드는 변
화(진화)에 대한 요구다. 이러한 경영 모델의 진화가 바로 이 책
의 주요 테마다.

기초가 탄탄한 글의 힘

실용 글쓰기 정석

황성근 지음 | 252쪽 | 값 13,500원

글쓰기는 인간의 기본 능력이자 자신의 능력을 발휘하는 핵심적
인 도구이다. 이 책에서는 기본 원리와 구성, 나아가 활용 수준까
지 글쓰기의 모든 것을 다루고 있다. 이 책은 지금까지 자주 언급
되고 무조건적으로 수용되던 기존 글쓰기의 이론들을 아예 무시
했다. 실제 글쓰기를 할 때 반드시 필요하고 알아두어야 하는 내용
들만 담았다. 소설 읽듯 하면 바로 이해되고 그 과정에서 원리를
터득할 수 있도록 심혈을 기울인 책이다. 글쓰기에 대한 깊은 고민
에 빠진 채 그 방법을 찾지 못해 방황하고 있는 사람들에게 필독
하길 권한다.

상위 7% 우등생 부부의 9가지 비결

사랑의 완성
결혼을 다시 생각하다

그레고리 팝캑 지음
민지현 옮김 | 396쪽 | 값 16,500원

결혼 상담 치료사인 저자는 특별한 부부들이 서로를 대하는 방
식이 다른 모든 부부관계에도 도움이 된다고 알려준다. 이 책
은 저자 자신의 결혼생활 이야기를 비롯해 상담치료 사례와 이
에 대한 분석, 자가진단용 설문, 훈련 과제 및 지침 등으로 구
성되어 있다. 이 내용들은 오랜 결혼 관련 연구논문으로 지속
적으로 뒷받침되고 있으며 효과가 입증된 것들이다. 이 책을
통해 독자들은 무엇이 결혼생활에 부정적으로 작용하며, 긍정
적인 변화를 위해 어떤 노력을 해야 하는지 배울 수 있다.

앞서 가는 사람들의 두뇌 습관

스마트 싱킹

아트 마크먼 지음 | 박상진 옮김
352쪽 | 값 17,000원

숨어 있던 창의성의 비밀을 밝힌다!
인간의 마음이 어떻게 작동하는지 설명하고, 스마트해지는데 필
요한 완벽한 종류의 연습을 하도록 도와준다. 고품질 지식의 습
득과 문제 해결을 위해 생각의 원리를 제시하는 인지 심리학의
결정판이다! 고등학생이든, 과학자든, 미래의 비즈니스 리더든,
또는 회사의 CEO든 스마트 싱킹을 하고자 하는 누구에게나 이
책을 유용하리라 생각한다.

- 조선일보 등 주요 15개 언론사의 추천
- KBS TV, CBS방영 및 추천

나의 경력을 빛나게 하는 인지심리학

커리어 하이어

아트 마크먼 지음 | 박상진 옮김 | 340쪽 |
값 17,000원

이 책은 세계 최초로 인지과학 연구 결과를 곳곳에 배치해 '취
업-업무 성과-이직'으로 이어지는 경력 경로 전 과정을 새로
운 시각에서 조명했다. 또한, 저자인 아트 마크먼 교수가 미
국 텍사스 주립대의 '조직의 인재 육성(HDO)'이라는 석사학
위 프로그램을 직접 개설하고 책임자까지 맡으면서 '경력 관
리'에 대한 이론과 실무를 직접 익혔다. 따라서 탄탄한 이론
과 직장에서 바로 적용할 수 있는 실용성까지 갖추고 있다.
특히 2부에서 소개하는 성공적인 직장생활의 4가지 방법들
은 이 책의 백미라고 볼 수 있다.

나와 당신을 되돌아보는, 지혜의 심리학

어쩌면 우리가
거꾸로 해왔던 것들

김경일 지음 | 272쪽 | 값 15,000원

저자는 이 책에서 수십 년 동안 심리학을 공부해오면서 사람들로부터 가장 많은 공감을 받은 필자의 말과 글을 모아 엮었다. 수많은 독자와 청중이 '아! 맞아. 내가 그랬었지'라며 지지했던 내용들이다. 다양한 사람들이 공감한 내용들의 방점은 이렇다. 안타깝게도 세상을 살아가는 우리 대부분은 '거꾸로'하고 있는지도 모른다. 이 책은 지금까지 일상에서 거꾸로 해온 것을 반대로, 즉 우리가 '거꾸로 해왔던 수많은 말과 행동들'을 조금이라도 제자리로 되돌아보려는 노력의 산물이다. 이런 지혜를 터득하고 심리학을 생활 속에서 실천하길 바란다.

고혈압, 당뇨, 고지혈증, 골관절염...
큰 병을 차단하는 의사의 특별한 건강관리법

몸의 경고

박제선 지음 | 336쪽 | 값 16,000원

현대의학은 이제 수명 연장을 넘어, 삶의 질도 함께 고려하는 상황으로 바뀌고 있다. 삶의 '길이'는 현대의료시스템에서 잘 챙겨주지만, '삶의 질'까지 보장받기에는 아직 갈 길이 멀다. 삶의 질을 높이려면 개인이 스스로 해야 할 일이 있다. 진료현장의 의사가 개인의 세세한 건강을 모두 신경 쓰기에는 역부족이다. 이 책은 아파서 병원을 찾기 전에 스스로 '예방'할 수 있는 영양요법과 식이요법에 초점을 맞추고 있다. 병원에 가기 두렵거나 귀찮은 사람, 이미 질환을 앓고 있지만 심각성을 깨닫지 못하는 사람들에게 가정의학과 전문의가 질병 예방 길잡이를 제공하는 좋은 책이다.

질병의 근본 원인을 밝히고 남다른 예방법을 제시한다

의사들의 120세
건강 비결은 따로 있다

마이클 그레거 지음 | 홍영준, 강태진 옮김
❶ 질병원인 치유편 | 564쪽 | 값 22,000원
❷ 질병예방 음식편 | 340쪽 | 값 15,000원

미국 최고의 영양 관련 웹사이트인 http://NutritionFacts.org를 운영 중인 세계적인 영양전문가이자 내과의사가 과학적인 증거로 치명적인 질병으로 사망하는 원인을 규명하고 병을 예방하고 치유하는 식습관에 대해 집대성한 책이다. 저자는 영양과 생활방식의 조정이 처방약, 항암제, 수술보다 더 효과적일 수 있다고 강조한다. 우수한 건강서로서 모든 가정의 구성원들이 함께 읽고 실천하면 좋은 '가정건강지킴이'로서 손색이 없다.

● 아마존 식품건강분야 1위　　● 출간 전 8개국 판권계약

성공적인 인수합병의 가이드라인
시너지 솔루션

마크 서로워,
제프리 웨이런스 지음
김동규 옮김
456쪽 | 값 25,000원

"왜 최고의 기업은 최악의 선택을 하는가?"

유력 경제 주간지 『비즈니스위크Businessweek』의 기사에 따르면 주요 인수합병 거래의 65%가 결국 인수기업의 주가가 무참히 무너지는 결과로 이어졌다. 그럼에도 M&A는 여전히 기업의 가치와 미래 경쟁력을 단기간 내에 끌어올릴 수 있는 매우 유용하며 쉽게 대체할 수 없는 성장 및 발전 수단이다. 그렇다면 수많은 시너지 함정과 실수를 넘어 성공적인 인수합병을 위해서는 과연 무엇이 필요할까? 그 모든 해답이 이 책, 『시너지 솔루션』에 담겨 있다.

두 저자는 1995년부터 2018년까지 24년 동안 발표된 2,500건을 상회하는 1억 달러 이상 규모의 거래를 분석했으며, 이를 통해 인수 거래 발표 시 나타나는 주식 시장의 반응이 매우 중요하며, 이렇게 긍정적인 방향으로 시작한 거래가 부정적인 반응을 얻은 뒤 변화 없이 지속된 거래에 비해 압도적인 성과를 거두게 됨을 알게 되었다. 이러한 결과를 통해 제대로 된 인수 거래의 중요성을 재확인한 두 저자는 올바른 M&A 전략을 세우고 이를 계획대로 실행할 수 있도록 M&A의 '엔드 투 엔드 솔루션'을 제시한다. 준비된 인수기업이 되어 함정을 피할 수 있는 인수전략을 개발하고 실행하는 법은 물론, 프리미엄을 치르는 데 따르는 성과 약속을 전달하는 법, 약속한 시너지를 실제로 구현하는 법, 변화를 관리하고 새로운 문화를 구축하는 법, 그리고 장기적 주주 가치를 창출하고 유지하는 법을 모두 한 권에 책에 담음으로써, M&A의 성공률을 높이고 기업과 주주 모두에게 도움이 될 수 있도록 하였다. 『시너지 솔루션』이 제시하는 통합적인 관점을 따라간다면 머지않아 최적의 시기에 샴페인을 터뜨리며 축배를 드는 자신을 보게 될 것이다.

회사를 살리는 영업 AtoZ

세일즈 마스터

이장석 지음 | 396쪽 | 값 17,500원

영업은 모든 비즈니스의 꽃이다. 오늘날 경영학의 눈부신 발전과 성과에도 불구하고, 영업관리는 여전히 비과학적인 분야로 남아 있다. 영업이 한 개인의 개인기나 합법과 불법을 넘나드는 묘기의 수준에 남겨두는 한, 기업의 지속적 발전은 한계에 부딪히기 마련이다. 이제 편법이 아닌 정석에 관심을 쏟을 때다. 본질을 망각한 채 결과에 올인하는 영업직원과 눈앞의 성과만으로 모든 것을 평가하려는 기형적인 조직문화는 사라져야 한다. 이 책은 영업의 획기적인 리엔지니어링을 위한 AtoZ를 제시한다. 디지털과 인공지능 시대에 더 인정받는 영업직원과 리더를 위한 필살기다.

언제까지 질병으로 고통받을 것인가?

난치병 치유의 길

앤서니 윌리엄 지음 | 박용준 옮김
468쪽 | 값 22,000원

이 책은 현대의학으로는 치료가 불가능한 질병으로 고통 받는 수많은 사람들에게 새로운 치료법을 소개한다. 저자는 사람들이 무엇으로 고통 받고, 어떻게 그들의 건강을 관리할 수 있는지에 대한 영성의 목소리를 들었다. 현대 의학으로는 설명할 수 없는 질병이나 몸의 비정상적인 상태의 근본 원인을 밝혀주고 있다. 당신이 원인불명의 증상으로 고생하고 있다면 이 책은 필요한 해답을 제공해 줄 것이다.

● 아마존 건강분야 베스트 셀러 1위

유능한 리더는 직원의 회복력부터 관리한다

스트레스 받지 않는
사람은 무엇이 다른가

데릭 로저, 닉 페트리 지음
김주리 옮김 | 308쪽 | 값 15,000원

이 책은 흔한 스트레스 관리에 관한 책이 아니다. 휴식을 취하는 방법에 관한 책도 아니다. 인생의 급류에 휩쓸리지 않고 어려움을 헤쳐 나갈 수 있는 능력인 회복력을 강화하여 삶을 주체적으로 사는 법에 관한 명저다. 엄청난 무게의 힘든 상황에서도 감정적 반응을 재설계하도록 하고, 스트레스 증가 외에는 아무런 도움이 되지 않는 자기 패배적 사고 방식을 깨는 방법을 제시한다. 깨어난 순간부터 자신의 태도를 재조정하는 데 도움이 되는 사례별 연구와 극복 기술을 소개한다.

기후의 역사와 인류의 생존

시그널

벤저민 리버만, 엘리자베스 고든 지음
은종환 옮김 | 440쪽 | 값 18,500원

이 책은 인류의 역사를 기후변화의 관점에서 풀어내고 있다. 인류의 발전과 기후의 상호작용을 흥미 있게 조명한다. 인류문화의 탄생부터 현재에 이르기까지 역사의 중요한 지점을 기후의 망원경으로 관찰하고 해석한다. 당시의 기후조건이 필연적으로 만들어낸 여러 사회적인 변화를 파악한다. 결코 간단하지 않으면서도 흥미진진한, 그리고 현대인들이 심각하게 다뤄야 할 이 주제에 대해 탐구를 시작하고자 하는 독자에게 이 책이 좋은 길잡이가 되리라 기대해본다.

세계 초일류 기업이 벤치마킹한
성공전략 5단계

승리의 경영전략

AG 래플리, 로저마틴 지음
김주권, 박광태, 박상진 옮김
352쪽 | 값 18,500원

전략경영의 살아있는 매뉴얼

가장 유명한 경영 사상가 두 사람이 전략이란 무엇을 위한 것이고, 어떻게 생각해야 하며, 왜 필요하고, 어떻게 실천해야 할지 구체적으로 설명한다. 이들은 100년 동안 세계 기업회생역사에서 가장 성공적이라고 평가받고 있을 뿐 아니라, 직접 성취한 P&G의 사례를 들어 전략의 핵심을 강조하고 있다.

● 경영대가 50인(Thinkers 50)이 선정한 2014 최고의 책
● 탁월한 경영자와 최고의 경영 사상가의 역작
● 월스트리스 저널 베스트 셀러

언어를 넘어 문화와 예술을 관통하는 수사학의 힘

현대 수사학

요아힘 크나페 지음
김종영, 홍설영 옮김 | 480쪽 | 값 25,000원

이 책의 목표는 인문학, 문화, 예술, 미디어 등 여러 분야에 수사학을 접목시킬 현대 수사학이론을 개발하는 것이다. 수사학은 본래 언어적 형태의 소통을 연구하는 학문이라서 기초이론의 개발도 이 점에 주력하였다. 그 결과 언어적 소통의 관점에서 수사학의 역사를 개관하고 정치 수사학을 다루는 서적은 꽤 많지만, 수사학 이론을 현대적인 관점에서 새롭고 포괄적으로 다룬 연구는 눈에 띄지 않는다. 이 책은 수사학이 단순히 언어적 행동에만 국한하지 않고, '소통이 있는 모든 곳에 수사학도 있다'는 가정에서 출발한다. 이를 토대로 크나페 교수는 현대 수사학 이론을 체계적으로 개발하고, 문학, 음악, 이미지, 영화 등 실용적인 영역에서 수사학적 분석이 어떻게 가능한지를 총체적으로 보여준다.

백 마디 불통의 말, 한 마디 소통의 말

당신은 어떤 말을 하고 있나요?

김종영 지음
248쪽 | 값 13,500원

리더십의 핵심은 소통능력이다. 소통을 체계적으로 연구하는 학문이 바로 수사학이다. 이 책은 우선 사람을 움직이는 힘, 수사학을 집중 조명한다. 그리고 소통의 능력을 필요로 하는 우리 사회의 리더들에게 꼭 필요한 수사적 리더십의 원리를 제공한다. 더 나아가서 수사학의 원리를 실제 생활에 어떻게 적용할 수 있는지 일러준다. 독자는 행복한 말하기와 아름다운 소통을 체험할 것이다.

● SK텔레콤 사보 <Inside M> 인터뷰
● MBC 라디오 <라디오 북 클럽> 출연
● 매일 경제, 이코노믹리뷰, 경향신문 소개
● 대통령 취임 2주년 기념식 특별연설

경쟁을 초월하여 영원한 승자로 가는 지름길

탁월한 전략이 미래를 창조한다

리치 호워드 지음 | 박상진 옮김
300쪽 | 값 17,000원

이 책은 혁신과 영감을 통해 자신들의 경험과 지식을 탁월한 전략으로 바꾸려는 리더들에게 실질적인 프레임워크를 제공해준다. 저자는 탁월한 전략을 위해서는 새로운 통찰을 결합하고 독자적인 경쟁 전략을 세우고 헌신을 이끌어내는 것이 중요하다고 강조한다. 나아가 연구 내용과 실제 사례, 사고 모델, 핵심 개념에 대한 명쾌한 설명을 통해 탁월한 전략가가 되는 데 필요한 핵심 스킬을 만드는 과정을 제시해준다.

● 조선비즈, 매경이코노미 추천도서
● 저자 전략분야 뉴욕타임즈 베스트 셀러

대담한 혁신상품은 어떻게 만들어지는가?

신제품 개발 바이블

로버트 쿠퍼 지음 | 류강석, 박상진, 신동영 옮김
648쪽 | 값 28,000원

오늘날 비즈니스 환경에서 진정한 혁신과 신제품개발은 중요한 도전과제이다. 하지만 대부분의 기업들에게 야심적인 혁신은 보이지 않는다. 이 책의 저자는 제품혁신의 핵심성공 요인이자 세계최고의 제품개발 프로세스인 스테이지-게이트(Stage-Gate)에 대해 강조한다. 아울러 올바른 프로젝트 선택 방법과 스테이지-게이트 프로세스를 활용한 신제품개발 성공 방법에 대해서도 밝히고 있다. 신제품은 기업번영의 핵심이다. 이러한 방법을 배우고 기업의 실적과 시장 점유율을 높이는 대담한 혁신을 성취하는 것은 담당자, 관리자, 경영자의 마지노선이다.

10만 독자가 선택한
국내 최고의 인지심리학 교양서

지혜의 심리학
10주년 기념판

김경일 지음
340쪽 | 값 18,500원

10주년 기념판으로 새롭게 만나는 '인지심리학의 지혜'! 생각에 관해서 인간은 여전히 이기적이고 이중적이다. 깊은 생각을 외면하면서도 자신의 생각과 인생에 있어서 근본적인 변화를 애타게 원하기 때문이다. 하지만 과연 몇 나 자기계발서를 읽고 자신의 생각에 근본적인 변화와 개선을 가질 수 있었을까? 불편하지만 진실은 '결코 없다'이다. 우리에게 필요한 것은 '어떻게' 그 이상, '왜'이다. '왜'라고 생각하면 '왜냐하면'이라는 답이 태어나고, 이는 지금 더 이전의 원인에 대한 질문인 또 다른 '왜'와 그에 따른 '왜냐하면'들을 낳는다.

우리는 살아가면서 다양한 어려움에 봉착하게 된다. 이때 우리는 지금까지 살아오면서 쌓았던 다양한 How들만 가지고는 이해할 수도 해결할 수도 없는 어려움들에 자주 직면하게 된다. 따라서 이 How들을 이해하고 연결해 줄 수 있는 Why에 대한 대답을 지녀야만 한다. 『지혜의 심리학』은 바로 이 점을 우리에게 알려주어 왔다. 이 책은 '이런 이유가 있다'로 우리의 관심을 발전시켜 왔다. 그리고 그 이유들이 도대체 '왜' 그렇게 자리 잡고 있으며 왜 그렇게 고집스럽게 우리의 생각 깊은 곳에서 힘을 발휘하는지에 대하여 눈을 뜨게 해주었다.

그동안 『지혜의 심리학』은 국내 최고의 인지심리학자인 김경일 교수가 생각의 원리에 대해 직접 연구한 내용을 바탕으로 명쾌한 논리로 수많은 독자들을 지혜로운 인지심리학의 세계로 안내해 왔다. 그리고 앞으로도, 새로운 독자들에게 참된 도전과 성취에 대한 자신감을 건네주기에 더할 나위 없는 지혜를 선사할 것이다.

● OtvN <어쩌다 어른> 특강 출연
● 2014년 중국 수출 계약 | 포스코 CEO 추천 도서

노자, 궁극의 리더십을 말하다
2020 대한민국을 통합 시킬 주역은 누구인가?

안성재 지음 | 524쪽 | 값 19,500원

노자는 "나라를 다스리는 것은 간단하고도 온전한 원칙이어야지, 자꾸 복잡하게 그 원칙들을 세분해서 강화하면 안된다!"라고 일갈한다. 법과 제도를 세분해서 강화하지 않고 원칙만으로 다스리는 것이 바로 대동사회다. 원칙을 수많은 항목으로 세분해서 통제한 것은 소강사회의 모태가 되므로 경계하지 않으면 안된다. 이 책은 [도덕경]의 오해와 진실 그 모든 것을 이야기한다. 동서고금을 아우르는 지혜가 살아넘친다. [도덕경] 한 권이면 국가를 경영하는 정치지도자에서 기업을 경영하는 관리자까지 리더십의 본질을 꿰뚫을 수 있을 것이다.

인생의 고수가 되기 위한 진짜 공부의 힘
김병완의 공부혁명

김병완 지음
236쪽 | 값 13,800원

공부는 20대에게 세상을 살아갈 수 있는 힘과 자신감 그리고 내공을 길러준다. 그래서 20대 때 공부에 미쳐 본 경험이 있는 사람과 그렇지 못한 사람은 알게 모르게 평생 큰 차이가 난다. 진짜 청춘은 공부하는 청춘이다. 공부를 하지 않고 어떻게 100세 시대를 살아가고자 하는가? 공부는 인생의 예의이자 특권이다. 20대 공부는 자신의 내면을 발견할 수 있게 해주고, 그로 인해 진짜 인생을 살아갈 수 있게 해준다. 이 책에서 말하는 20대 청춘이란 생물학적인 나이만을 의미하지 않는다. 60대라도 진짜 공부를 하고 있다면 여전히 20대 청춘이고 이들에게는 미래에 대한 확신과 풍요의 정신이 넘칠 것이다.

감동으로 가득한 스포츠 영웅의 휴먼 스토리
오픈

안드레 애거시 지음 | 김현정 옮김
614쪽 | 값 19,500원

시대의 이단아가 던지는 격정적 삶의 고백!
남자 선수로는 유일하게 골든 슬램을 달성한 안드레 애거시. 테니스 인생의 정상에 오르기까지와 파란만장한 삶의 여정이 서정적 언어로 독자의 마음을 자극한다. 최고의 스타 선수는 무엇으로, 어떻게, 그 자리에 오를 수 있었을까? 또 행복하지만은 않았던 그의 테니스 인생 성장기를 통해 우리는 무엇을 배울 수 있을까. 안드레 애거시의 가치관가 생각을 읽을 수 있다.

하버드 경영 대학원 마이클 포터의 성공전략 지침서
당신의 경쟁전략은 무엇인가?

조안 마그레타 지음
김언수, 김주권, 박상진 옮김
368쪽 | 값 22,000원

마이클 포터(Michael E. Porter)는 전략경영 분야의 세계 최고 권위자다. 개별 기업, 산업구조, 국가를 아우르는 연구를 전개해 지금까지 17권의 저서와 125편 이상의 논문을 발표했다. 저서 중 『경쟁전략(Competitive Strategy)』(1980), 『경쟁우위(Competitive Advantage)』(1985), 『국가경쟁우위(The Competitive Advantage of Nations)』(1990) 3부작은 '경영전략의 바이블이자 마스터피스'로 공인받고 있다. 경쟁우위, 산업구조 분석, 5가지 경쟁요인, 본원적 전략, 차별화, 전략적 포지셔닝, 가치사슬, 국가경쟁력 등의 화두는 전략 분야를 넘어 경영학 전반에 새로운 지평을 열었고, 사실상 세계 모든 경영 대학원에서 핵심적인 교과목으로 다루고 있다. 이 책은 방대하고 주요한 마이클 포터의 이론과 생각을 한 권으로 정리했다. <하버드 비즈니스리뷰> 편집장 출신인 저자는 폭넓은 경험을 바탕으로 포터 교수의 강력한 통찰력을 경영일선에 효과적으로 적용할 수 있도록 설명한다. 즉, "경쟁은 최고가 아닌 유일무이한 존재가 되고자 하는 것이고, 경쟁자들 간의 싸움이 아니라, 자사의 장기적 투하자본이익률(ROIC)을 높이는 것이다." 등 일반인들이 잘못 이해하고 있는 포터의 이론들을 명백히 한다. 전략경영과 경쟁전략의 핵심을 단기간에 마스터하여 전략의 전문가로 발돋움 하고자 하는 대학생은 물론 전략에 관심이 있는 MBA과정의 학생들을 위한 필독서이다. 나아가 미래의 사업을 주도하여 지속적 성공을 꿈꾸는 기업의 관리자에게는 승리에 대한 영감을 제공해 줄 것이다.

● 전략의 대가, 마이클 포터 이론의 결정판
● 아마존전략 분야 베스트 셀러
● 일반인과 대학생을 위한 전략경영 필독서

진정한 부와 성공을 끌어당기는 단 하나의 마법

생각의 시크릿

밥 프록터, 그레그 레이드 지음 | 박상진 옮김
268쪽 | 값 13,800원

성공한 사람들은 그렇지 못한 사람들과 다른 생각을 갖고 있는 것인가? 지난 100년의 역사에서 수많은 사람을 성공으로 이끈 성공 철학의 정수를 밝힌다. <생각의 시크릿>은 지금까지 부자의 개념을 오늘에 맞게 더 구체화시켰다. 지금도 변하지 않는 법칙을 따라만하면 누구든지 성공의 비밀에 다가갈 수 있다. 이 책은 각 분야에서 성공한 기업가들이 지난 100년간의 성공 철학을 어떻게 이해하고 따라했는지 살펴보면서, 그들의 성공 스토리를 생생하게 전달하고 있다.

● 2016년 자기계발분야 화제의 도서
● 매경이코노미, 이코노믹리뷰 소개

새로운 시대는 逆(역)으로 시작하라!

콘트래리언

이신영 지음
408쪽 | 값 17,000원

위기극복의 핵심은 역발상에서 나온다!

세계적 거장들의 삶과 경영을 구체적이고 내밀하게 들여다본 저자는 그들의 성공핵심은 많은 사람들이 옳다고 추구하는 흐름에 '거꾸로' 갔다는 데 있음을 발견했다. 모두가 실패를 두려워할 때 도전할 줄 알았고, 모두가 아니라고 말하는 아이디어를 성공적인 아이디어로 발전시켰으며 최근 15년간 3대 악재라 불린 위기 속에서 기회를 찾고 성공을 거두었다.

● 한국출한문화산업 진흥원 '이달의 책' 선정도서
● KBS 1 라디오 <오한진 이정민의 황금사과> 방송

"이 검사를 꼭 받아야 합니까?"

과잉 진단

길버트 웰치 지음 | 홍영준 옮김
391쪽 | 값 17,000원

병원에 가기 전 꼭 알아야 할 의학 지식!

과잉진단이라는 말은 아무도 원하지 않는다. 이는 걱정과 과잉 진료의 전조일 뿐 개인에게 아무 혜택도 없다. 하버드대 출신 의사인 저자는, 의사들의 진단욕심에 비롯된 과잉진단의 문제점과 과잉진단의 합리적인 이유를 함께 제시함으로써 질병예방의 올바른 패러다임을 전해준다.

● 한국출판문화산업 진흥원 『이달의 책』 선정도서
● 조선일보, 중앙일보, 동아일보 등 주요 언론사 추천

"질병의 근본 원인을 밝히고
남다른 예방법을 제시한다"

의사들의 120세
건강비결은 따로 있다

마이클 그레거 지음
홍영준, 강태진 옮김
❶ 질병원인 치유편 값 22,000원 | 564쪽
❷ 질병예방 음식편 값 15,000원 | 340쪽

우리가 미처 몰랐던 질병의 원인과 해법
질병의 근본 원인을 밝히고 남다른 예방법을 제시한다
건강을 잃으면 모든 것을 잃는다. 의료 과학의 발달로 조만간 120세 시대도 멀지 않았다. 하지만 우리의 미래는 '얼마나 오래 살 것인가?'보다는 '얼마나 건강하게 오래 살 것인가?'를 고민해야하는 시점이다. 이 책은 질병과 관련된 주요 사망 원인에 대한 과학적 인과관계를 밝히고, 생명에 치명적인 병을 예방하고 건강을 회복시킬 수 있는 방법을 명쾌하게 제시한다. 수천 편의 연구결과에서 얻은 적절한 영양학적 식이요법을 통하여 건강을 획기적으로 증진시킬 수 있는 과학적 증거를 밝히고 있다. 15가지 주요 조기 사망 원인들(심장병, 암, 당뇨병, 고혈압, 뇌질환 등등)은 매년 미국에서만 1백 6십만 명의 생명을 앗아간다. 이는 우리나라에서도 주요 사망원인이다. 이러한 비극의 상황에 동참할 필요는 없다. 강력한 과학적 증거가 뒷받침된 그레거 박사의 조언으로 치명적 질병의 원인을 정확히 파악하라. 그리고 장기간 효과적인 음식으로 위험인자를 적절히 예방하라. 그러면 비록 유전적인 단명요인이 있다 해도 이를 극복하고 장기간 건강한 삶을 영위할 수 있다. 이제 인간의 생명은 운명이 아니라, 우리의 선택에 달려있다. 기존의 건강서와는 차원이 다른 이 책을 통해서 '더 건강하게, 더 오래 사는' 무병장수의 시대를 활짝 열고, 행복한 미래의 길로 나아갈 수 있을 것이다.

● 아마존 의료건강분야 1위
● 출간 전 8개국 판권계약

사단법인 건강인문학포럼

1. 취지

세상이 빠르게 변화하고 있습니다. 눈부신 기술의 진보 특히, 인공지능, 빅데이터, 메타버스 그리고 유전의학과 정밀의료의 발전은 인류를 지금까지 없었던 새로운 세상으로 안내하고 있습니다. 앞으로 산업과 직업, 하는 일과 건강관리의 변혁은 피할 수 없는 상황으로 다가오고 있습니다.

이러한 변화에 따라 〈사단법인〉 건강인문학포럼은 '건강은 건강할 때 지키자'라는 취지에서 신체적 건강, 정신적 건강, 사회적 건강이 조화를 이루는 "건강한 삶"을 찾는데 의의를 두고 있습니다. 100세 시대를 넘어서서 인간의 한계수명이 120세로 늘어난 지금, 급격한 고령인구의 증가는 저출산과 연관되어 국가 의료재정에 큰 부담이 되리라 예측됩니다. 따라서 개인 각자가 자신의 건강을 지키는 것 자체가 사회와 국가에 커다란 기여를 하는 시대가 다가오고 있습니다.

누구나 겪게 마련인 '제 2의 삶'을 주체적으로 살며, 건강한 삶의 지혜를 함께 모색하기 위해 사단법인 건강인문학포럼은 2018년 1월 정식으로 출범했습니다. 우리의 목표는 분명합니다. 스스로 자신의 건강을 지키면서 능동적인 사회활동의 기간을 충분히 연장하여 행복한 삶을 실현하는 것입니다. 전문가로부터 최신의학의 과학적 내용을 배우고, 5년 동안 불멸의 동서양 고전 100권을 함께 읽으며 '건강한 마음'을 위한 인문학적 소양을 넓혀 삶의 의미를 찾아볼 것입니다. 의학과 인문학 그리고 경영학의 조화를 통해 건강한 인간으로 사회에 선한 영향력을 발휘하고, 각자가 주체적인 삶을 살기 위한 지혜를 모색해 가고자 합니다.

건강과 인문학을 위한 실천의 장에 여러분을 초대합니다.

2. 비전, 목적, 방법

| 비 전

장수시대에 "건강한 삶"을 위해 신체적, 정신적, 사회적 건강을 돌보고, 함께 잘 사는 행복한 사회를 만드는 데 필요한 덕목을 솔선수범하면서 존재의 의미를 찾는다.

| 목 적

우리는 5년간 100권의 불멸의 고전을 읽고 자신의 삶을 반추하며, 중년 이후의 미래를 새롭게 설계해 보는 "자기인생론"을 각자 책으로 발간하여 유산으로 남긴다.

| 방 법

매월 2회 모임에서 인문학 책 읽기와 토론 그리고 특강에 참여한다. 아울러서 의학 전문가의 강의를 통해서 질병예방과 과학적인 건강 관리 지식을 얻고 실천해 간다.

3. 2024년 프로그램 일정표

- 프로그램 및 일정 -

월	선정도서	의학(건강) 특강	일정
1월	왜 나는 너를 사랑하는가 / 알랭 드 보통	김종갑 교수, 박문호 박사	1/10, 1/24
2월	나의 서양 미술 순례 / 서경식	이재원 교수, 황농문 교수	2/14. 2/28
3월	느리게 나이드는 습관 / 정희원	김도원 원장, 박상진 회장	3/13, 3/27
4월	유리알 유희 / H. 헤세	심장병	4/17, 4/24
5월	세상에서 가장 짧은 독일사 / 제임스 호즈	폐병	5/8/ 5/22
6월	내적 시간의식의 현상학 / E. 후설	위암	6/12, 6/26
7월	분노의 포도 / 존 스타인벡	감염	7/17, 7/24
8월	같기도 하고, 아니 같기도 하고 / R. 호프만	당뇨병	8/14, 8/28
9월	논리 철학 논고 / 비트겐슈타인	고혈압	9/11, 9/25
10월	걸리버 여행기 / J. 스위프트	간질환	10/16, 10/23
11월	예루살렘의 아이히만 / H. 아렌트	백혈병	11/13, 11/27
12월	무정 / 이광수	신부전	12/11, 12/20

프로그램 자문위원	▶ 인 문 학 : 김성수 교수, 김종영 교수, 박성창 교수, 이재원 교수, 조현설 교수 ▶ 건강(의학) : 김선희 교수, 김명천 교수, 이은희 원장, 박정배 원장, 정이안 원장 ▶ 경 영 학 : 김동원 교수, 정재호 교수, 김신섭 대표, 전이현 대표, 남석우 회장

4. 독서회원 모집 안내

| 운 영 : 매월 둘째 주, 넷째 주 수요일 월 2회 비영리로 운영됩니다.
　　　　1. 매월 함께 읽은 책에 대해 발제와 토론을 하고, 전문가 특강으로 완성함.
　　　　2. 건강(의학) 프로그램은 매 월 1회 전문가(의사) 특강 매년 2회.
　　　　　인문학 기행 진행과 등산 등 운동 프로그램도 진행함.

| 회 비 : 오프라인 회원(12개월 60만원), 온라인 회원(12개월 30만원)

| 일 시 : 매월 2, 4주 수요일(18:00~22:00)

| 장 소 : 서울시 강남구 테헤란로514 삼흥2빌딩 8층

| 문 의 : 기업체 단체 회원(온라인) 독서 프로그램은 별도로 운영합니다 (문의 요망)

02-3452-7761 / www.120hnh.co.kr

"책읽기는 충실한 인간을 만들고, 글쓰기는 정확한 인간을 만든다."

프랜시스 베이컨(영국의 경험론 철학자, 1561~1626)

기업체 교육안내 <탁월한 전략의 개발과 실행>

월스트리트 저널(WSJ)이 포춘 500대 기업의 인사 책임자를 조사한 바에 따르면, 관리자에게 가장 중요한 자질은 <전략적 사고>로 밝혀졌다. 750개의 부도기업을 조사한 결과 50%의 기업이 전략적 사고의 부재에서 실패의 원인을 찾을 수 있었다. 시간, 인력, 자본, 기술을 효과적으로 사용하고 이윤과 생산성을 최대로 올리는 방법이자 기업의 미래를 체계적으로 예측하는 수단은 바로 '전략적 사고'에서 시작된다.

전략적 사고

| 부서를 초월한 업무능력 |
| 성과도출 능력 |
| 전반적 리더십 |
| 핵심재무/회계의 이해 |

<관리자의 필요 자질>

새로운 시대는 새로운 전략!

- 세계적인 저성장과 치열한 경쟁은 많은 기업들을 어려운 상황으로 내몰고 있다. 산업의 구조적 변화와 급변하는 고객의 취향은 경쟁우위의 지속성을 어렵게 한다. 조직의 리더들에게 사업적 혜안(Acumen)과 지속적 혁신의지가 그 어느 때보다도 필요한 시점이다.

- 핵심기술의 모방과 기업 가치사슬 과정의 효율성으로 달성해온 품질대비 가격경쟁력이 후발국에게 잠식당할 위기에 처해있다. 산업구조 조정만으로는 불충분하다. 새로운 방향의 모색이 필요할 때이다.

- 기업의 미래는 전략이 좌우한다. 장기적인 목적을 명확히 설정하고 외부환경과 기술변화를 면밀히 분석하여 필요한 역량과 능력을 개발해야 한다. 탁월한 전략의 입안과 실천으로 차별화를 통한 지속가능한 경쟁우위를 확보해야 한다. 전략적 리더십은 기업의 잠재력을 효과적으로 이끌어 낸다.

<탁월한 전략> 교육의 기대효과

① 통합적 전략교육을 통해서 직원들의 주인의식과 몰입의 수준을 높여 생산성의 상승을 가져올 수 있다.

② 기업의 비전과 개인의 목적을 일치시켜 열정적으로 도전하는 기업문화로 성취동기를 극대화할 수 있다.

③ 차별화로 추가적인 고객가치를 창출하여 장기적인 경쟁우위를 바탕으로 지속적 성공을 가져올 수 있다.

- 이미 발행된 관련서적을 바탕으로 <탁월한 전략>의 필수적인 3가지 핵심 분야(전략적 사고, 전략의 구축과 실행, 전략적 리더십)를 통합적으로 마스터하는 프로그램이다.

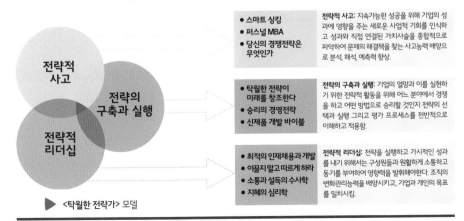

- 스마트 싱킹
- 퍼스널 MBA
- 당신의 경쟁전략은 무엇인가

전략적 사고: 지속가능한 성공을 위해 기업의 성과에 영향을 주는 새로운 사업적 기회를 인식하고 성과와 직접 연결된 가치사슬을 종합적으로 파악하여 문제의 해결책을 찾는 사고능력 배양으로 분석, 해석, 예측력 향상.

- 탁월한 전략이 미래를 창조한다
- 승리의 경영전략
- 신제품 개발 바이블

전략의 구축과 실행: 기업의 열망과 이를 실현하기 위한 전략적 활동을 위해 어느 분야에서 경쟁을 하고 어떤 방법으로 승리할 것인지 전략의 선택과 실행 그리고 평가 프로세스를 전반적으로 이해하고 적용함.

- 최적의 인재채용과 개발
- 이끌지말고따르게하라
- 소통과 설득의 수사학
- 지혜의 심리학

전략적 리더십: 전략을 실행하고 가시적인 성과를 내기 위해서는 구성원들과 원활하게 소통하고 동기를 부여하여 영향력을 발휘해야한다. 조직의 변화관리능력을 배양시키고, 기업과 개인의 목표를 일치시킴.

▶ <탁월한 전략가> 모델

특강 및 교육 신청 문의: 진성북스, 02-3452-7761

당신의 경쟁전략은 무엇인가?

초판 1쇄 발행   2016년 10월 21일
초판 3쇄 발행   2024년 6월 6일

지은이   조안 마그레타

펴낸이   박상진
옮긴이   김언수, 김주권, 박상진
편 집   김제형
디자인   박아영
관 리   황지원

펴 낸 곳   진성북스
출판등록   2011년 9월 23일
주   소   서울특별시 강남구 영동대로 85길 38 진성빌딩 10층
전   화   (02)3452-7762
팩   스   (02)3452-7761
홈페이지   www.jinsungbooks.com

ISBN   978-89-97743-26-1   03320

※ 진성북스는 여러분의 원고 투고를 환영합니다.
  책으로 엮기를 원하는 좋은 아이디어가 있으신 분은
  이메일(jinsungbooks12@gmail.com)로
  간단한 개요와 취지, 연락처 등을 보내주십시오 .
  당사의 출판 컨셉에 적합한 원고는 적극적으로 책으로 만들어 드리겠습니다 !

※ 진성북스는 네이버 카페 회원으로 가입하시는 분들에게
  다양한 이벤트와 효익을 드리고 있습니다.
  • 진성북스 공식 카페 http://cafe.naver.com/jinsungbooks

본서의 내용을 무단 복제하는 것은 저작권법에 의해 금지되어 있습니다.
파본이나 잘못된 책은 교환해 드립니다.